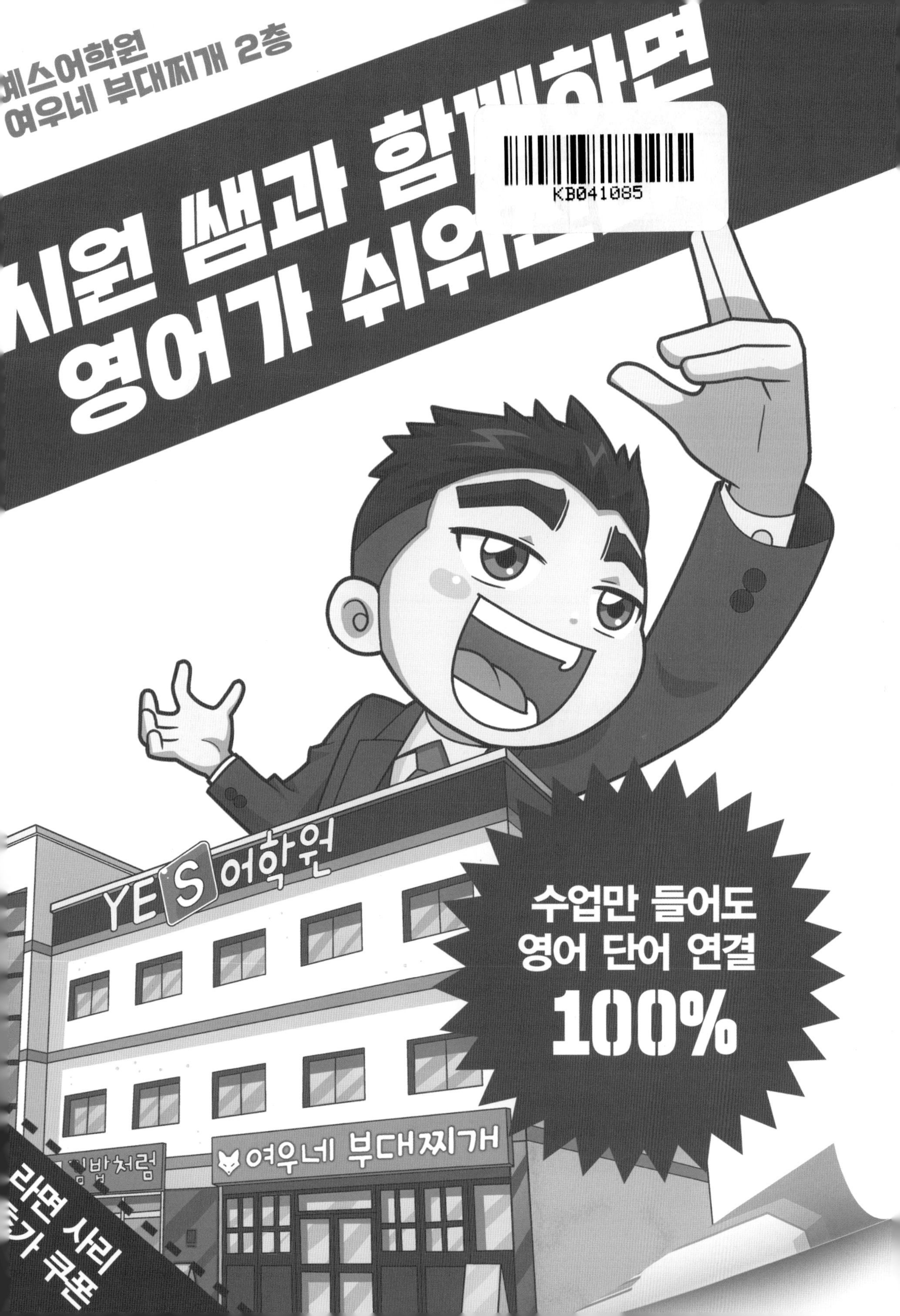
예스어학원
여우네 부대찌개 2층
시원 쌤과 함
영어가 쉬워
YES어학원
밥처럼
여우네 부대찌개
수업만 들어도
영어 단어 연결
100%
라면 사리
가 쿠폰

예스잉글리시 신입 단원 모집

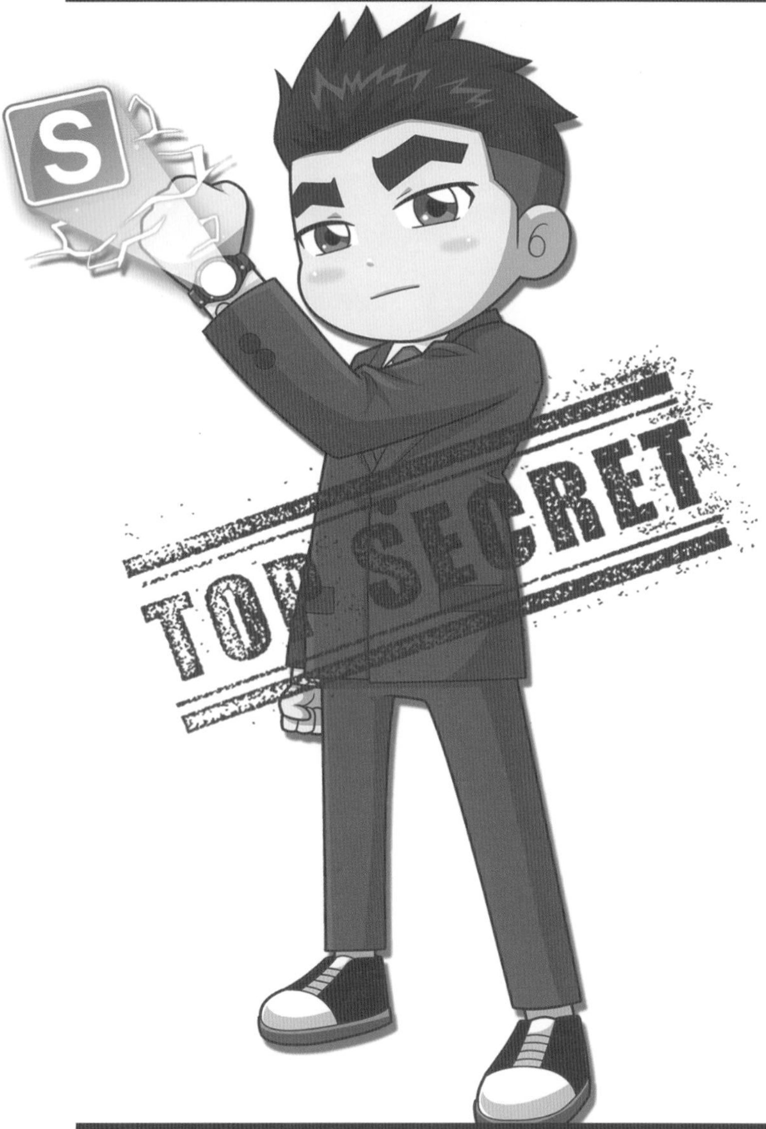
S
TOP SECRET

코드 네임 : 에스원 요원과 영어 유니버스를 구하라!

English Adventure

이시원의 영어 대모험

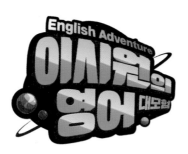

일러두기

이 책의 만화에 나오는 영어 문장 중 일부는 이야기의 자연스러운 이해를 위해 의역했습니다.
그 외의 영어 문장은 학습적인 이해를 돕기 위해 직역했습니다.

이시원의 영어 대모험 ③
일반 동사 현재형

기획 시원스쿨 | **글** 박시연 | **그림** 이태영

1판 1쇄 발행 | 2020년 5월 13일
1판 3쇄 발행 | 2023년 7월 1일

펴낸이 | 김영곤
이사 | 은지영
키즈스토리본부장 | 김지은
키즈스토리2팀장 | 윤지윤 **기획개발** | 최지수 강혜인
아동마케팅영업본부장 | 변유경
아동마케팅1팀 | 김영남 황혜선 이규림 정성은
아동마케팅2팀 | 임동렬 이해림 안정현 최윤아
아동영업팀 | 한충희 강경남 오은희 김규희 황성진
디자인 | 임민지

펴낸곳 | (주)북이십일 아울북
등록번호 | 제406-2003-061호
등록일자 | 2000년 5월 6일
주소 | 경기도 파주시 회동길 201(문발동) (우 10881)
전화 | 031-955-2107(기획개발), 031-955-2100(마케팅·영업·독자문의)
브랜드 사업 문의 | license21@book21.co.kr
팩시밀리 | 031-955-2177
홈페이지 | www.book21.com

ISBN 978-89-509-8494-6
ISBN 978-89-509-8491-5(세트)

* 잘못 만들어진 책은 **구입하신 서점**에서 교환해 드립니다.
* 가격은 책 뒤표지에 있습니다.

⚠ 주의 1. 책 모서리가 날카로워 다칠 수 있으니 사람을 향해 던지거나 떨어뜨리지 마십시오.
2. 보관 시 직사광선이나 습기 찬 곳을 피해 주십시오.

• **제조자명** : (주)북이십일
• **주소 및 전화번호** : 경기도 파주시 회동길 201(문발동) / 031-955-2100
• **제조연월** : 2023.07.01
• **제조국명** : 대한민국
• **사용연령** : 3세 이상 어린이 제품

만 화 로 시 작 하 는 이 시 원 표 초 등 영 어

English Adventure
이시원의 영어 대모험 3

기획 시원스쿨
글 박시연
그림 이태영

일반 동사 현재형

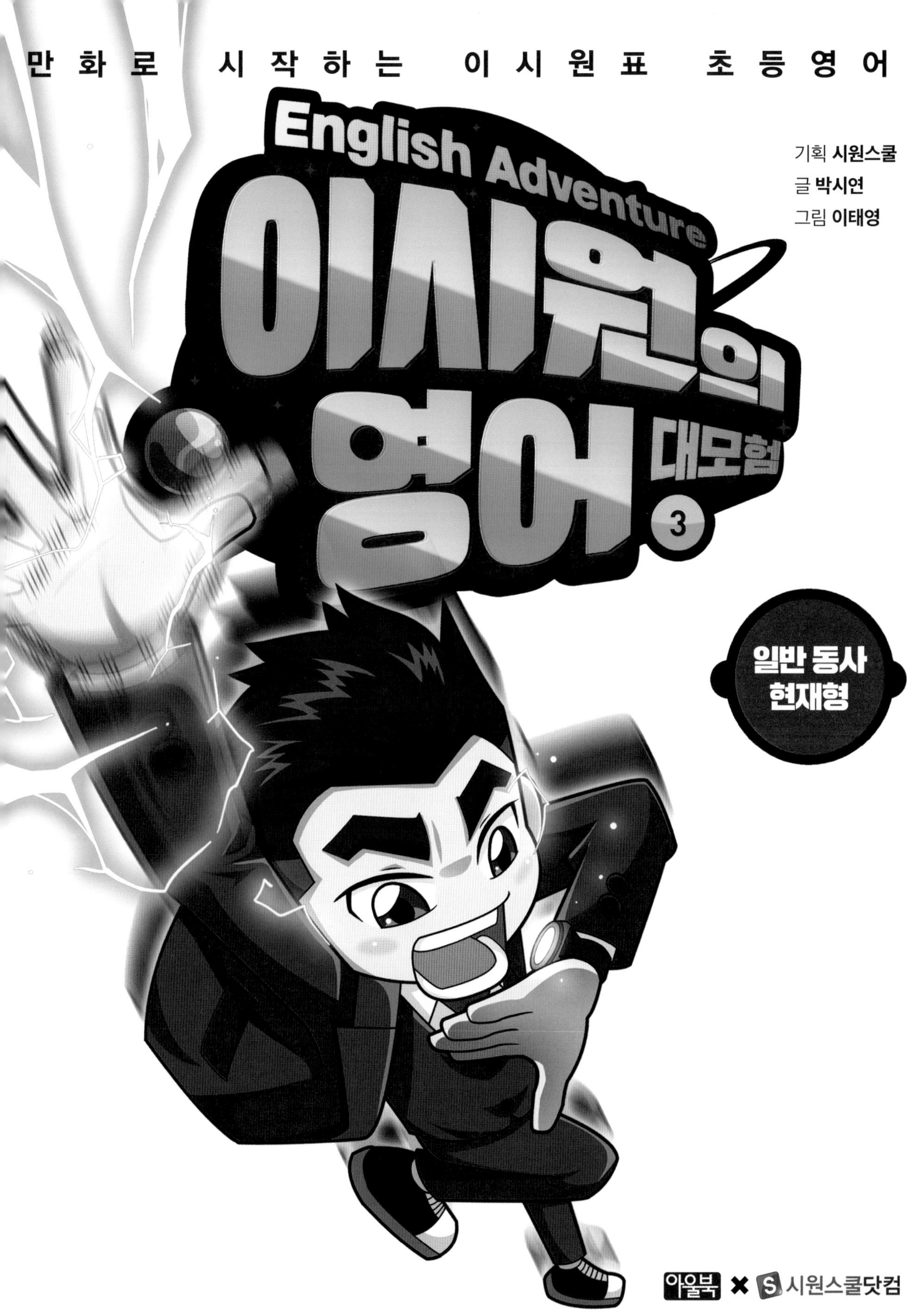

아울북 × S 시원스쿨닷컴

작가의 말

안녕하세요? 시원스쿨 대표 강사 이시원 선생님이에요. 여러분은 영어를 좋아하나요? 아니면 영어가 어렵고 두려운가요? 혹시 영어만 생각하면 속이 울렁거리고 머리가 아프진 않나요? 만약 그렇다면 지금부터 선생님이 영어와 친해지는 방법을 가르쳐줄게요.

하나, 지금까지 배운 방식과 지식을 모두 지워요!

보기만 해도 스트레스를 받고, 나를 힘들게 만드는 영어는 이제 잊어버려요. 선생님과 함께 새로운 마음으로 영어를 다시 시작해 봐요.

둘, 하나를 배우더라도 정확하게 습득해 나가요!

눈으로만 배우고 지나가는 영어는 급할 때 절대로 입에서 나오지 않아요. 하나를 배우더라도 완벽하게 습득해야 어디서든 자신 있게 영어로 말할 수 있어요.

셋, 생활 속에서 자주 쓰이는 표현을 배워요!

우리 생활에서 쓸 일이 별로 없는 단어를 오래 기억할 수 있을까요? 자주 사용하는 단어 위주로 영어를 배워야 쓰기도 쉽고 잊어버리지도 않겠죠? 자연스럽게 영어가 튀어나올 수 있도록 여러 번 말하고, 써 보면서 잊지 않게 하는 것이 중요해요.

이 세 가지만 지키면 어느새 영어가 정말 쉽고, 재밌게 느껴질 거예요. 그리고 이 세 가지를 충족시키는 힘이 바로 이 책에 숨어 있어요. 여러분이 〈이시원의 영어 대모험〉을 읽는 것만으로도 최소한 영어 한 문장을 습득할 수 있어요.

단어와 단어를 연결하는 방법도 자연스럽게 익히게 될 거예요. 게다가 영어에 관련된 흥미로운 이야기들을 알게 되면 영어가 좀 더 친숙하고 재미있게 다가올 거라 믿어요!

자, 그럼 만화 속 '시원 쌤'과 신나는 영어 훈련을 하면서 모두 함께 영어의 세계로 떠나 볼까요?

시원스쿨 기초영어 대표 강사 **이시원**

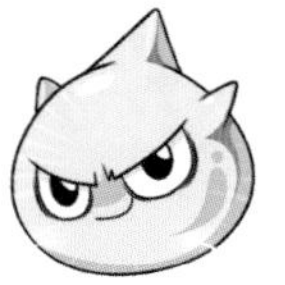

영어와 친해지는 영어학습만화

영어는 이 자리에 오기까지 수많은 경쟁과 위험을 물리쳤답니다. 영어에는 다른 언어와 부딪치고 합쳐지며 발전해 나간 강력한 힘이 숨겨져 있어요. 섬나라인 영국 땅에서 시작된 이 언어가 어느 나라에서든 통하는 세계 공용어가 되기까지는 마치 멋진 히어로의 성장 과정처럼 드라마틱하고 매력적인 모험담이 있었답니다. 이 모험담을 듣게 되는 것만으로도 우리 어린이들은 영어를 좀 더 좋아하게 될지도 몰라요.

영어는 이렇듯 강력하고 매력적인 언어지만 친해지기는 쉽지 않아요. 우리 어린이들에게 영어는 어렵고 힘든 시험 문제를 연상시키지요. 영어를 잘하면 장점이 많다는 것은 알지만 영어를 공부하는 과정은 어렵고 힘들어요. 이 책에서 시원 쌤은 우리 어린이 주인공들과 영어 유니버스라는 새로운 세계로 신나는 모험을 떠난답니다.

여러분도 엄청난 비밀을 지닌 시원 쌤과 미지의 영어 유니버스로 모험을 떠나 보지 않을래요? 영어 유니버스의 어디에선가 영어를 좋아하게 된 자신의 모습을 발견하게 될지도 몰라요.

글 작가 **박시연**

영어의 세계에 빠져드는 만화

영어 공부를 시작하는 어린이들은 모두 자기만의 목표를 가지고 있을 거예요. 영어를 잘해서 선생님께 칭찬받는 모습부터 외국 친구들과 자유롭게 영어로 소통하는 모습, 세계적인 유명인이 되어서 영어로 멋지게 인터뷰하는 꿈까지도요.

이 책에서는 어린이들이 공감할 수 있도록 영어를 배우며 느끼는 기분, 상상한 모습들을 귀엽고 발랄한 만화로 표현했어요. 이 책을 손에 든 어린이들은 만화 속 인물들에게 무한히 공감하며 이야기에 빠져들 수 있을 거예요. 마치 내가 시원 쌤과 함께 멋진 모험을 떠나는 것 같은 기분을 느낄 수 있도록요.

보는 재미와 읽는 재미를 함께 느낄 수 있는 만화를 통해 영어의 재미도 발견하기를 바라요!

그림 작가 **이태영**

차례

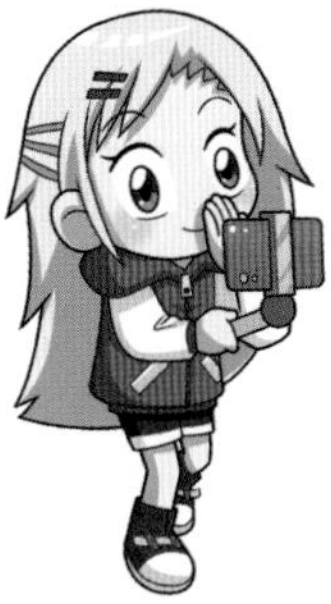

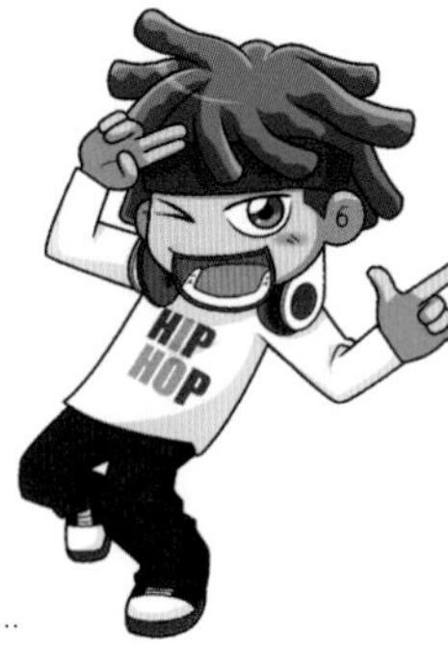

HIP HOP

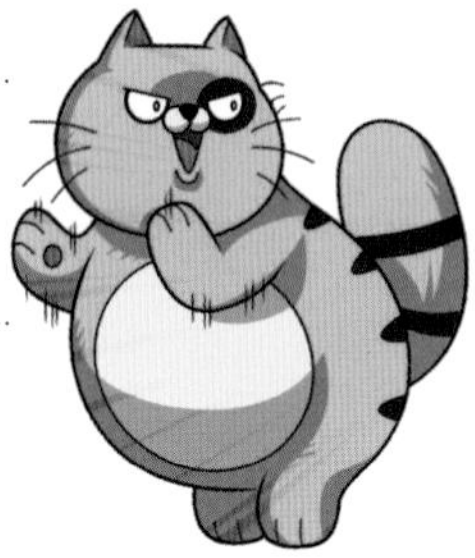

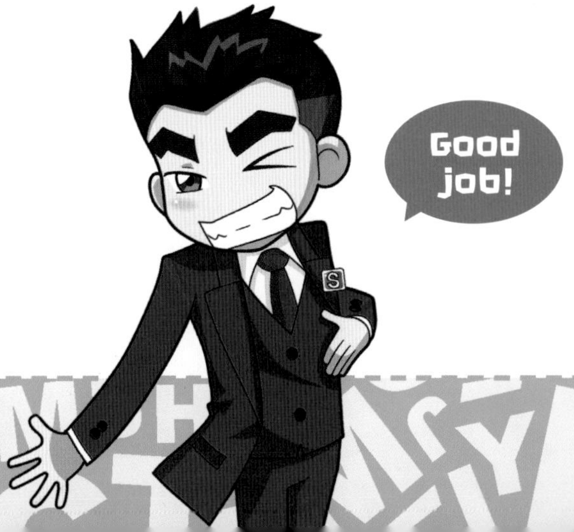

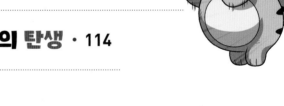

Good job!

등장인물

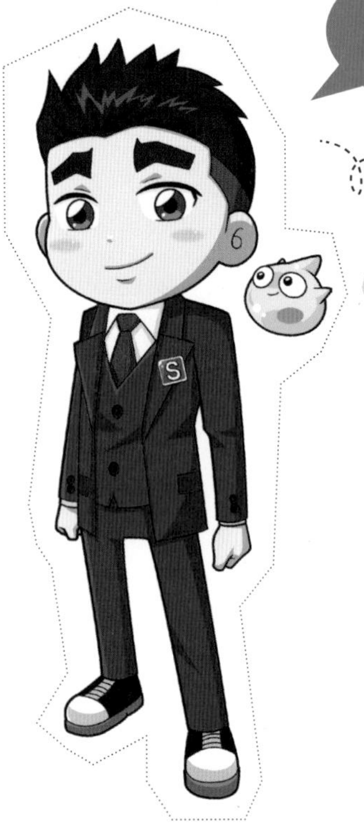
영어를 싫어하는 자,
모두 나에게로 오라!
굿 잡!

시원 쌤

비밀 요원명 에스원(S1)
직업 영어 선생님
좋아하는 것 영어, 늦잠, 구기 종목, 영지 관리
싫어하는 것 노잉글리시단
취미 영지 가꾸기
특기 나우 막기
성격 귀차니스트 같지만 완벽주의자
좌우명 영어는 내 인생!

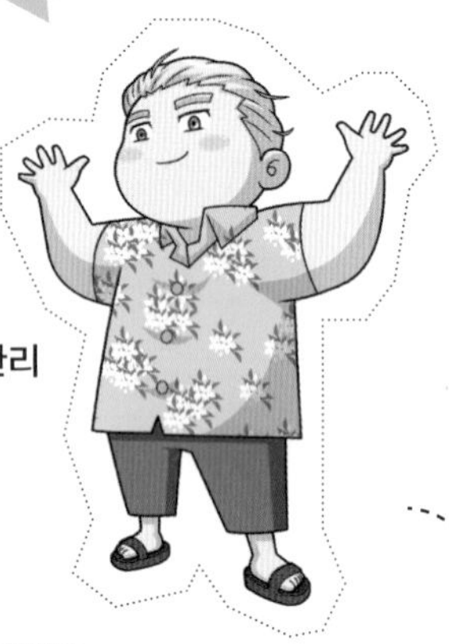
부대찌개 먹으러
우리 가게에 와용,
오케이?

폭스

비밀 요원명 에프원(F1)
직업 여우네 부대찌개 사장님

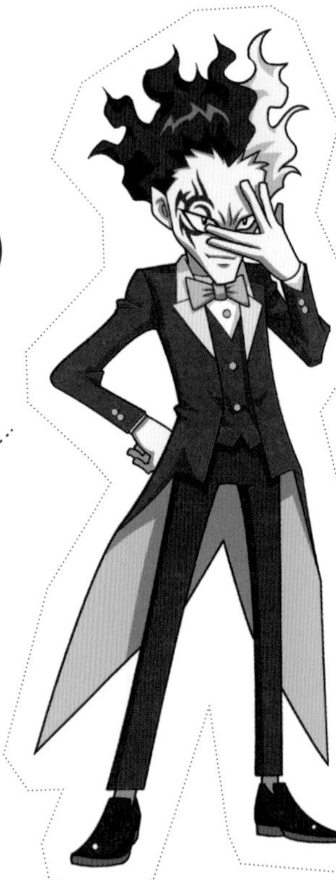
영어가 싫다고?!
내가 더더더 싫어지게
만들어 주마!

트릭커

직업 한두 개가 아님
좋아하는 것 영어 싫어하는 아이들
싫어하는 것 영어, 예스잉글리시단
취미 체력 단련
특기 이간질하기
성격 우기기 대마왕
좌우명 영어 없는 세상을 위하여!

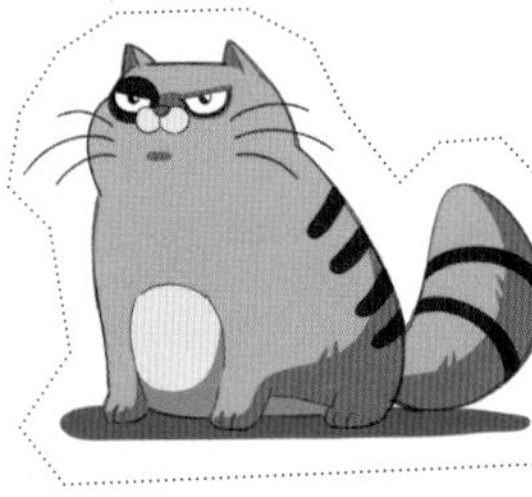
냥냥라이드에 태워 줄 테니
쭈루 하나만 줄래냥~!

빅캣

좋아하는 것 캐트닙, 쭈루
싫어하는 것 생쥐

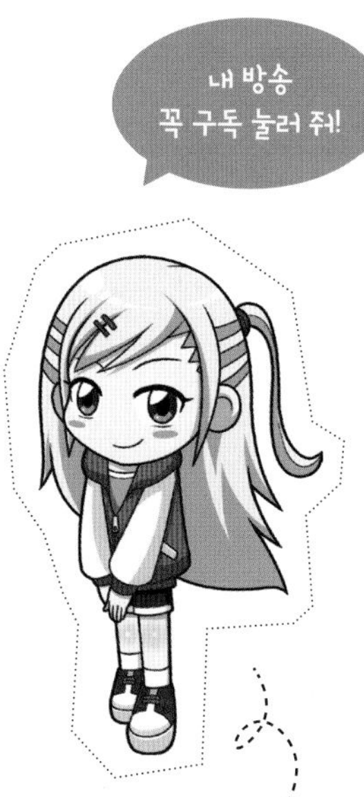
내 방송
꼭 구독 눌러 줘!

루시

좋아하는 것 너튜브 방송
싫어하는 것 나우
좌우명 일단 찍고 보자!

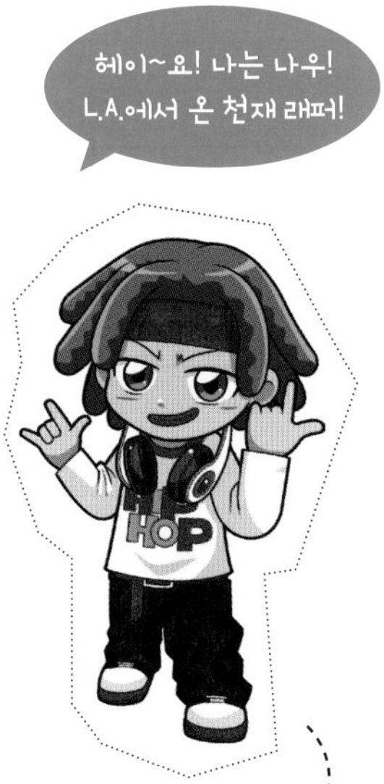
헤이~요! 나는 나우!
L.A.에서 온 천재 래퍼!
HIP HOP

나우

좋아하는 것 랩, 힙합,
루시 골탕 먹이기
싫어하는 것 영어로 말하기,
혼자 놀기
좌우명 인생은 오로지 힙합!

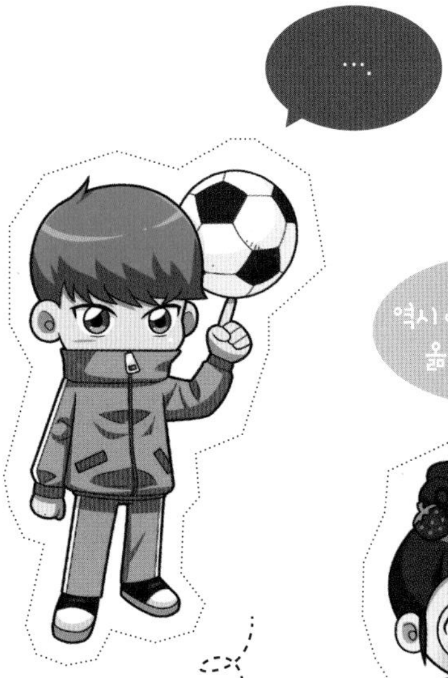
….

후

좋아하는 것 축구
싫어하는 것 말하기
좌우명 침묵은 금이다!

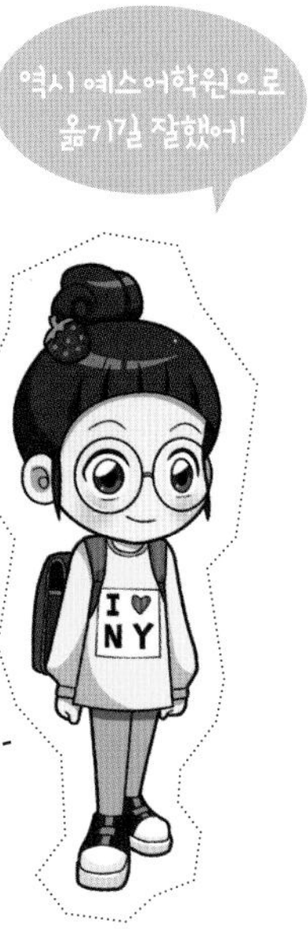
역시 예스어학원으로
옮기길 잘했어!
I ♥ NY

리아

좋아하는 것 쥐돌이 1호, 2호
싫어하는 것 빅캣 타임
좌우명 최선을 다하자!

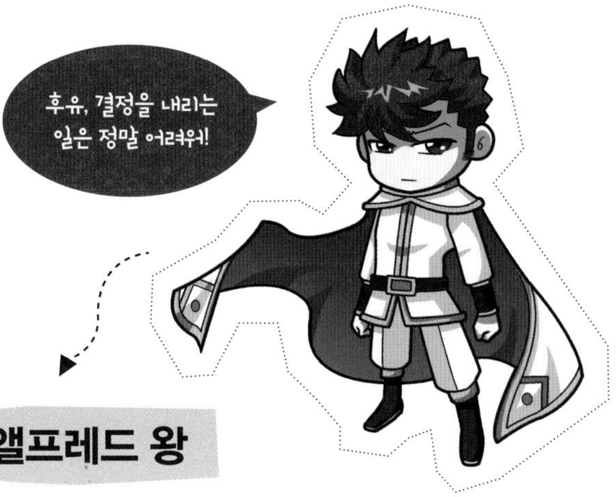
후유, 결정을 내리는
일은 정말 어려워!

앨프레드 왕

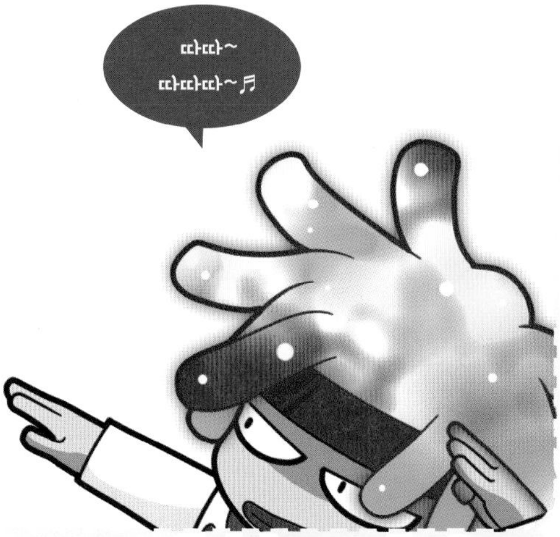
따따~
따따따~♬

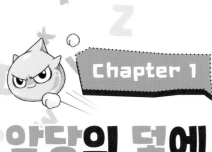

Chapter 1

악당의 덫에 걸린 나우

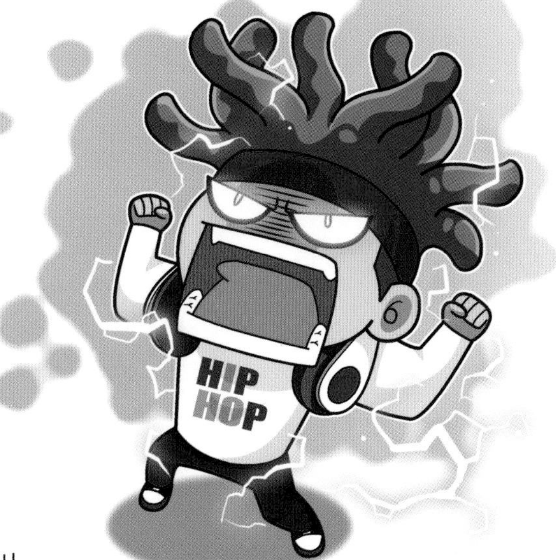
HIP HOP

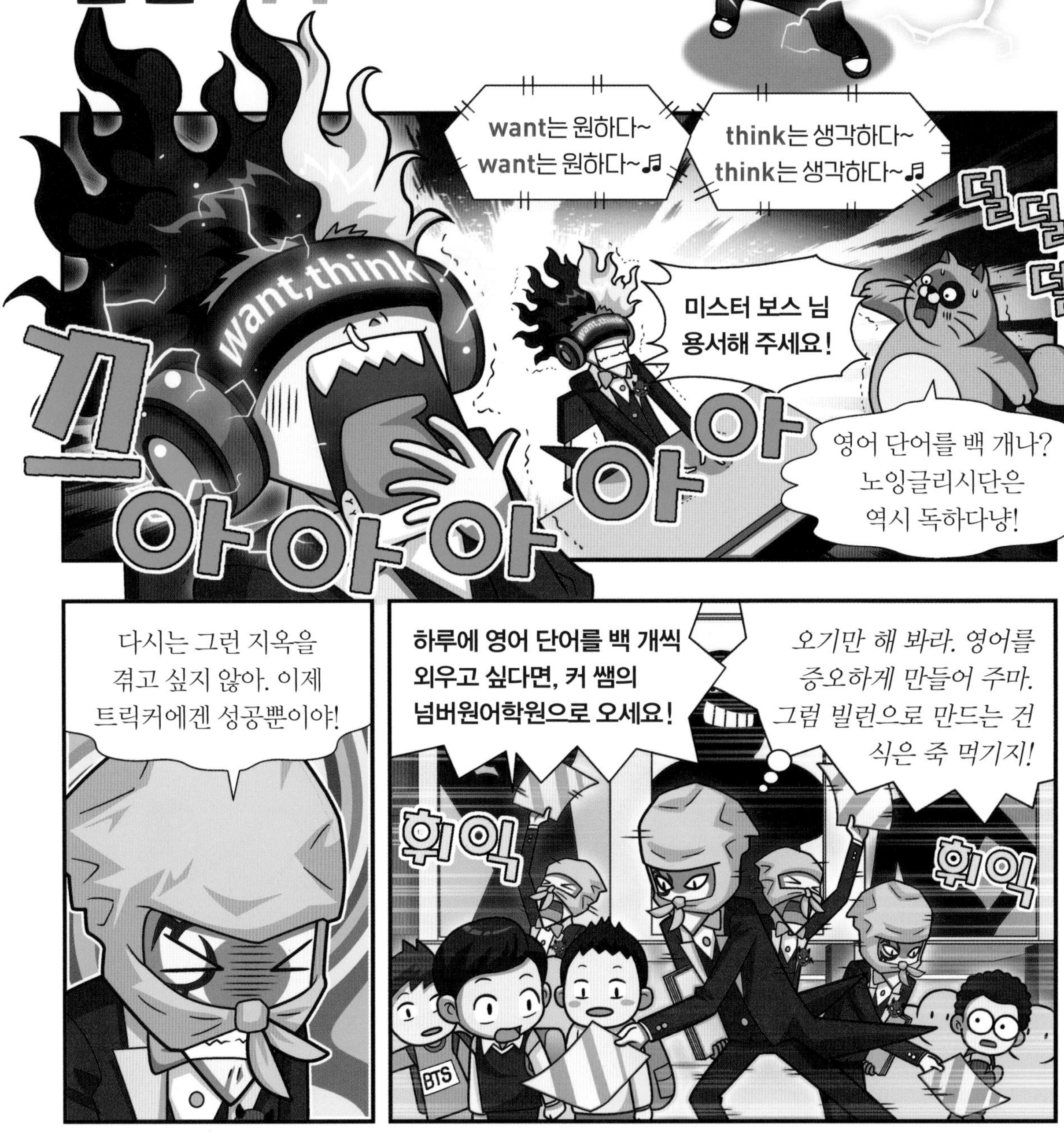
want,think
끄아아아아아
want는 원하다~ want는 원하다~♬
think는 생각하다~ think는 생각하다~♬
덜덜덜
미스터 보스 님 용서해 주세요!
영어 단어를 백 개나? 노잉글리시단은 역시 독하다냥!
다시는 그런 지옥을 겪고 싶지 않아. 이제 트릭커에겐 성공뿐이야!
하루에 영어 단어를 백 개씩 외우고 싶다면, 커 쌤의 넘버원어학원으로 오세요!
오기만 해 봐라. 영어를 증오하게 만들어 주마. 그럼 빌런으로 만드는 건 식은 죽 먹기지!
휘익
휘익
BTS

* 분홍색 단어의 발음이 궁금하다면 143쪽을 펼쳐 보세요.

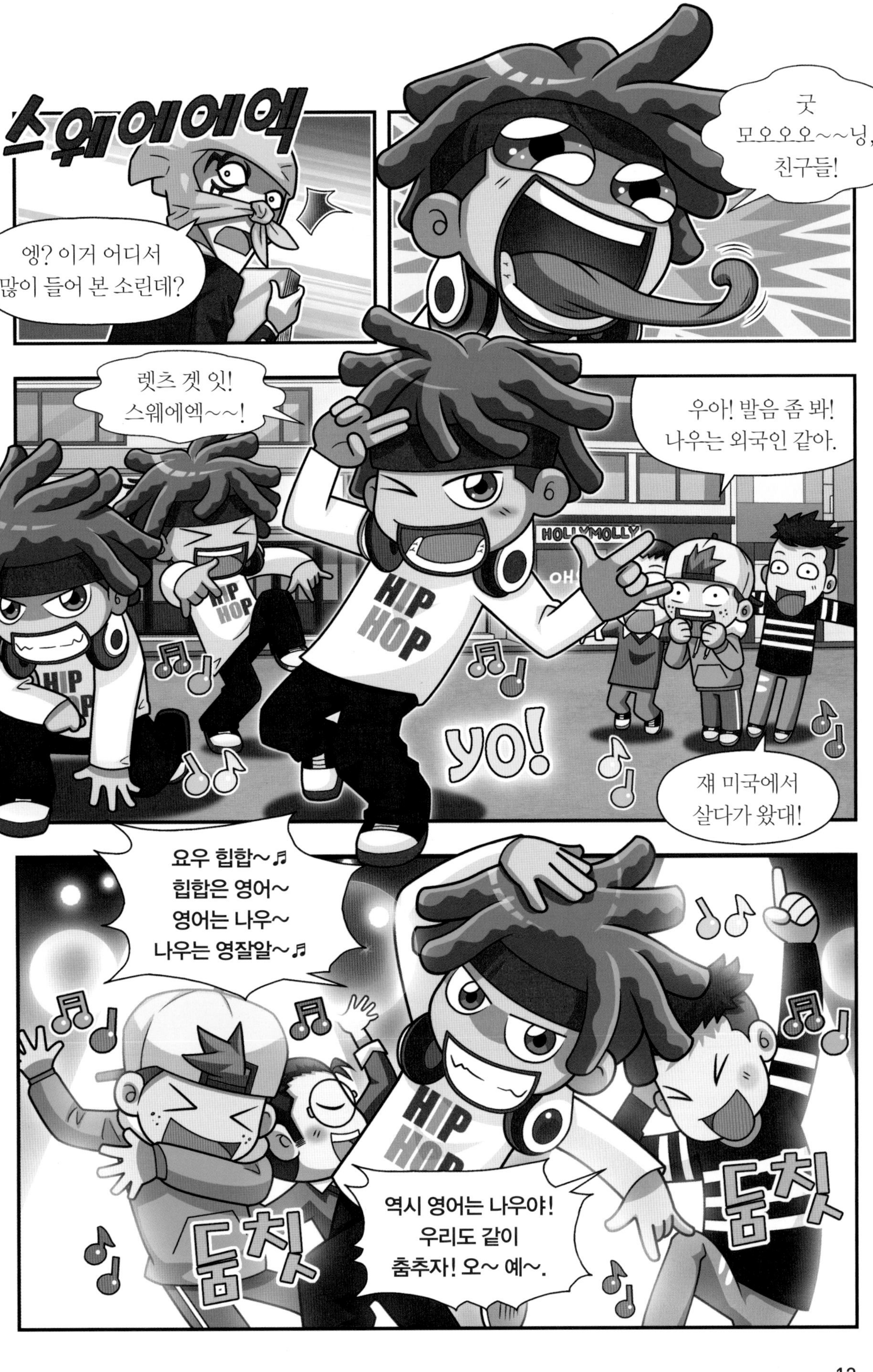
스웨에에엑
엥? 이거 어디서 많이 들어 본 소린데?
굿 모오오오~~닝, 친구들!
렛츠 겟 잇! 스웨에엑~~!
우아! 발음 좀 봐! 나우는 외국인 같아.
HOLLYMOLLY
OH!
HIP HOP
YO!
재 미국에서 살다가 왔대!
요우 힙합~♬
힙합은 영어~
영어는 나우~
나우는 영잘알~♬
둠칫
둠칫
역시 영어는 나우야! 우리도 같이 춤추자! 오~ 예~.

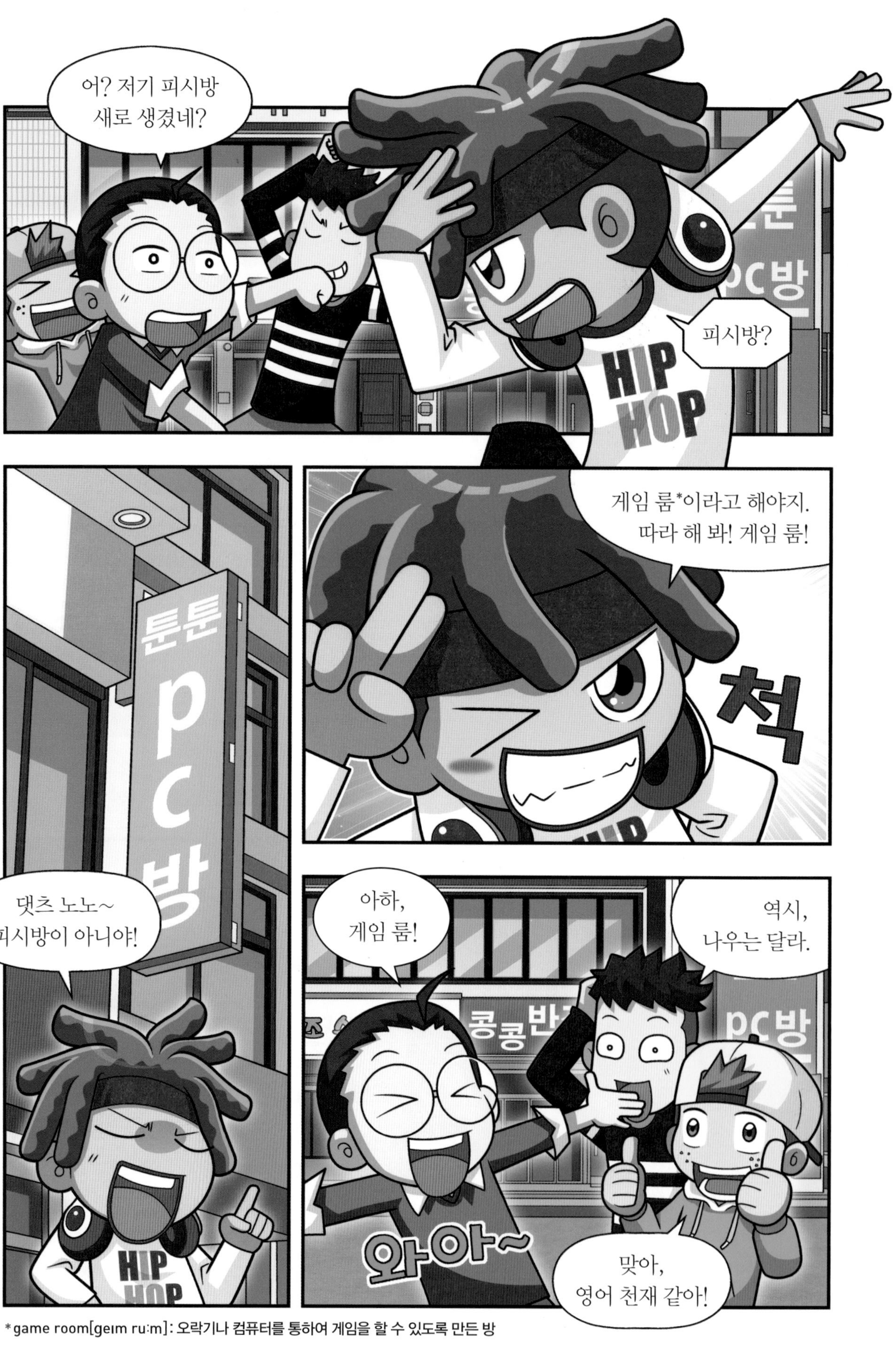
어? 저기 피시방
새로 생겼네?
피시방?
HIP HOP
툰툰
pc 방
댓츠 노노~
피시방이 아니야!
HIP HOP
게임 룸*이라고 해야지.
따라 해 봐! 게임 룸!
척
아하,
게임 룸!
역시,
나우는 달라.
pc방
와아~
맞아,
영어 천재 같아!

*game room[geɪm ruːm]: 오락기나 컴퓨터를 통하여 게임을 할 수 있도록 만든 방

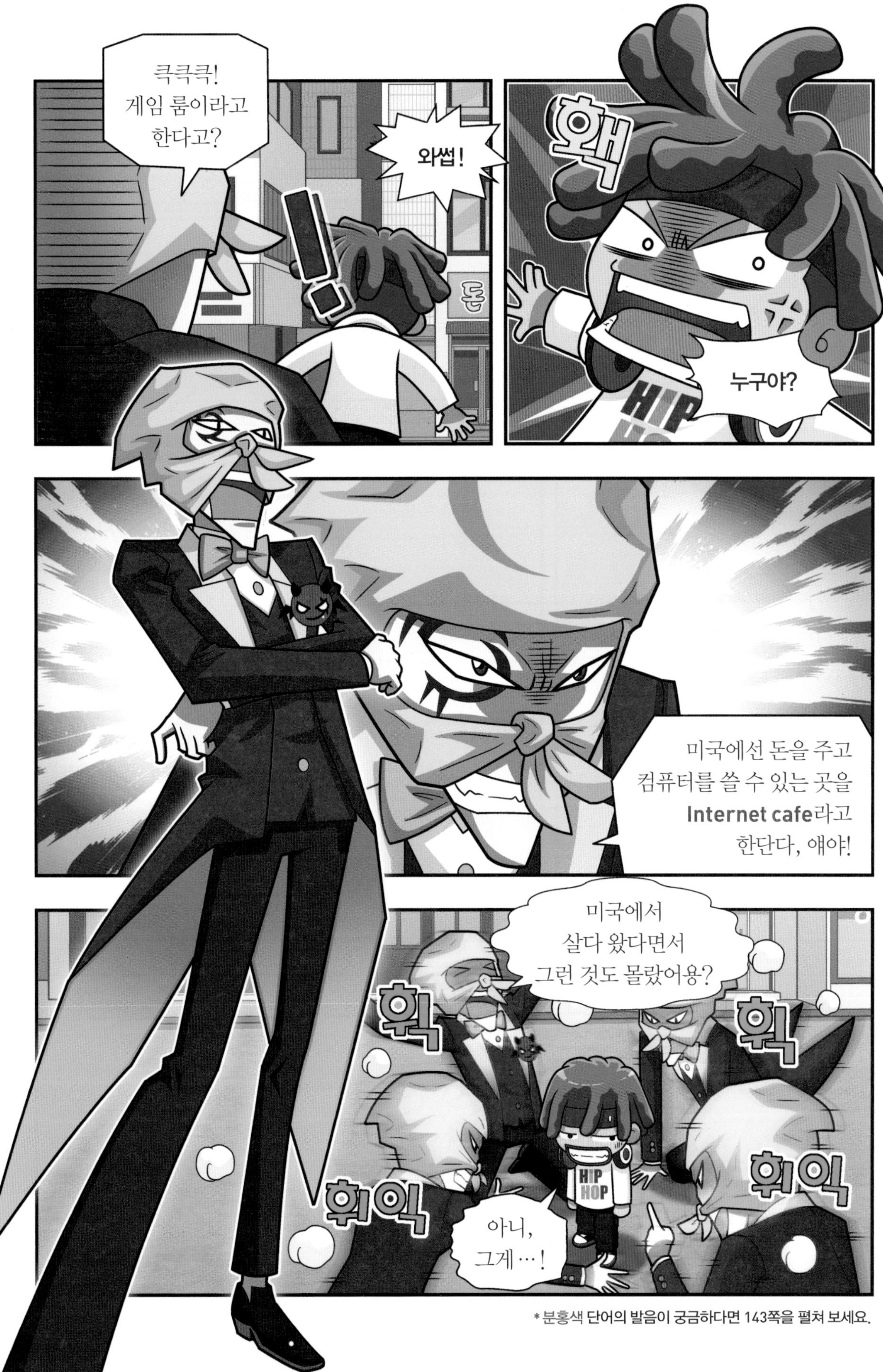
크크크!
게임 룸이라고
한다고?
와썹!
홱
누구야?
미국에선 돈을 주고
컴퓨터를 쓸 수 있는 곳을
Internet cafe라고
한단다, 애야!
미국에서
살다 왔다면서
그런 것도 몰랐어용?
휙
휙
휘익
휘익
아니,
그게…!

* 분홍색 단어의 발음이 궁금하다면 143쪽을 펼쳐 보세요.

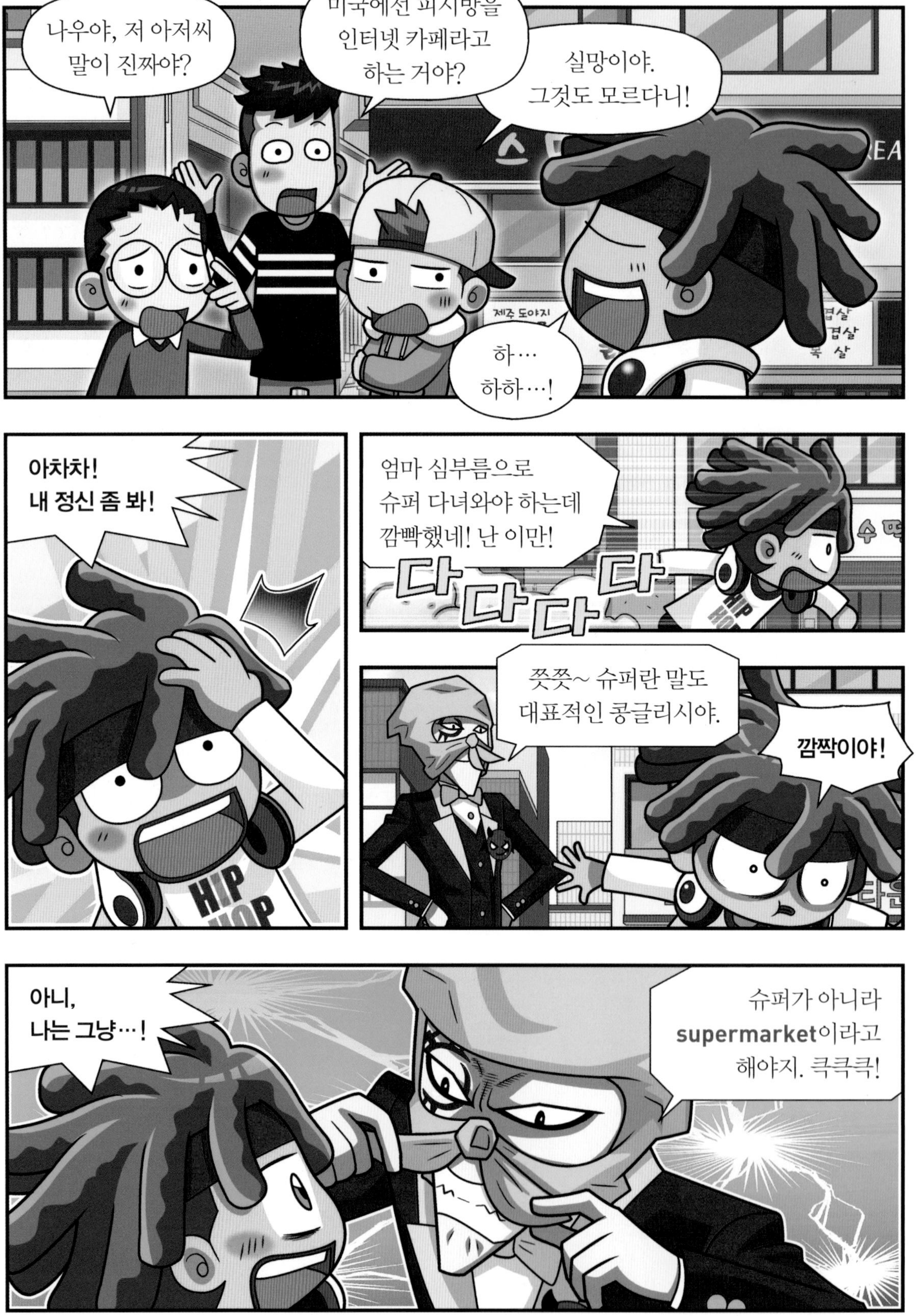
나우야, 저 아저씨 말이 진짜야?
미국에선 피시방을 인터넷 카페라고 하는 거야?
실망이야. 그것도 모르다니!
제주 도야지
하… 하하…!
아차차! 내 정신 좀 봐!
엄마 심부름으로 슈퍼 다녀와야 하는데 깜빡했네! 난 이만!
다다다다
쯧쯧~ 슈퍼란 말도 대표적인 콩글리시야.
깜짝이야!
아니, 나는 그냥…!
슈퍼가 아니라 supermarket이라고 해야지. 크크크!

* 분홍색 단어의 발음이 궁금하다면 143쪽을 펼쳐 보세요.

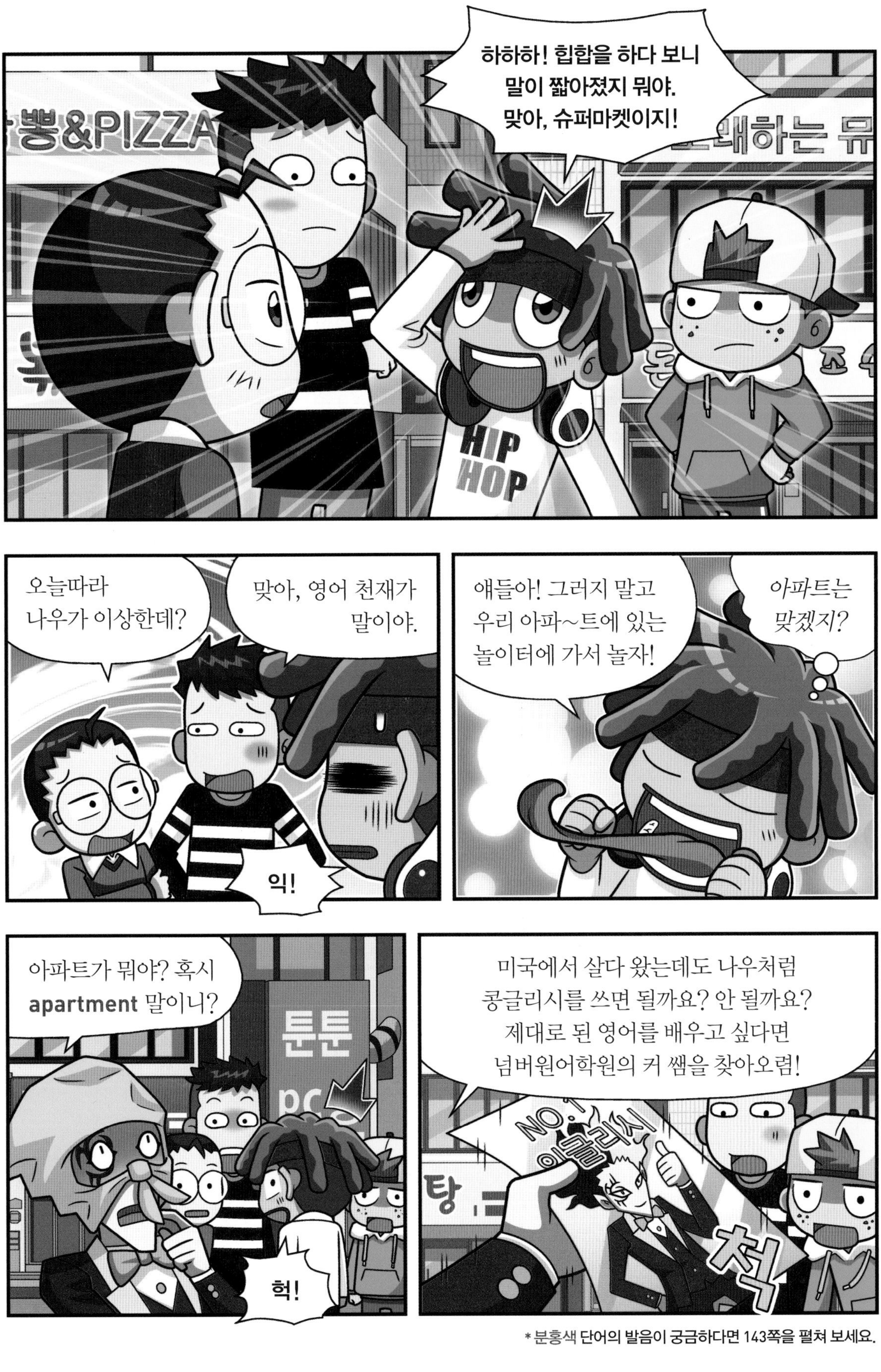

하하하! 힙합을 하다 보니
말이 짧아졌지 뭐야.
맞아, 슈퍼마켓이지!
HIP HOP
오늘따라 나우가 이상한데?
맞아, 영어 천재가 말이야.
익!
얘들아! 그러지 말고 우리 아파~트에 있는 놀이터에 가서 놀자!
아파트는 맞겠지?
아파트가 뭐야? 혹시 apartment 말이니?
헉!
미국에서 살다 왔는데도 나우처럼 콩글리시를 쓰면 될까요? 안 될까요? 제대로 된 영어를 배우고 싶다면 넘버원어학원의 커 쌤을 찾아오렴!
척

* 분홍색 단어의 발음이 궁금하다면 143쪽을 펼쳐 보세요.

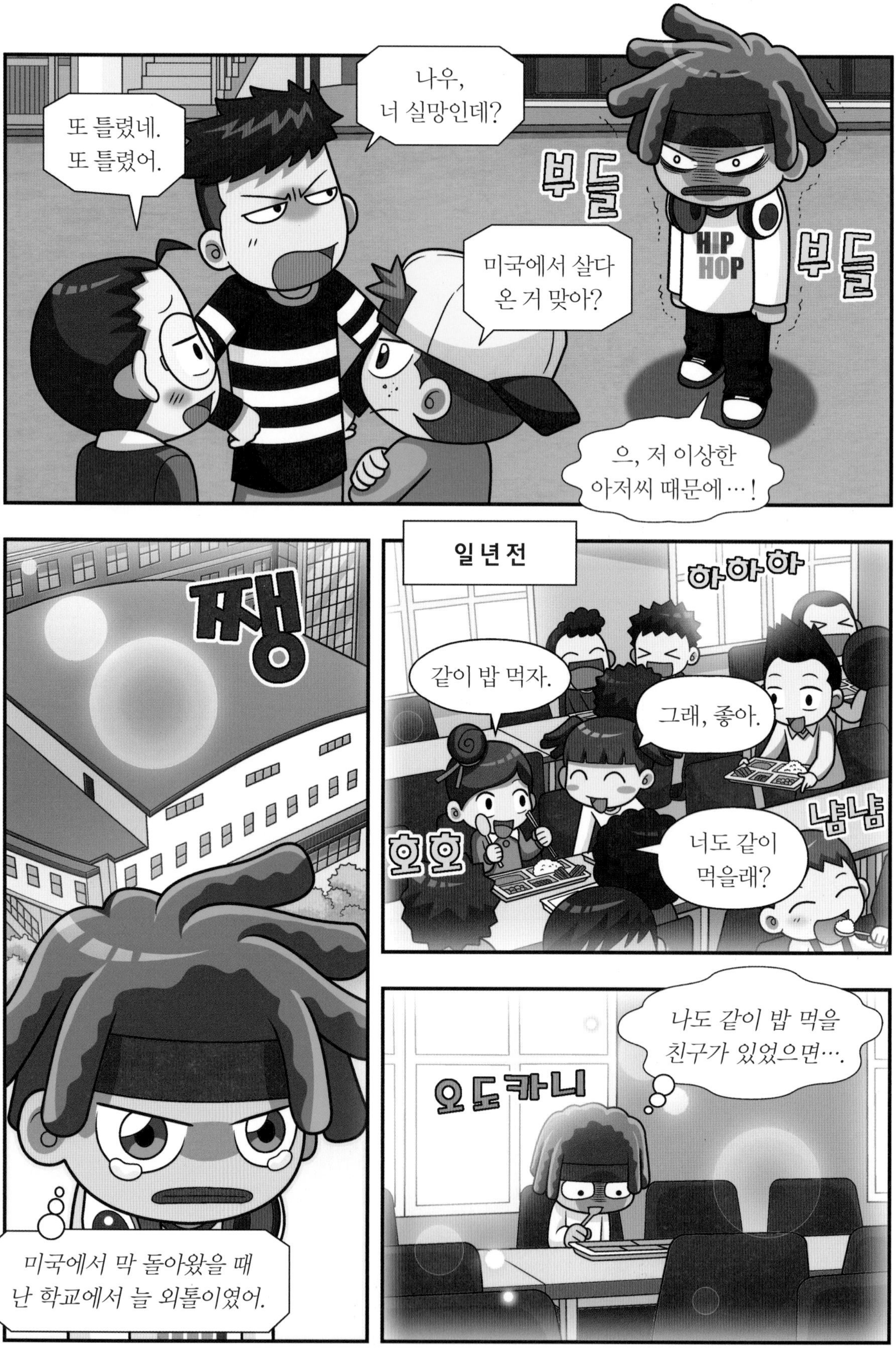
또 틀렸네.
또 틀렸어.
나우,
너 실망인데?
미국에서 살다
온 거 맞아?
부들
부들
으, 저 이상한
아저씨 때문에…!
짱
일년전
하하하
같이 밥 먹자.
그래, 좋아.
호호
너도 같이
먹을래?
냠냠
미국에서 막 돌아왔을 때
난 학교에서 늘 외톨이였어.
나도 같이 밥 먹을
친구가 있었으면….
오도카니

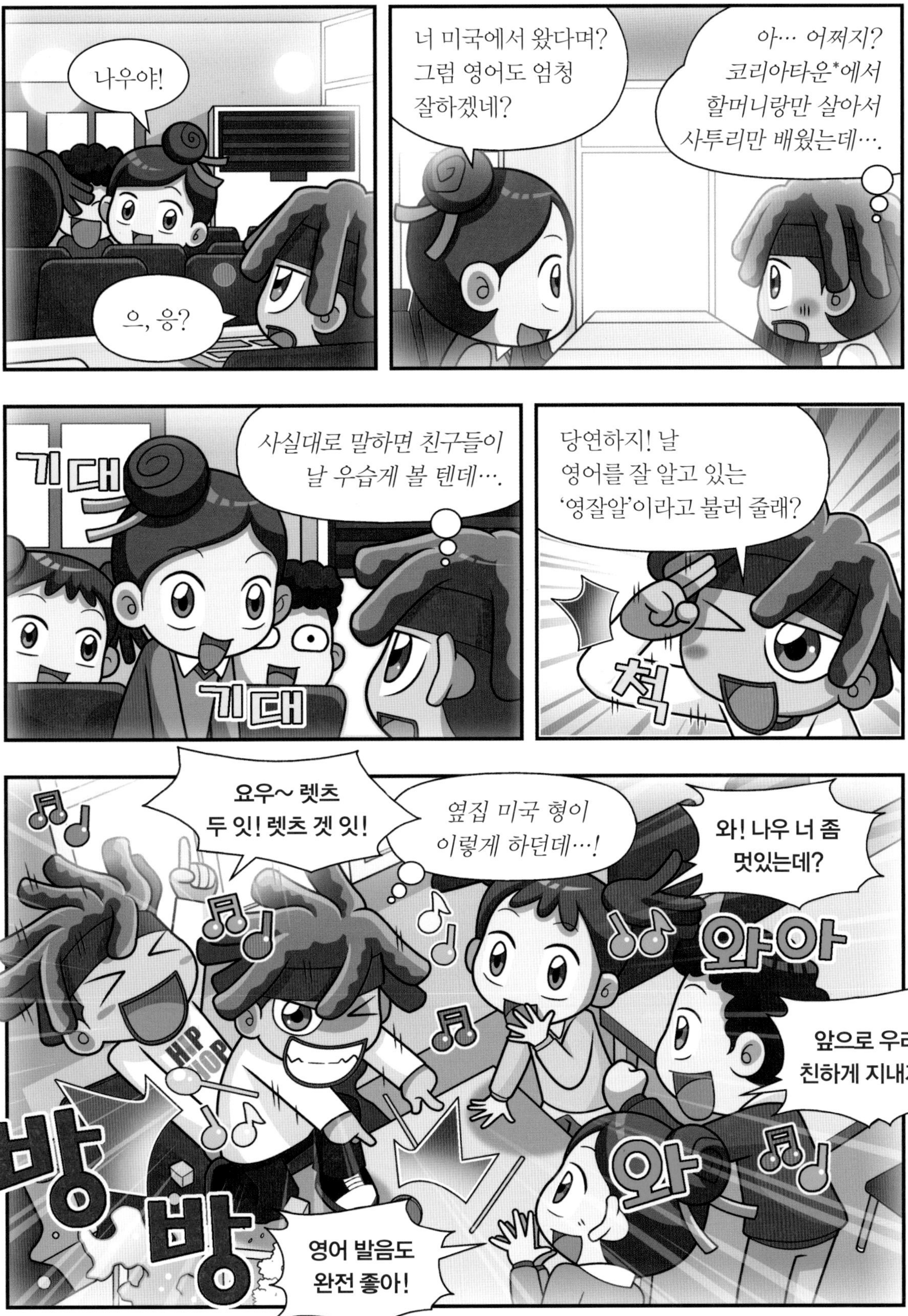
나우야!
으, 응?
너 미국에서 왔다며? 그럼 영어도 엄청 잘하겠네?
아… 어쩌지? 코리아타운*에서 할머니랑만 살아서 사투리만 배웠는데….
기대
사실대로 말하면 친구들이 날 우습게 볼 텐데….
기대
당연하지! 날 영어를 잘 알고 있는 '영잘알'이라고 불러 줄래?
척
요우~ 렛츠 두 잇! 렛츠 겟 잇!
옆집 미국 형이 이렇게 하던데…!
와! 나우 너 좀 멋있는데?
와아
HIP HOP
앞으로 우리 친하게 지내자!
방
방
와
영어 발음도 완전 좋아!

* koreatown[kərí:ətàun]: 외국에 사는 한국 사람들이 세운 한국식 거리

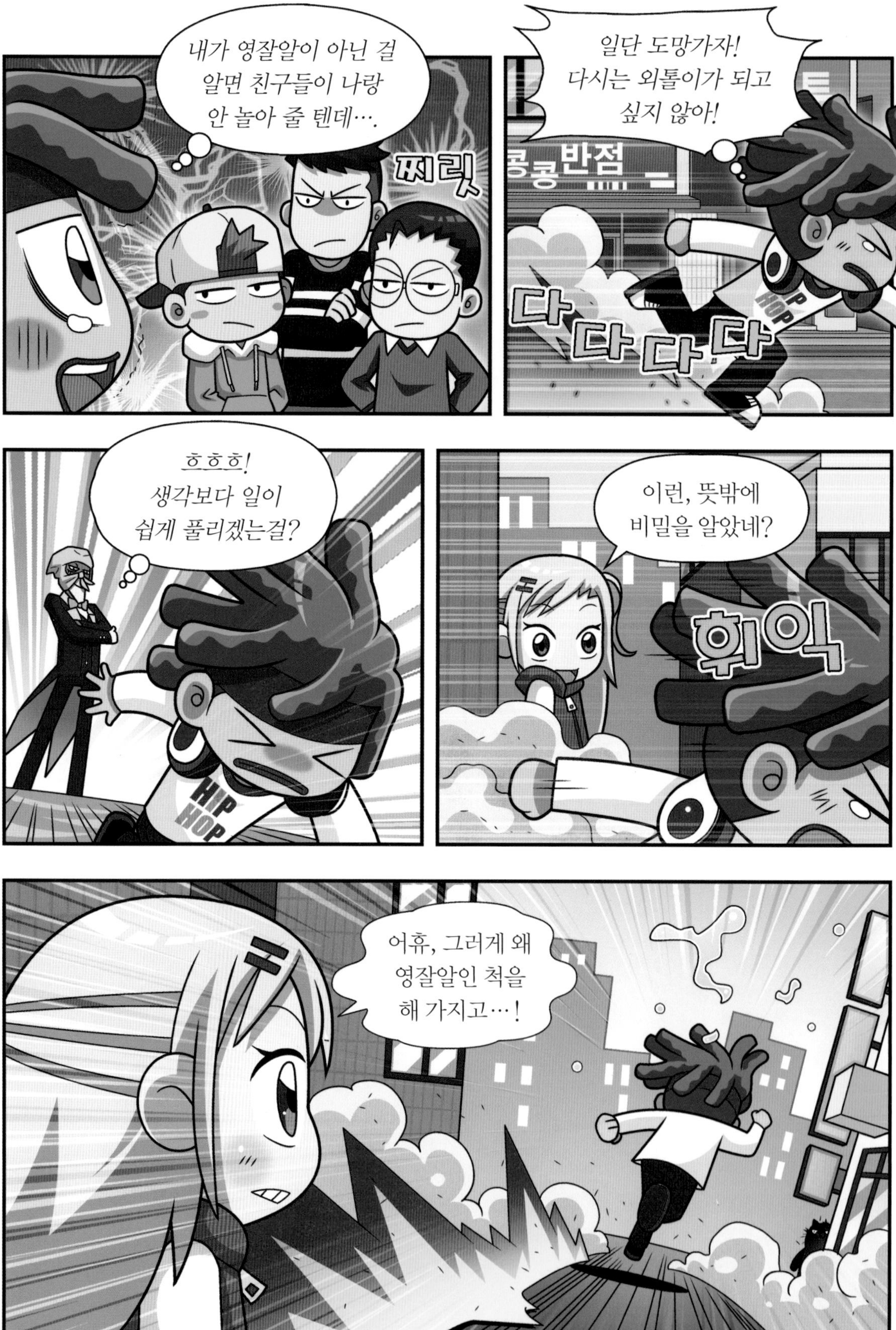

내가 영잘알이 아닌 걸 알면 친구들이 나랑 안 놀아 줄 텐데….
찌릿
일단 도망가자! 다시는 외톨이가 되고 싶지 않아!
콩콩반점
다다다다
HIP HOP
흐흐흐! 생각보다 일이 쉽게 풀리겠는걸?
HIP HOP
이런, 뜻밖에 비밀을 알았네?
휘익
어휴, 그러게 왜 영잘알인 척을 해 가지고…!

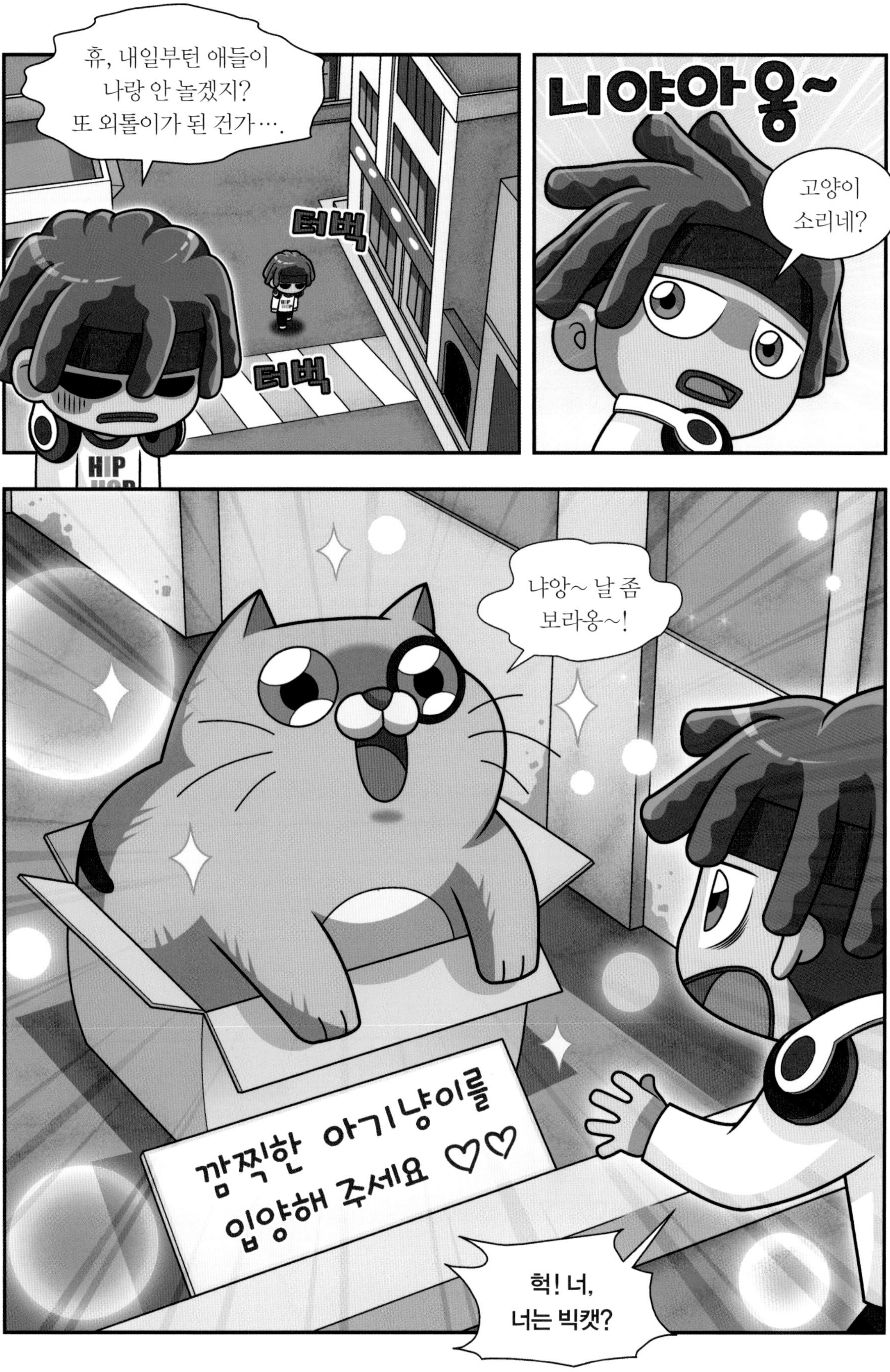
휴, 내일부턴 애들이
나랑 안 놀겠지?
또 외톨이가 된 건가….
터벅
터벅
니야아 옹~
고양이
소리네?
냐앙~ 날 좀
보라옹~!
깜찍한 아기냥이를
입양해 주세요 ♡♡
헉! 너,
너는 빅캣?

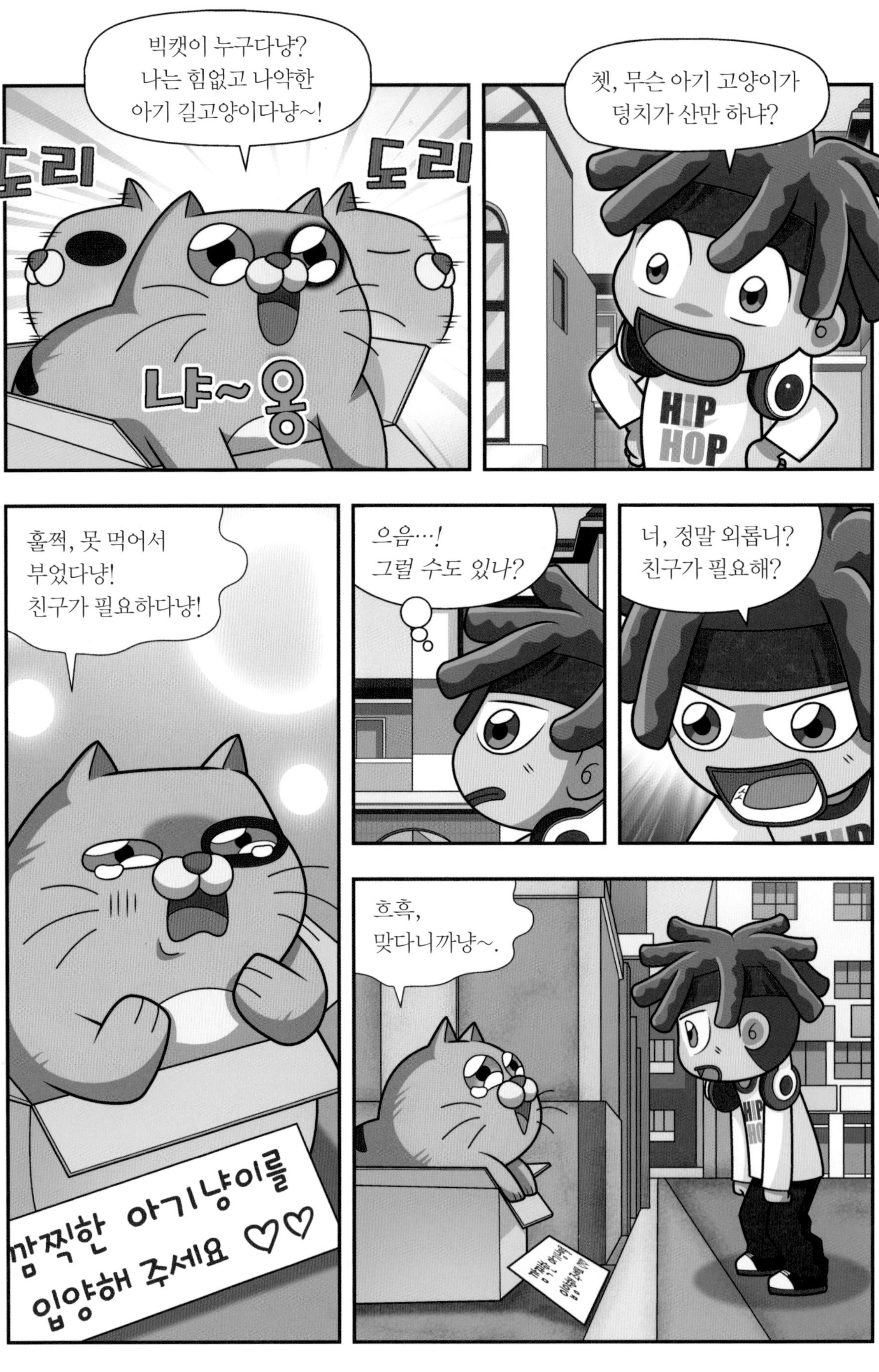

빅캣이 누구다냥?
나는 힘없고 나약한
아기 길고양이다냥~!
도리 도리
냐~옹
쳇, 무슨 아기 고양이가
덩치가 산만 하냐?
HIP HOP
훌쩍, 못 먹어서
부었다냥!
친구가 필요하다냥!
깜찍한 아기냥이를
입양해 주세요 ♡♡
으음…!
그럴 수도 있나?
너, 정말 외롭니?
친구가 필요해?
흐흑,
맞다니까냥~.

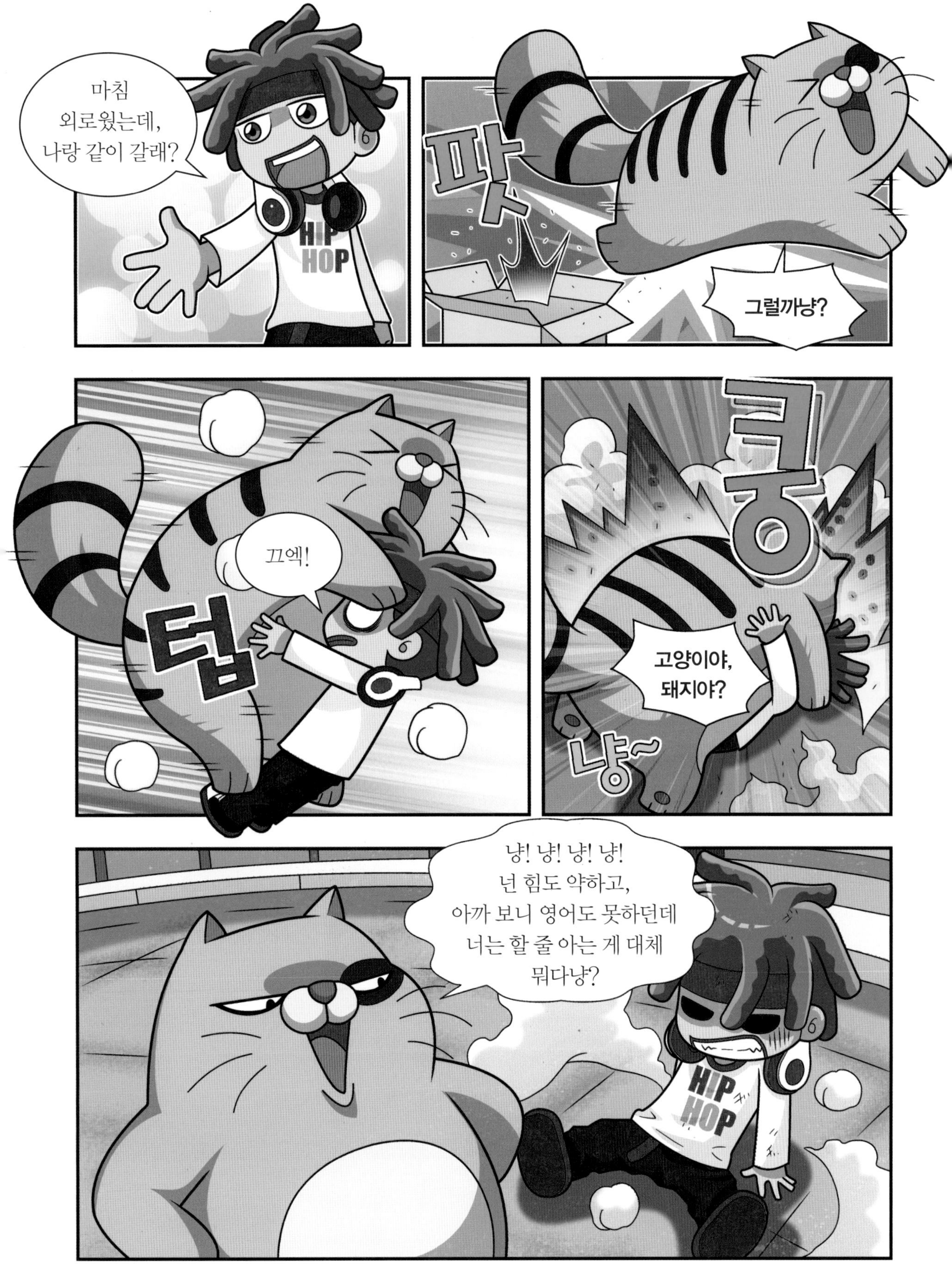

마침 외로웠는데, 나랑 같이 갈래?
팍
그럴까냥?
텁
끄엑!
쿵
냥~
고양이야, 돼지야?
냥! 냥! 냥! 냥! 넌 힘도 약하고, 아까 보니 영어도 못하던데 너는 할 줄 아는 게 대체 뭐다냥?

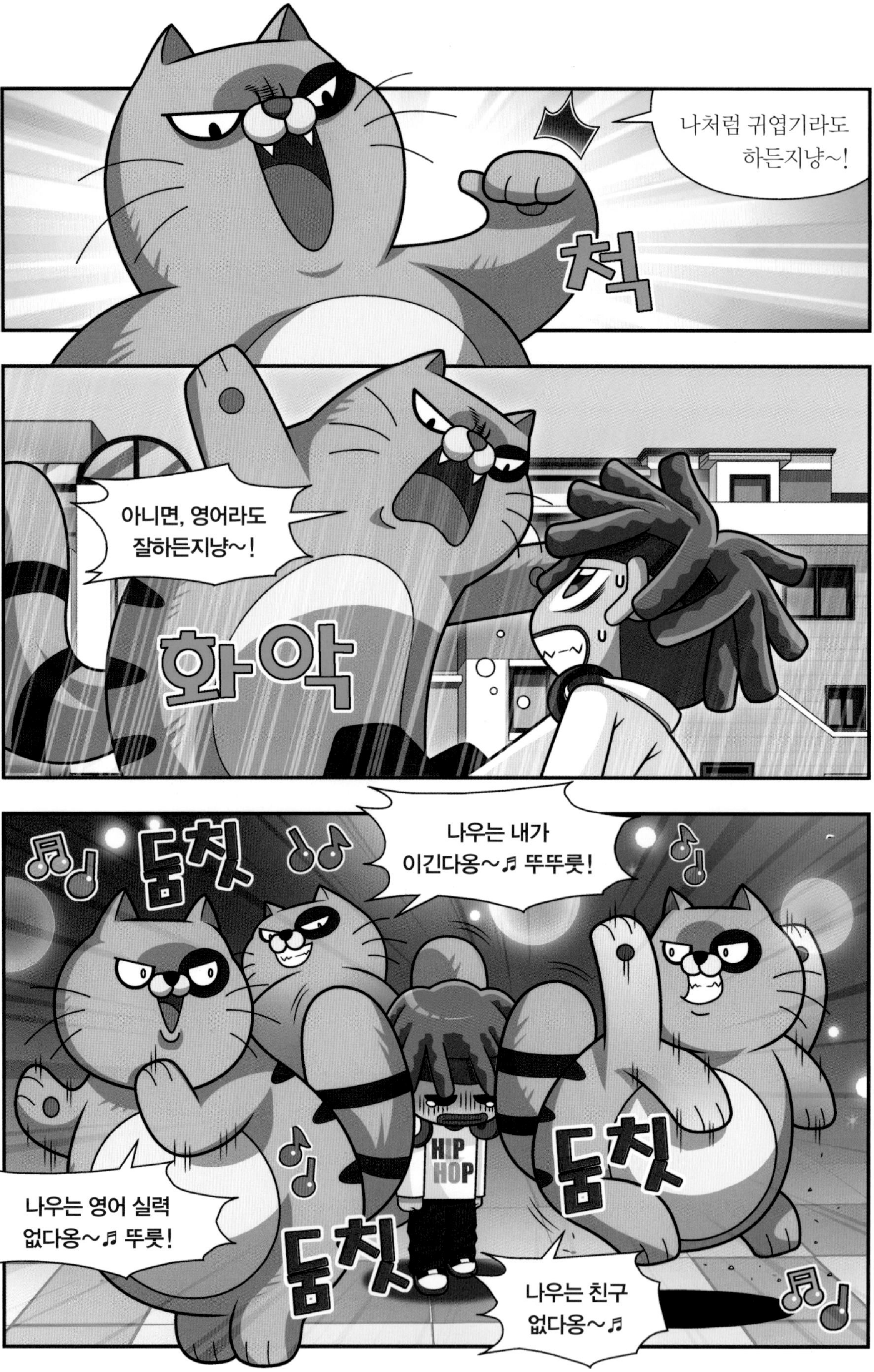
나처럼 귀엽기라도 하든지냥~!
척
아니면, 영어라도 잘하든지냥~!
화악
둠칫
나우는 내가 이긴다옹~♬ 뚜뚜룻!
나우는 영어 실력 없다옹~♬ 뚜룻!
HIP HOP
둠칫
둠칫
나우는 친구 없다옹~♬

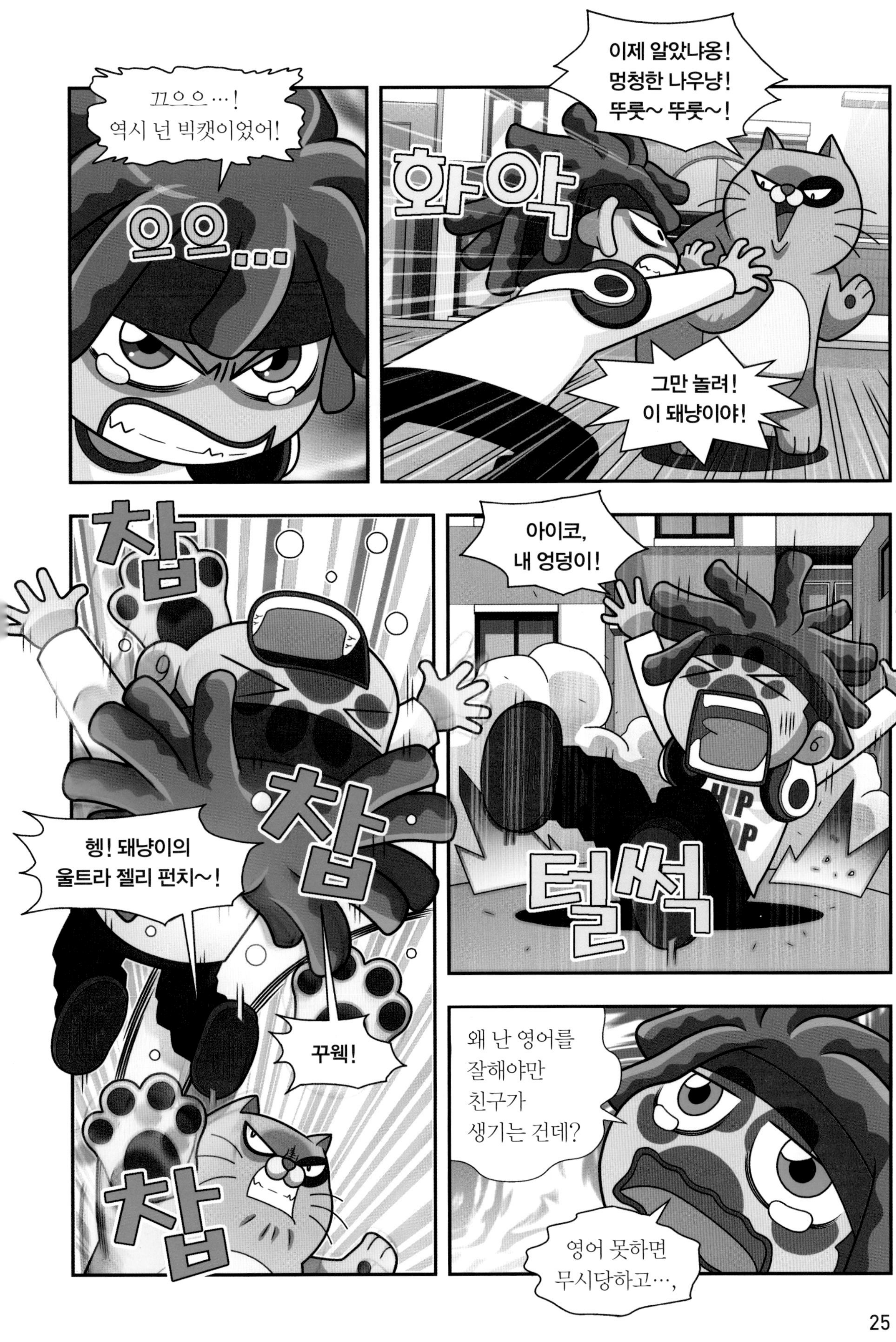

끄으으…!
역시 넌 빅캣이었어!
으으...
이제 알았냐옹!
멍청한 나우냥!
뚜룻~ 뚜룻~!
화악
그만 놀려!
이 돼냥이야!
찹
헹! 돼냥이의
울트라 젤리 펀치~!
찹
꾸웩!
찹
아이코,
내 엉덩이!
털썩
왜 난 영어를
잘해야만
친구가
생기는 건데?
영어 못하면
무시당하고…,

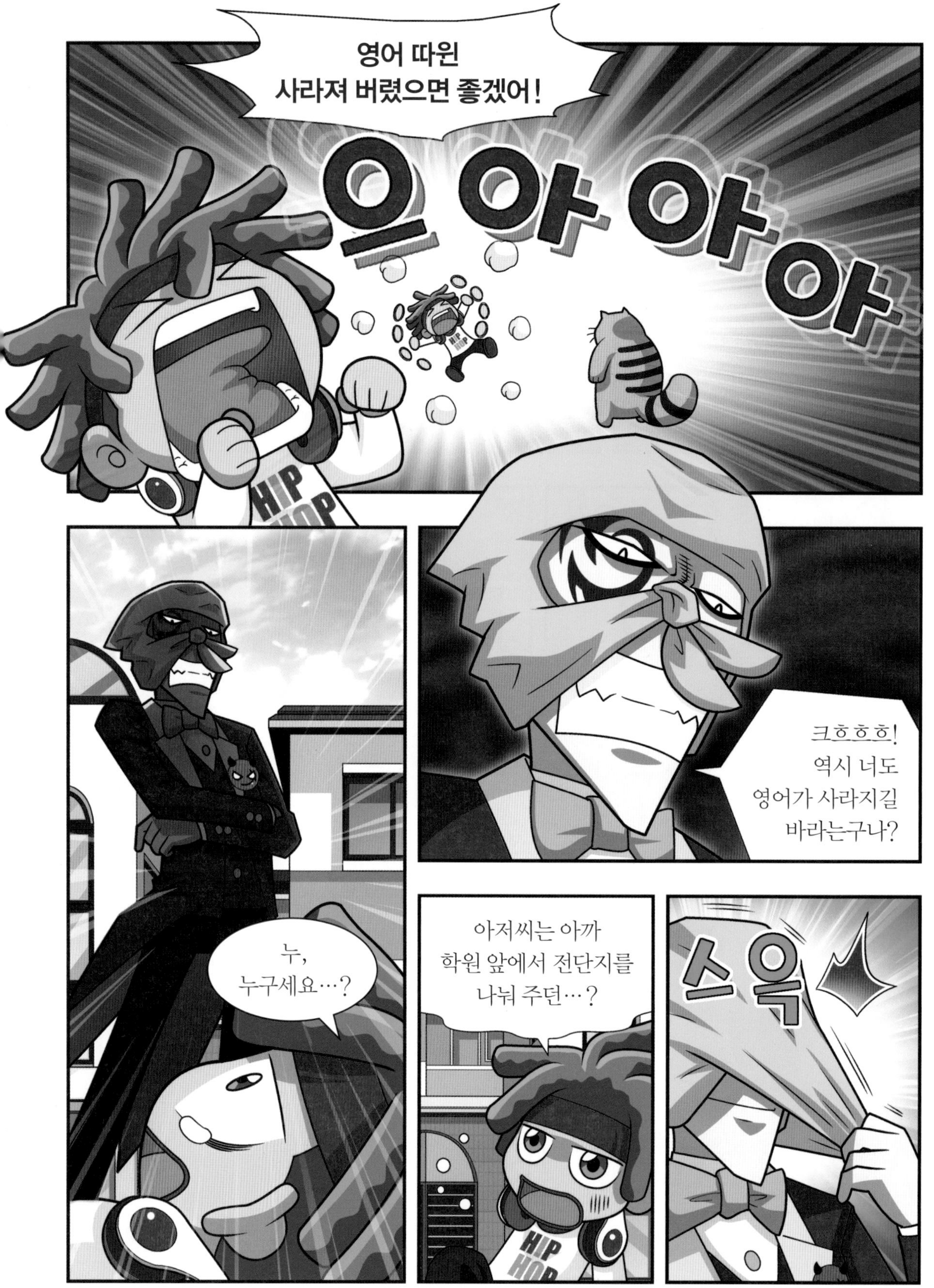

영어 따윈
사라져 버렸으면 좋겠어!
으아아아
크흐흐흐!
역시 너도
영어가 사라지길
바라는구나?
누,
누구세요…?
아저씨는 아까
학원 앞에서 전단지를
나눠 주던…?
스윽

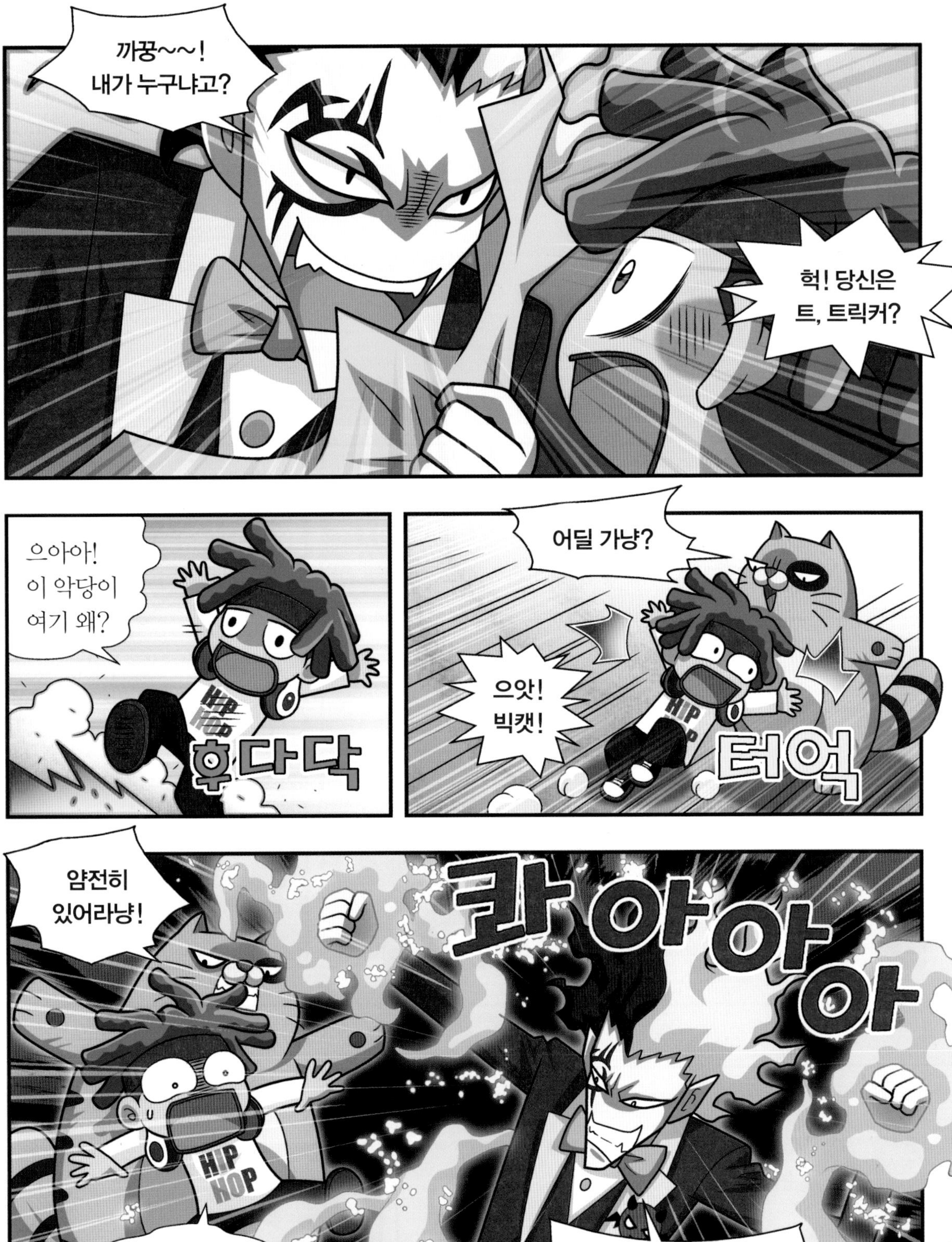
까꿍~~!
내가 누구냐고?
헉! 당신은
트, 트릭커?
으아아!
이 악당이
여기 왜?
후다닥
어딜 가냥?
으앗!
빅캣!
터억
얌전히
있어라냥!
콰아아아
똥 냄새 나는
매직 방귀는
싫어!
트릭커 님의 매직 방귀로
영어 없는 세상에서
널 행복하게 해 주마!

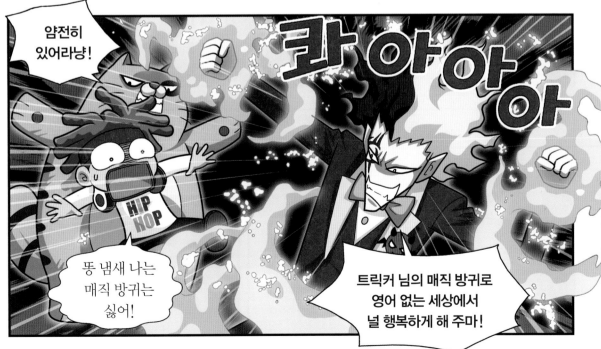

Chapter 2

성안에 갇힌 앨프레드 왕

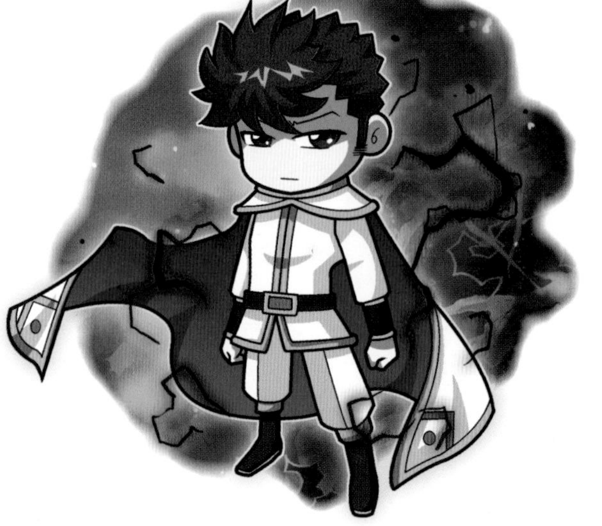

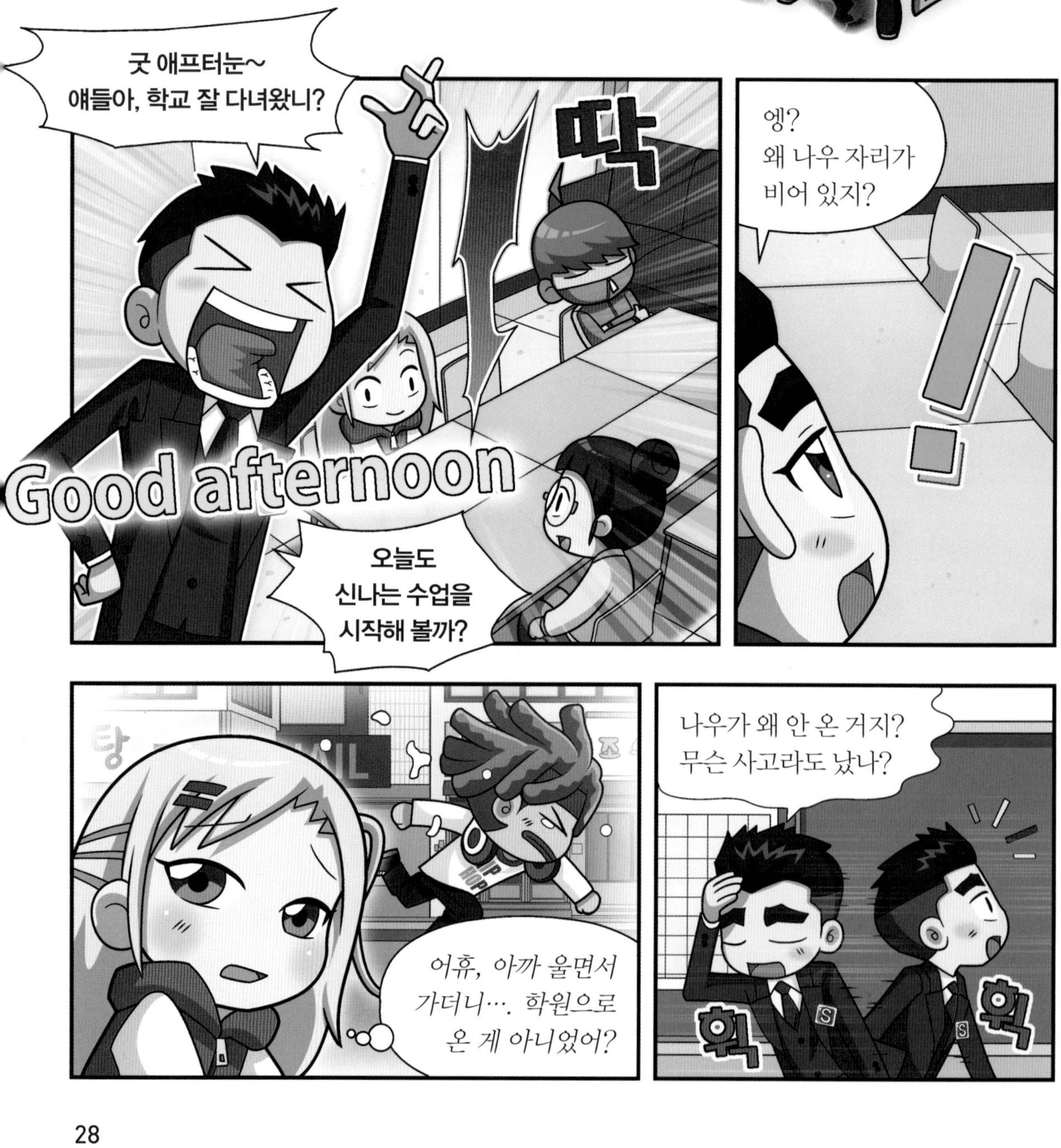

굿 애프터눈~
얘들아, 학교 잘 다녀왔니?
딱
Good afternoon
오늘도 신나는 수업을 시작해 볼까?
엥? 왜 나우 자리가 비어 있지?
!
어휴, 아까 울면서 가더니…. 학원으로 온 게 아니었어?
나우가 왜 안 온 거지? 무슨 사고라도 났나?
휙
휙

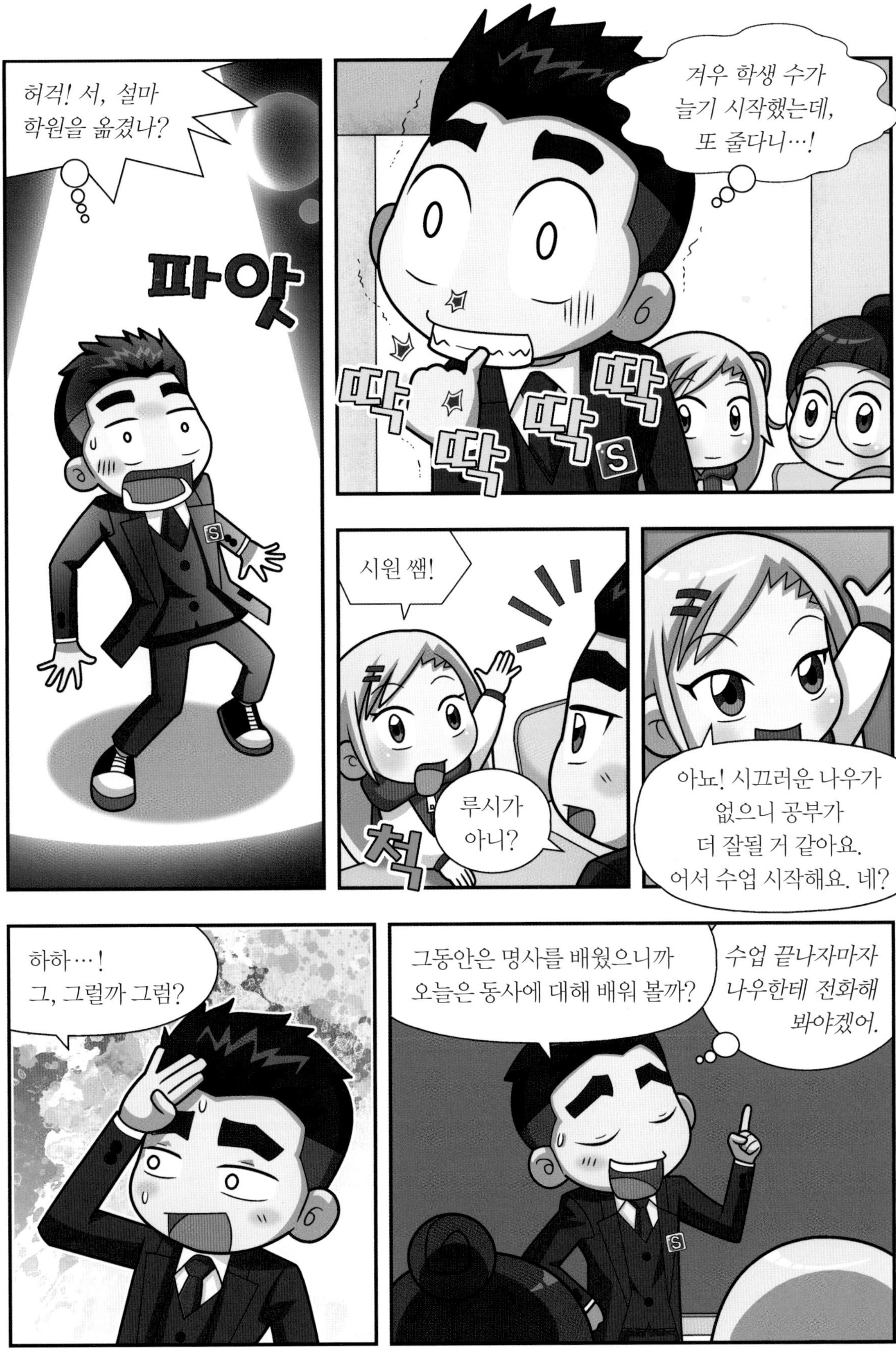
허걱! 서, 설마
학원을 옮겼나?
파얏
겨우 학생 수가
늘기 시작했는데,
또 줄다니…!
딱
딱
딱
딱
시원 쌤!
척
루시가
아니?
아뇨! 시끄러운 나우가
없으니 공부가
더 잘될 거 같아요.
어서 수업 시작해요. 네?
하하…!
그, 그럴까 그럼?
그동안은 명사를 배웠으니까
오늘은 동사에 대해 배워 볼까?
수업 끝나자마자
나우한테 전화해
봐야겠어.

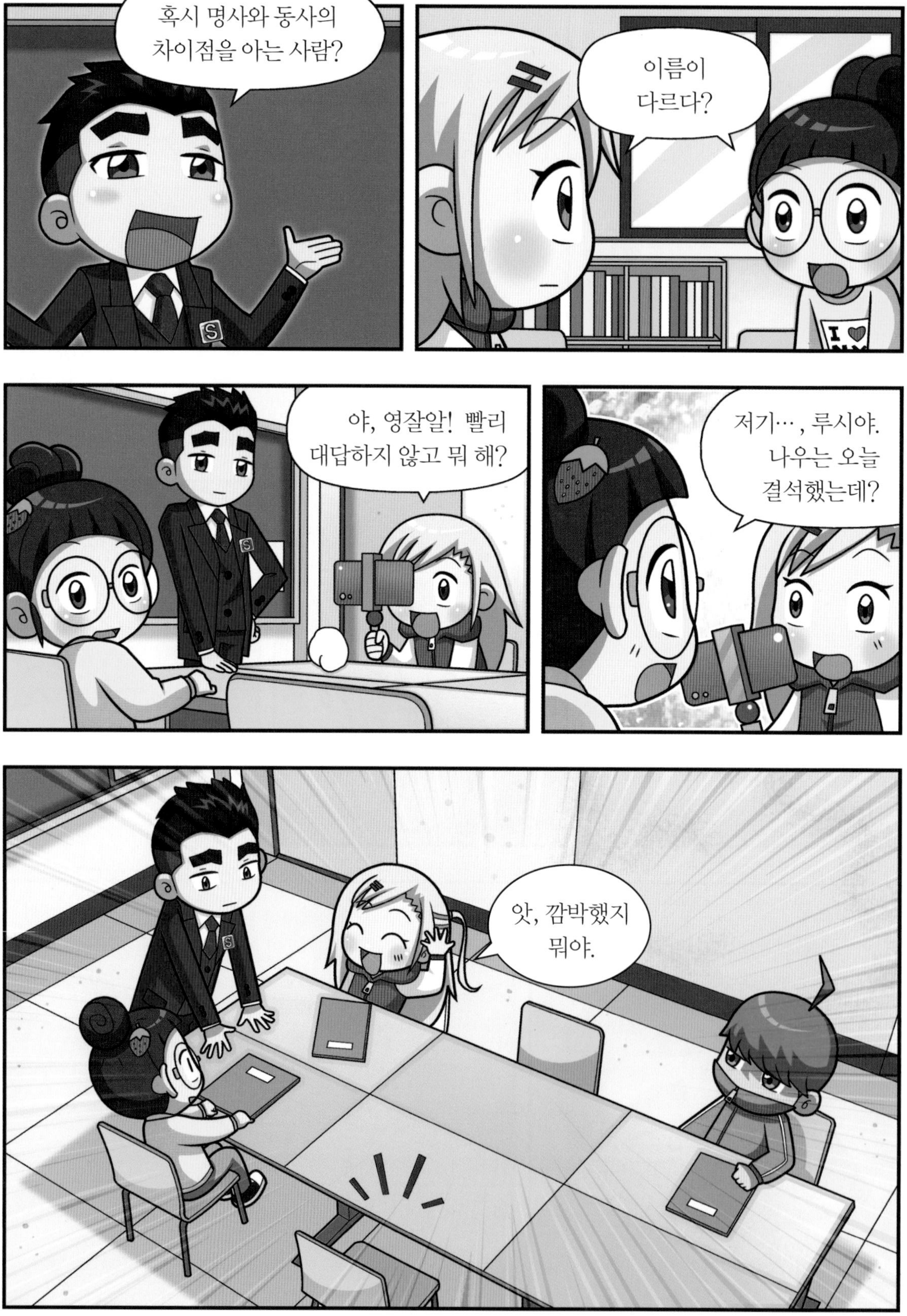
혹시 명사와 동사의 차이점을 아는 사람?
이름이 다르다?
야, 영잘알! 빨리 대답하지 않고 뭐 해?
저기…, 루시야. 나우는 오늘 결석했는데?
앗, 깜박했지 뭐야.

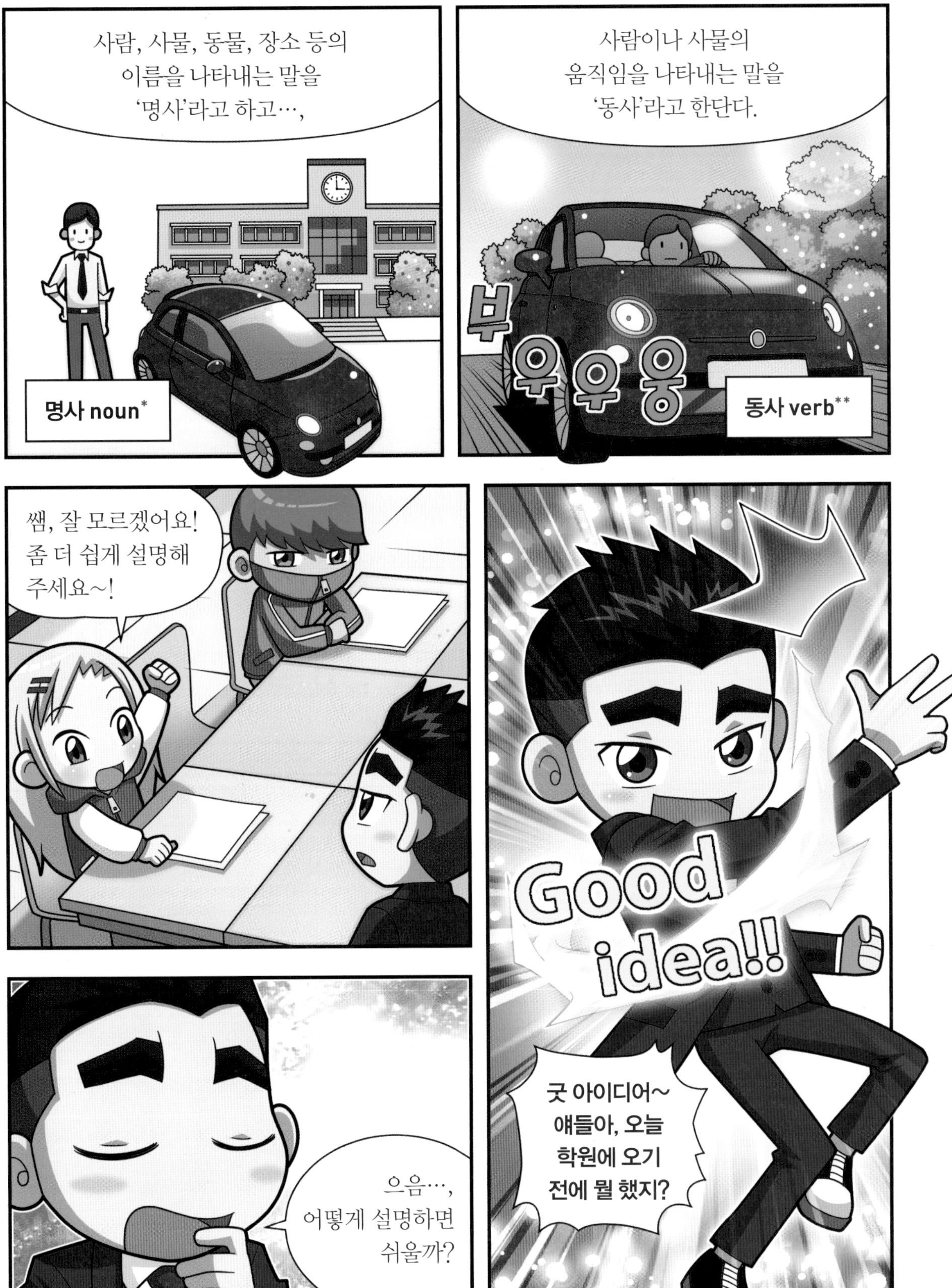

사람, 사물, 동물, 장소 등의 이름을 나타내는 말을 '명사'라고 하고…,
명사 noun*
사람이나 사물의 움직임을 나타내는 말을 '동사'라고 한단다.
부우우웅
동사 verb**
쌤, 잘 모르겠어요! 좀 더 쉽게 설명해 주세요~!
으음…, 어떻게 설명하면 쉬울까?
Good idea!!
굿 아이디어~ 얘들아, 오늘 학원에 오기 전에 뭘 했지?

* noun[naʊn] : 명사
** verb[vɜːrb]: 동사

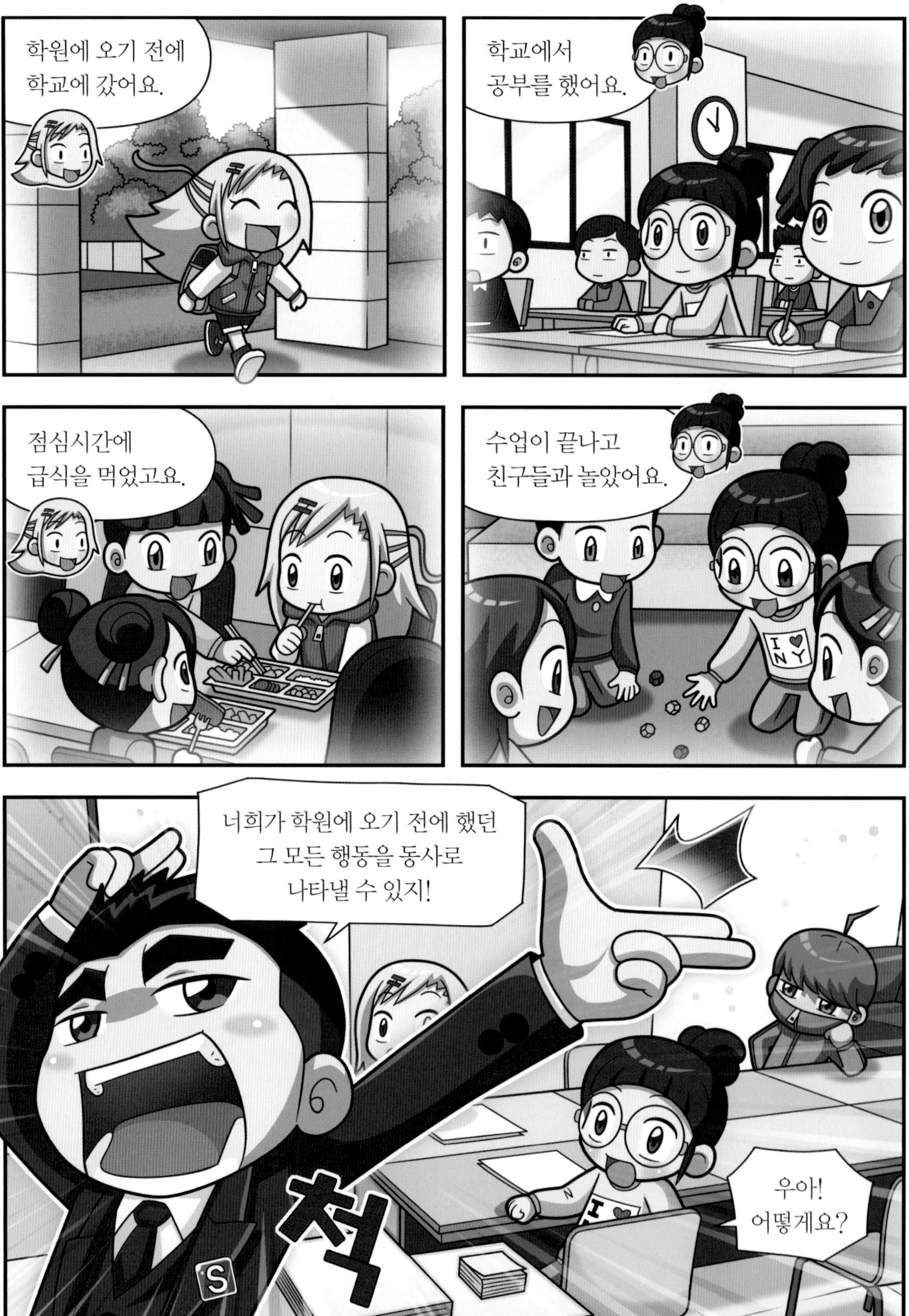
학원에 오기 전에
학교에 갔어요.
학교에서
공부를 했어요.
점심시간에
급식을 먹었고요.
수업이 끝나고
친구들과 놀았어요.
너희가 학원에 오기 전에 했던
그 모든 행동을 동사로
나타낼 수 있지!
척
우아!
어떻게요?

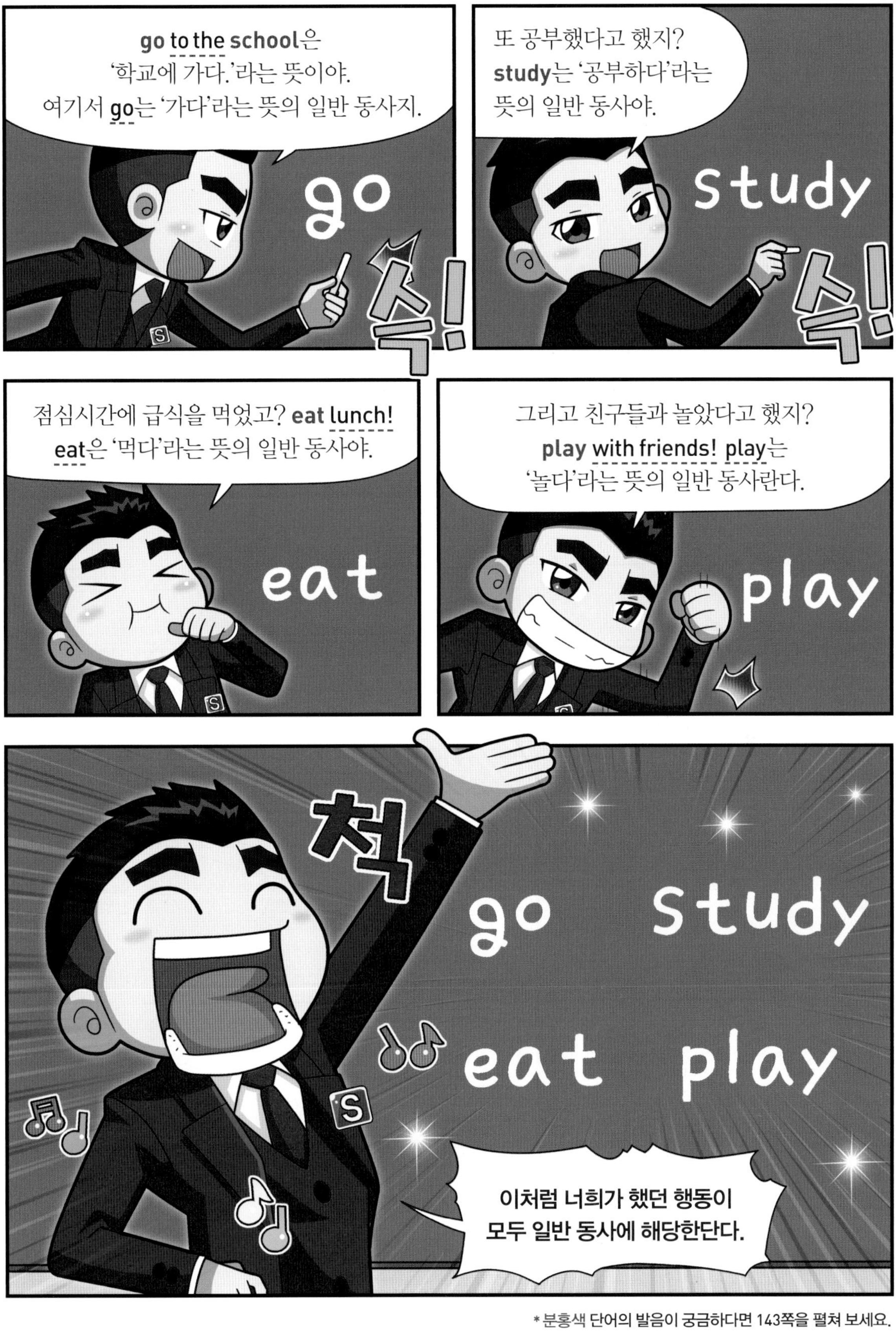
go to the school은
'학교에 가다.'라는 뜻이야.
여기서 go는 '가다'라는 뜻의 일반 동사지.
go
슥!
또 공부했다고 했지?
study는 '공부하다'라는
뜻의 일반 동사야.
study
슥!
점심시간에 급식을 먹었고? eat lunch!
eat은 '먹다'라는 뜻의 일반 동사야.
eat
그리고 친구들과 놀았다고 했지?
play with friends! play는
'놀다'라는 뜻의 일반 동사란다.
play
척
go study
eat play
이처럼 너희가 했던 행동이
모두 일반 동사에 해당한단다.

* 분홍색 단어의 발음이 궁금하다면 143쪽을 펼쳐 보세요.

* 이시원 선생님이 직접 가르쳐 주는 강의를 확인하고 싶다면 145쪽을 펼쳐 보세요.

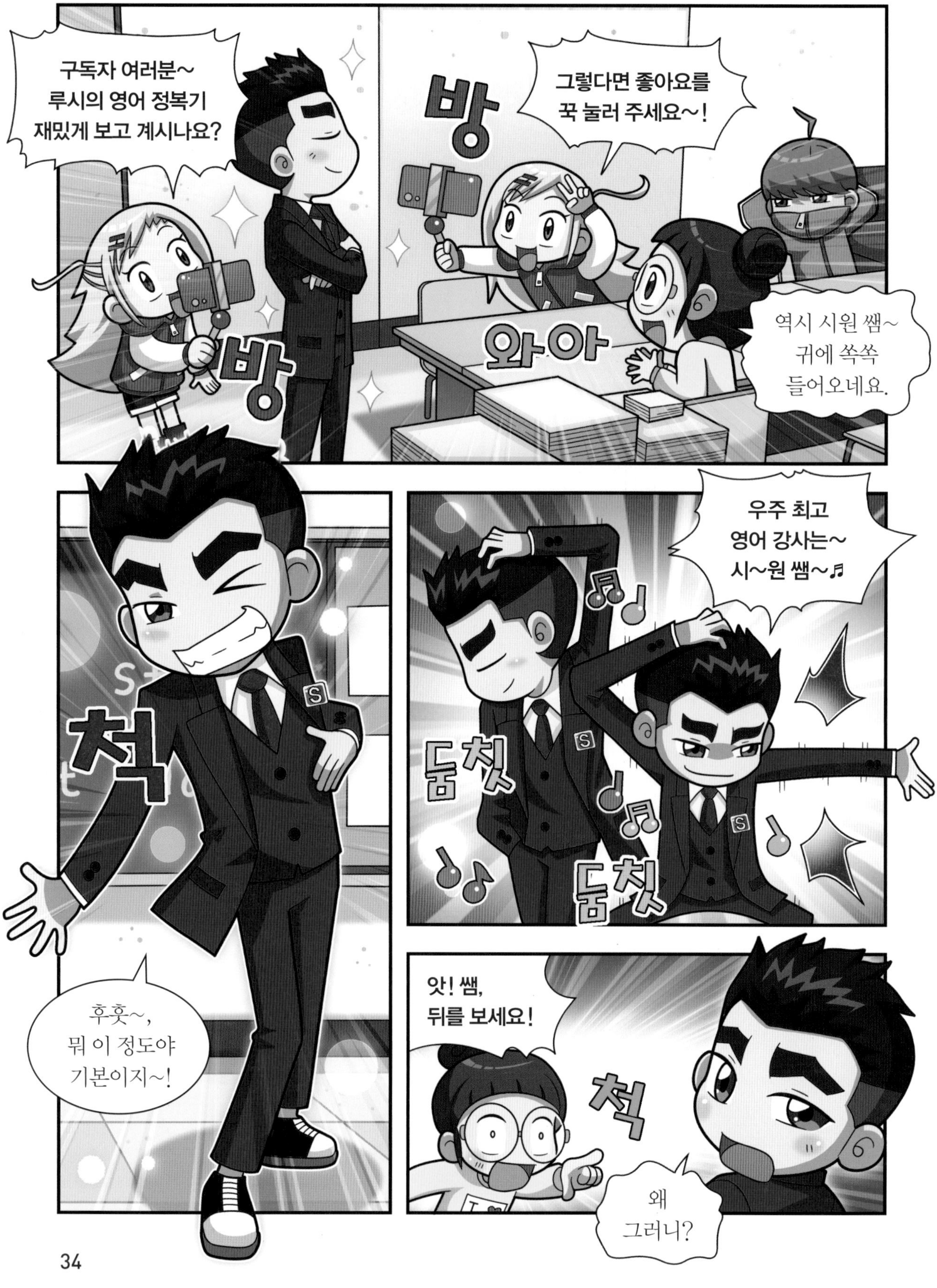
구독자 여러분~
루시의 영어 정복기
재밌게 보고 계시나요?
방
방
그렇다면 좋아요를
꾹 눌러 주세요~!
와아
역시 시원 쌤~
귀에 쏙쏙
들어오네요.
척
후훗~,
뭐 이 정도야
기본이지~!
우주 최고
영어 강사는~
시~원 쌤~♬
둠칫
둠칫
앗! 쌤,
뒤를 보세요!
척
왜
그러니?

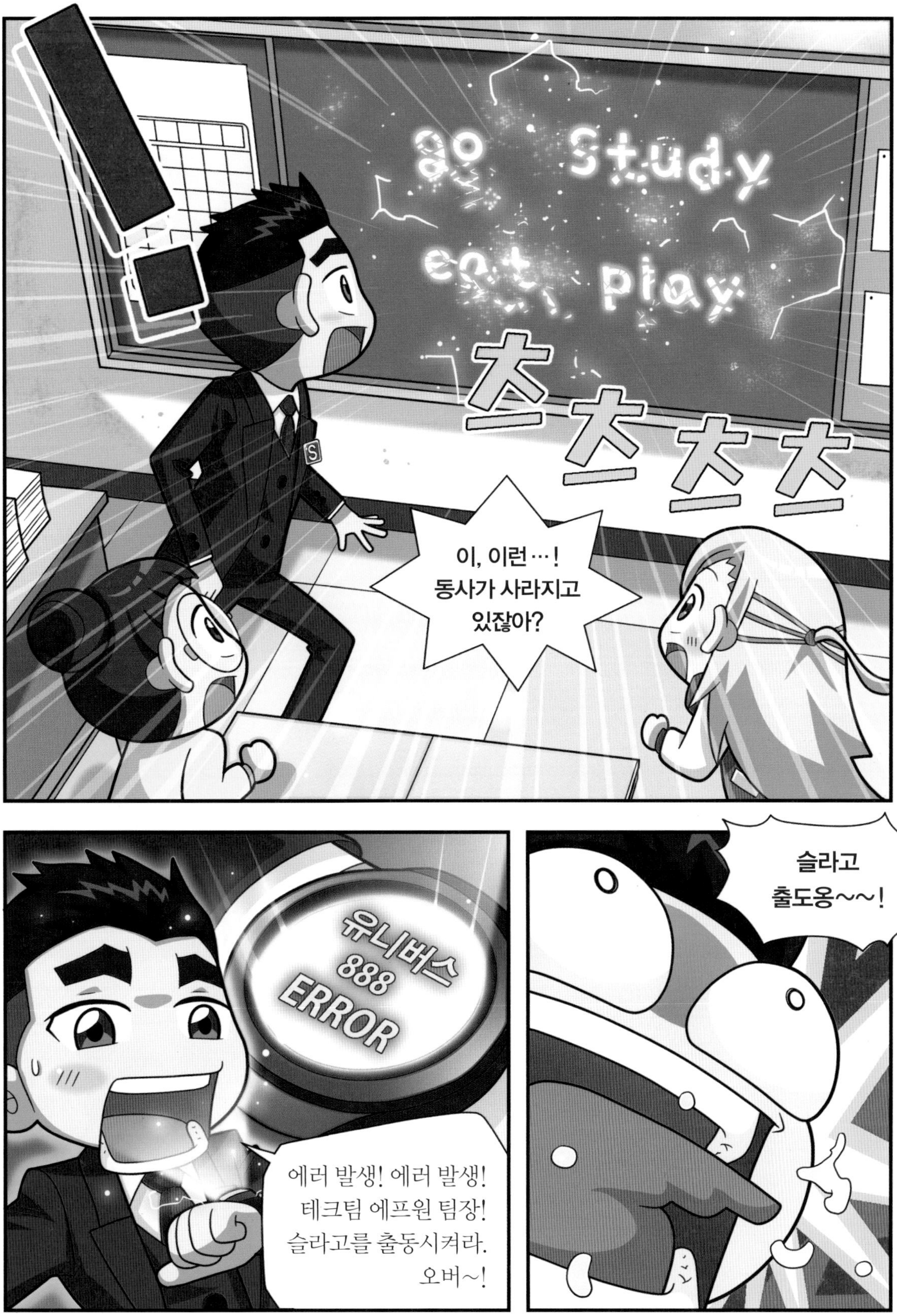
go Study
eat play
ㅊㅊㅊㅊ
이, 이런…!
동사가 사라지고
있잖아?
유니버스
888
ERROR
에러 발생! 에러 발생!
테크팀 에프원 팀장!
슬라고를 출동시켜라.
오버~!
슬라고
출도옹~~!

미소 쌤! 우리 여우네 부대찌개 사랑해 줘서 고마워요.
김밥처럼
여우네 부대찌개
폭스 씨 부대찌개는 매일 먹어도 질리지 않아요. 정말 맛있어. 최고야, 최고!
참 참 참 참
부대찌개 삼 인분을 혼자서 해치우다니, 정말이지 그대는 감동!
미소 쌤, 내가 평생 먹게 해 줄 수 있는데 부대찌개~!
하아 하아
푸하, 후회 없이 달렸다!

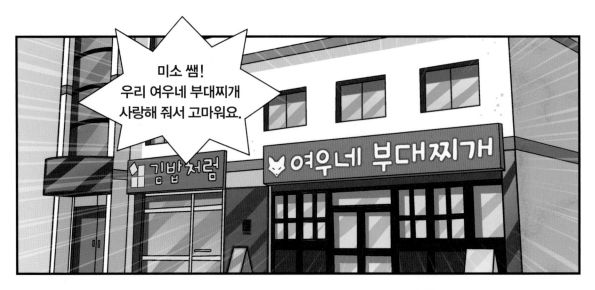

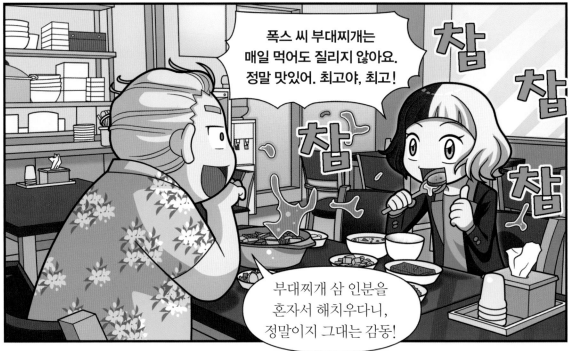

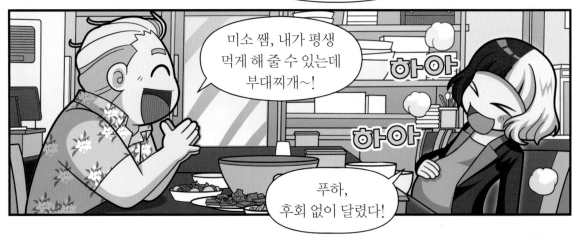

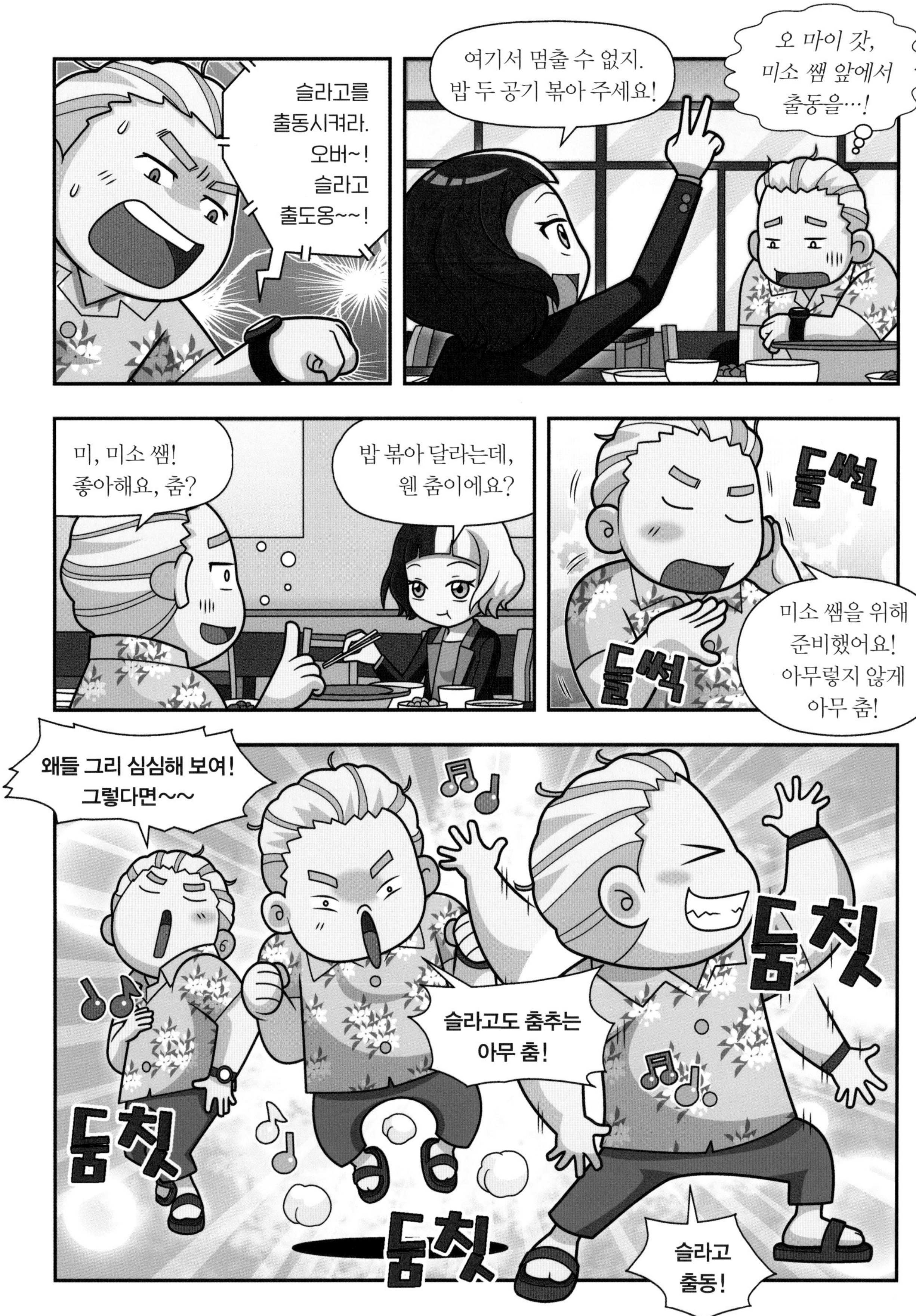
슬라고를 출동시켜라. 오버~! 슬라고 출도옹~~!
여기서 멈출 수 없지. 밥 두 공기 볶아 주세요!
오 마이 갓, 미소 쌤 앞에서 출동을…!
미, 미소 쌤! 좋아해요, 춤?
밥 볶아 달라는데, 웬 춤이에요?
들썩
미소 쌤을 위해 준비했어요! 아무렇지 않게 아무 춤!
들썩
왜들 그리 심심해 보여! 그렇다면~~
둠칫
슬라고도 춤추는 아무 춤!
둠칫
둠칫
슬라고 출동!

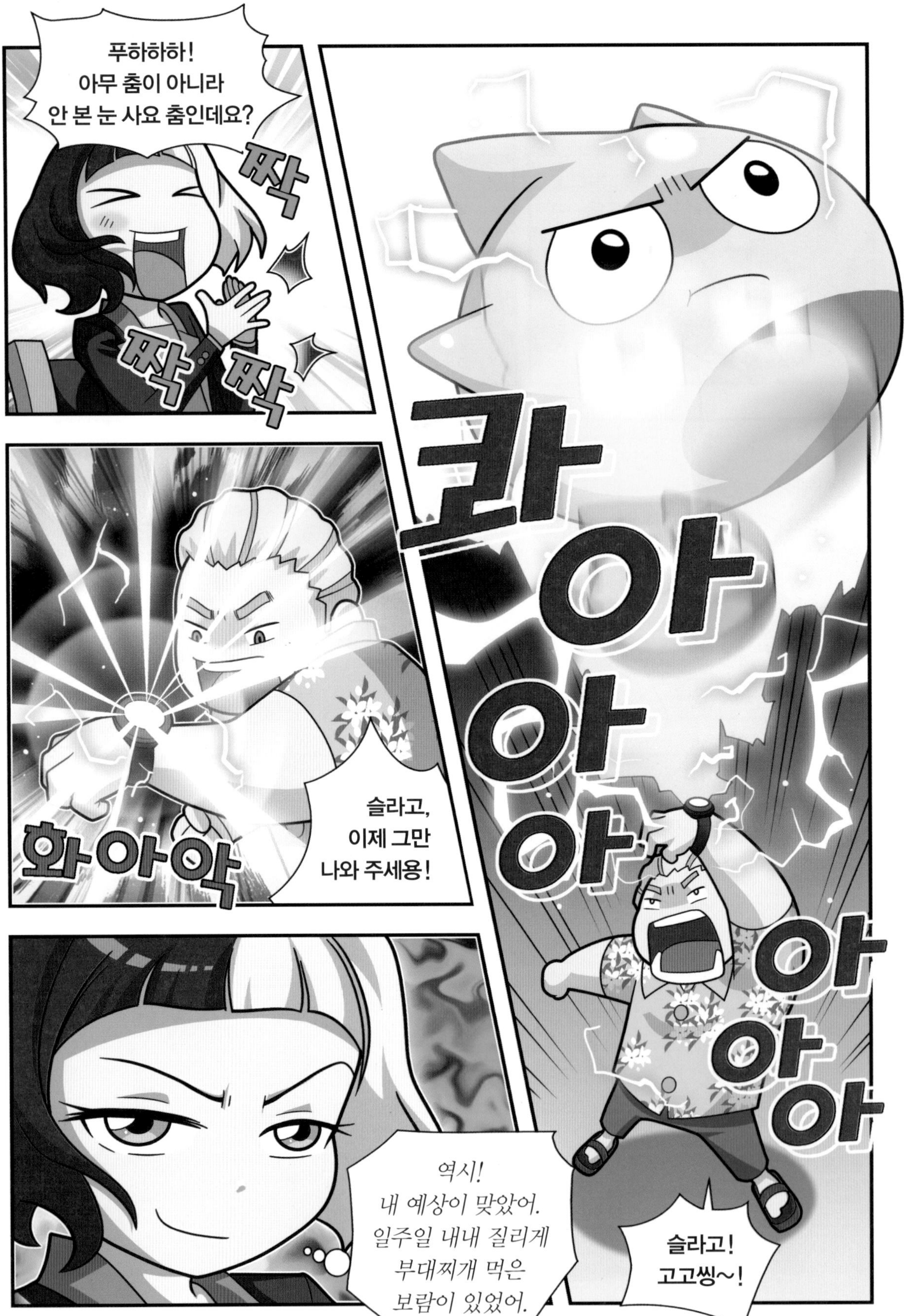
푸하하하!
아무 춤이 아니라
안 본 눈 사요 춤인데요?
짝
짝 짝
콰아아아아아아
화아악
슬라고,
이제 그만
나와 주세용!
역시!
내 예상이 맞았어.
일주일 내내 질리게
부대찌개 먹은
보람이 있었어.
슬라고!
고고씽~!

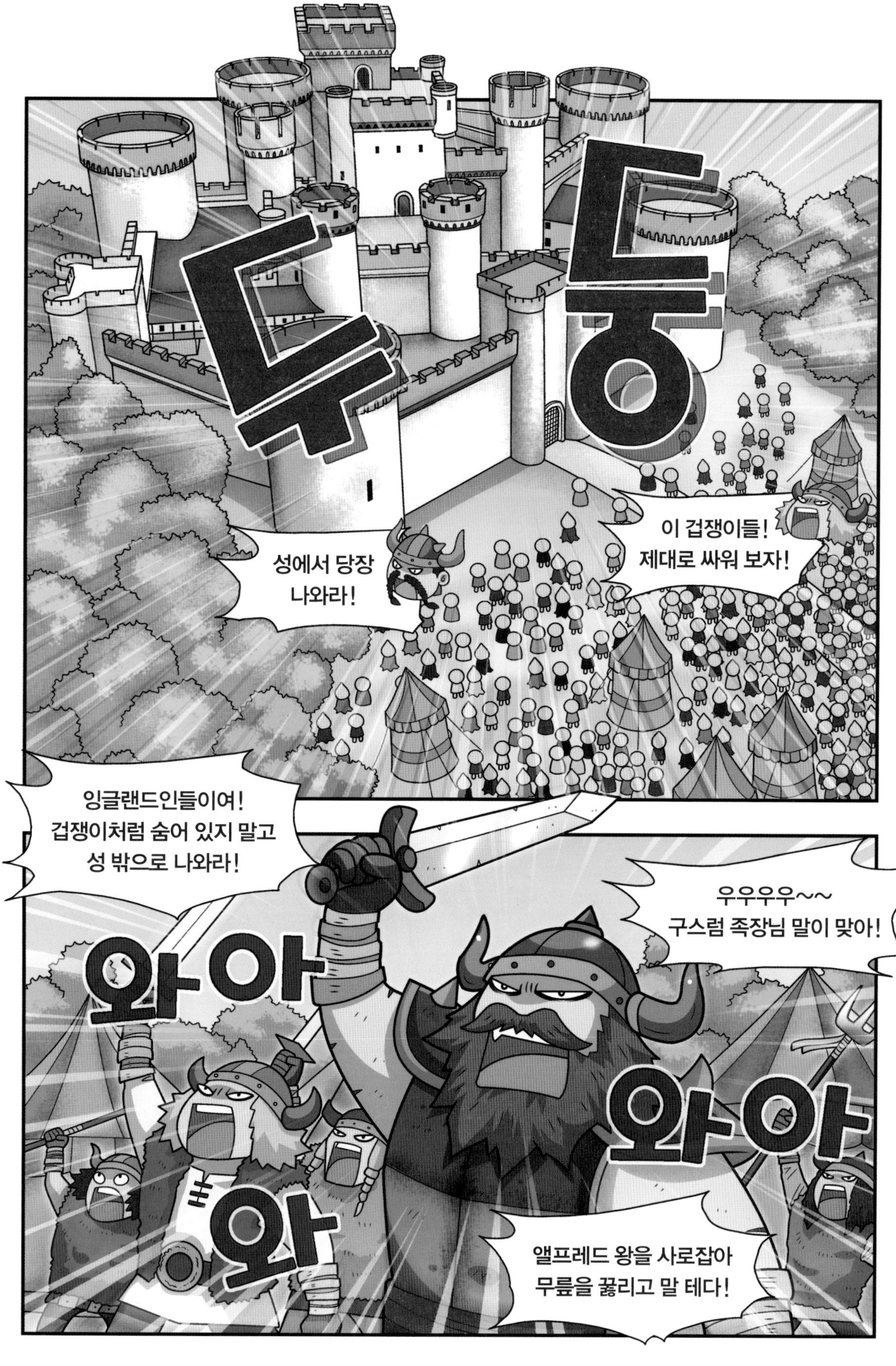
두둥
성에서 당장 나와라!
이 겁쟁이들! 제대로 싸워 보자!
잉글랜드인들이여! 겁쟁이처럼 숨어 있지 말고 성 밖으로 나와라!
우우우우~~ 구스럼 족장님 말이 맞아!
와아
와아
와
앨프레드 왕을 사로잡아 무릎을 꿇리고 말 테다!

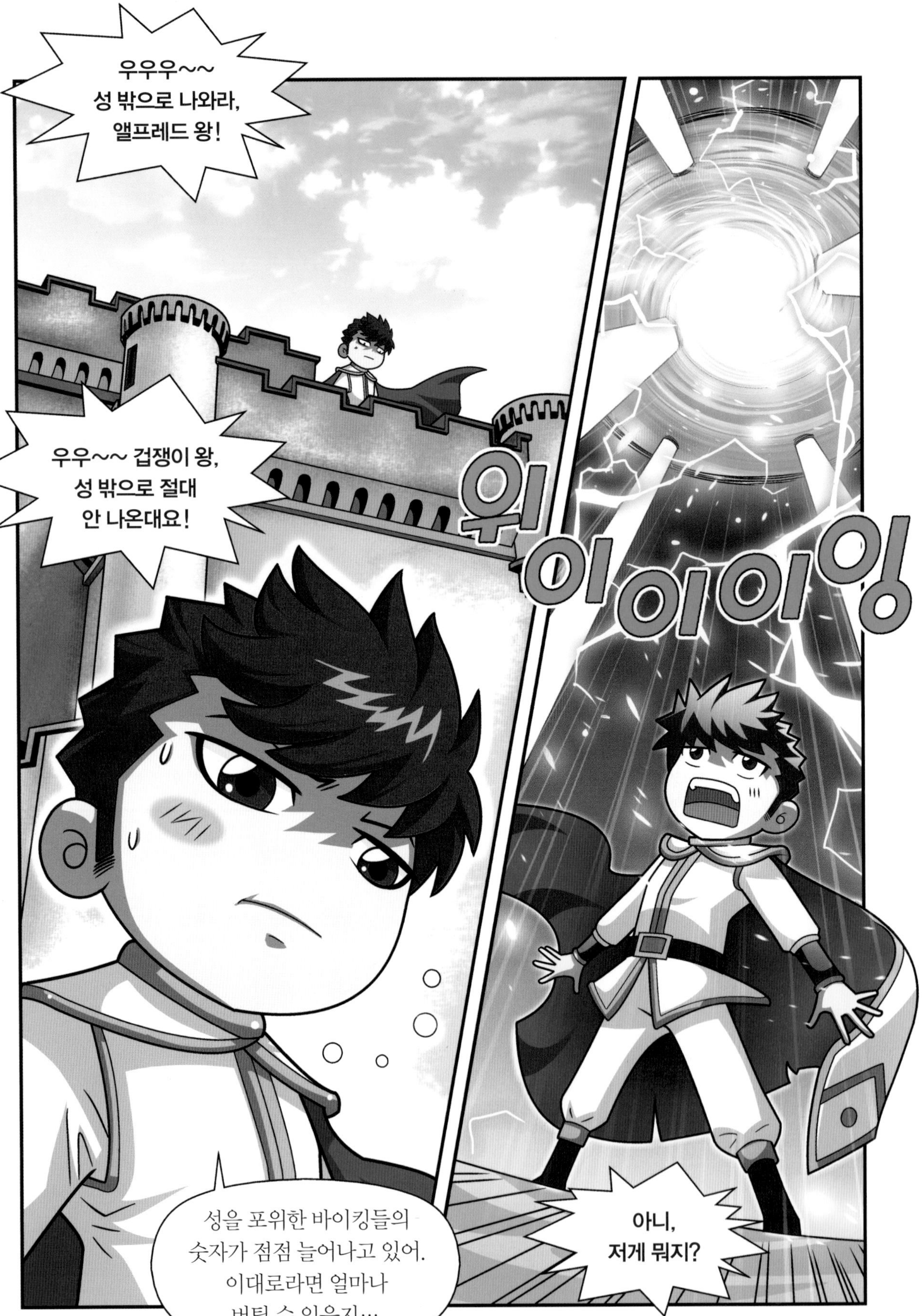
우우우~~ 성 밖으로 나와라, 앨프레드 왕!
우우~~ 겁쟁이 왕, 성 밖으로 절대 안 나온대요!
성을 포위한 바이킹들의 숫자가 점점 늘어나고 있어. 이대로라면 얼마나 버틸 수 있을지….
위이이이이잉
아니, 저게 뭐지?

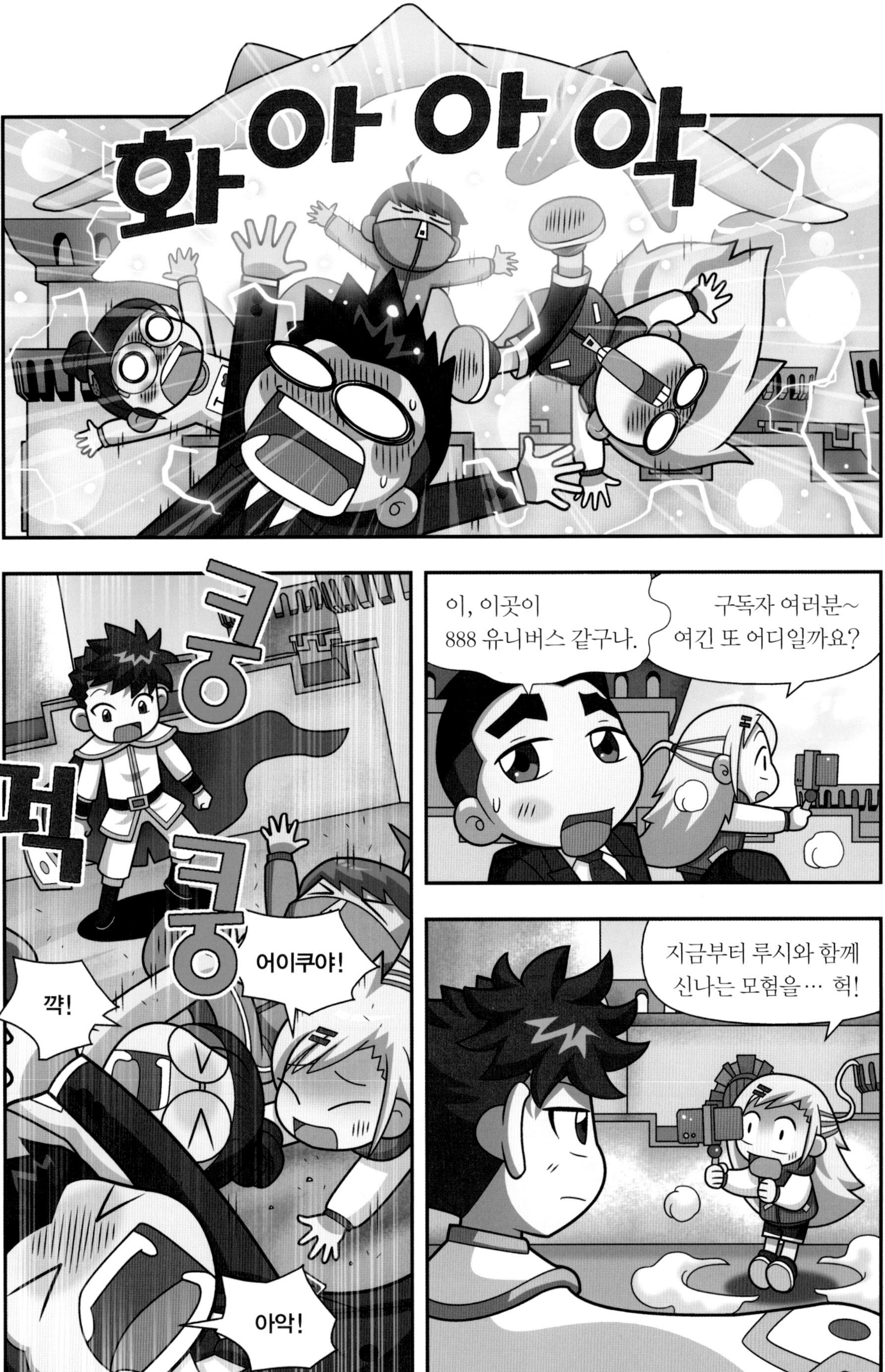
화아아악
쿵
퍽
쿵
어이쿠야!
꺅!
아악!
이, 이곳이
888 유니버스 같구나.
구독자 여러분~
여긴 또 어디일까요?
지금부터 루시와 함께
신나는 모험을… 헉!

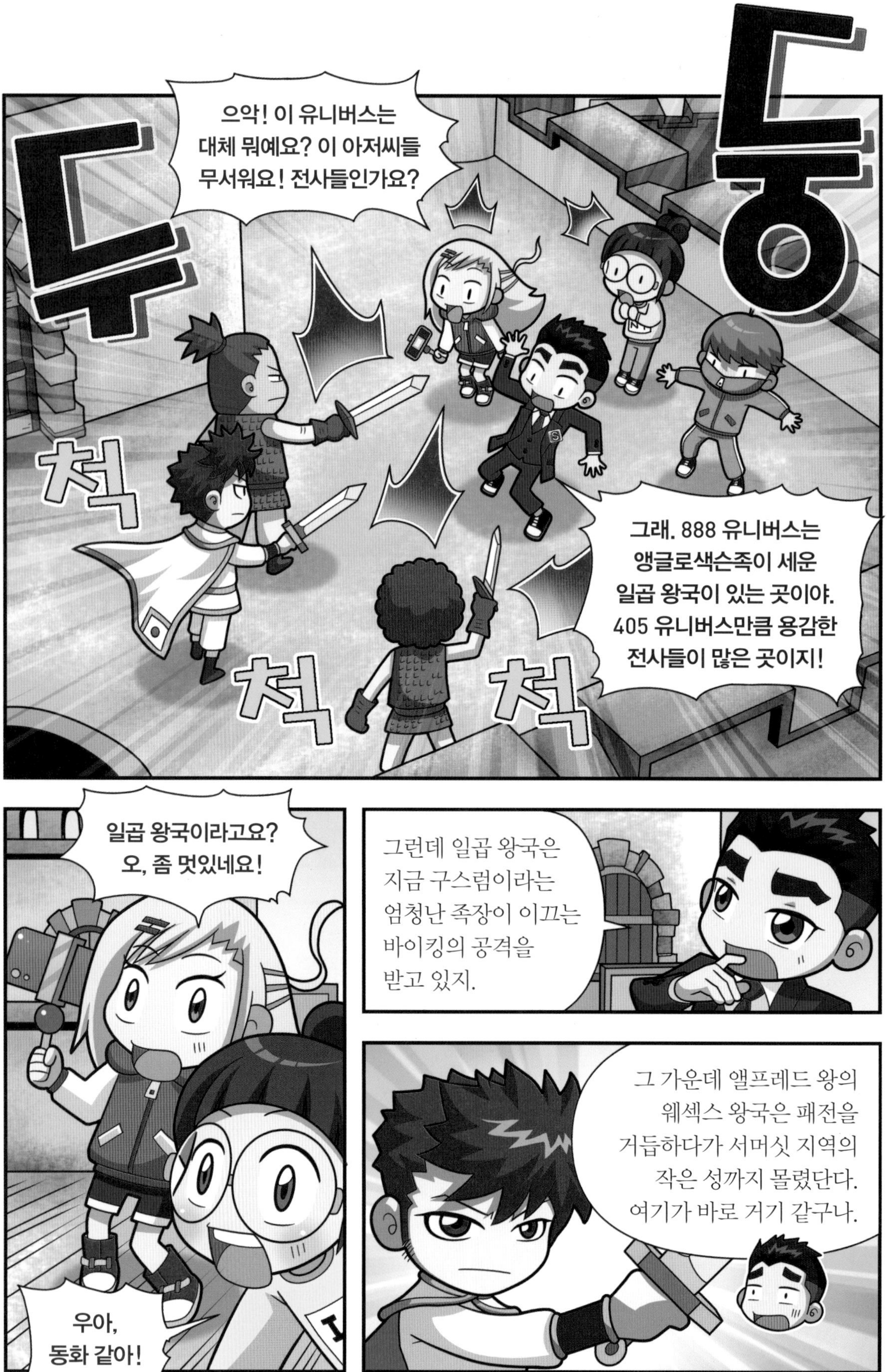

두둥
으악! 이 유니버스는 대체 뭐예요? 이 아저씨들 무서워요! 전사들인가요?
척
척
척
그래. 888 유니버스는 앵글로색슨족이 세운 일곱 왕국이 있는 곳이야. 405 유니버스만큼 용감한 전사들이 많은 곳이지!
일곱 왕국이라고요? 오, 좀 멋있네요!
그런데 일곱 왕국은 지금 구스럼이라는 엄청난 족장이 이끄는 바이킹의 공격을 받고 있지.
우아, 동화 같아!
그 가운데 앨프레드 왕의 웨섹스 왕국은 패전을 거듭하다가 서머싯 지역의 작은 성까지 몰렸단다. 여기가 바로 거기 같구나.

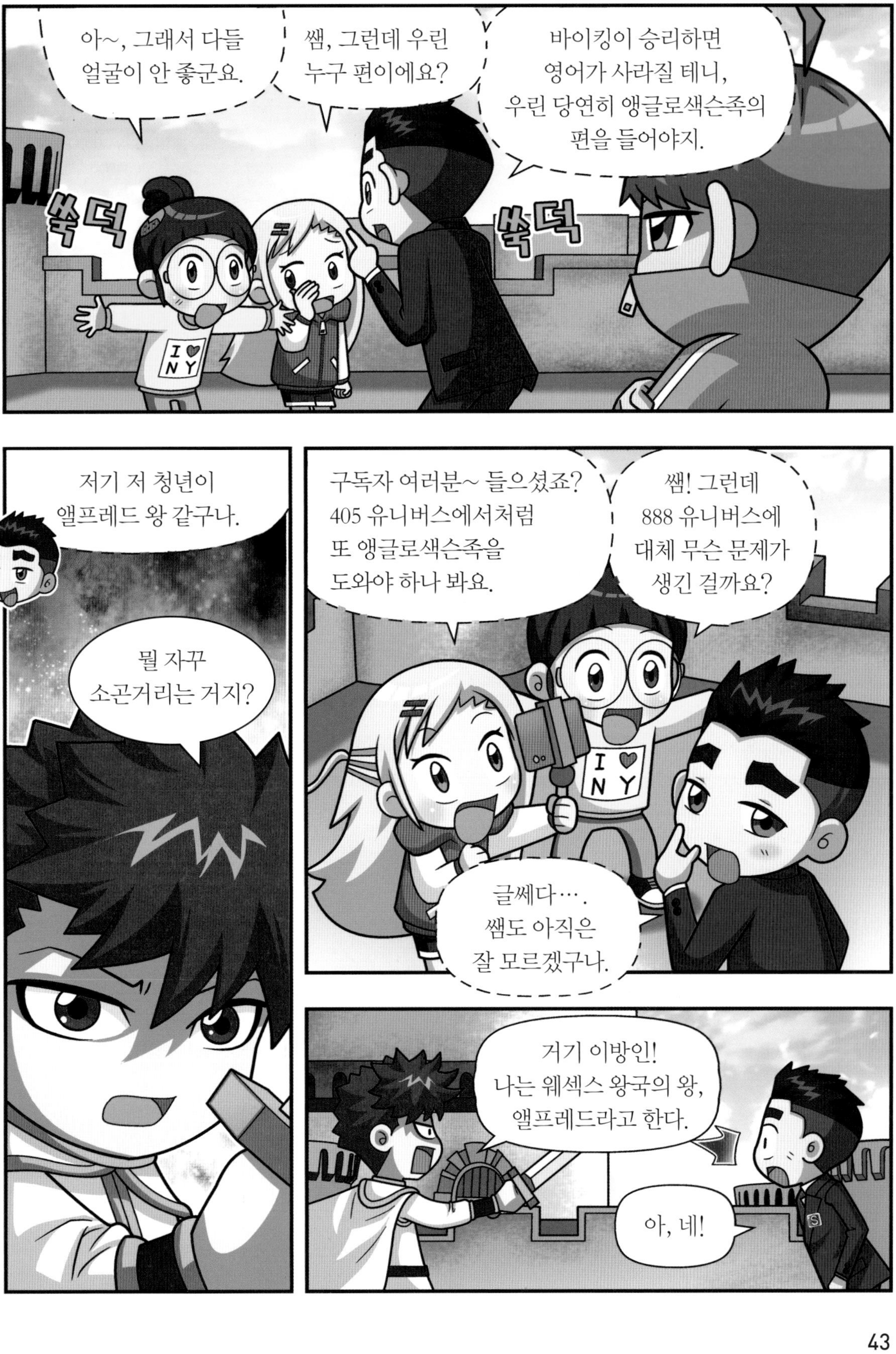
아~, 그래서 다들 얼굴이 안 좋군요.
쌤, 그런데 우린 누구 편이에요?
바이킹이 승리하면 영어가 사라질 테니, 우린 당연히 앵글로색슨족의 편을 들어야지.
쑥덕
쑥덕
저기 저 청년이 앨프레드 왕 같구나.
뭘 자꾸 소곤거리는 거지?
구독자 여러분~ 들으셨죠? 405 유니버스에서처럼 또 앵글로색슨족을 도와야 하나 봐요.
쌤! 그런데 888 유니버스에 대체 무슨 문제가 생긴 걸까요?
글쎄다…. 쌤도 아직은 잘 모르겠구나.
거기 이방인! 나는 웨섹스 왕국의 왕, 앨프레드라고 한다.
아, 네!

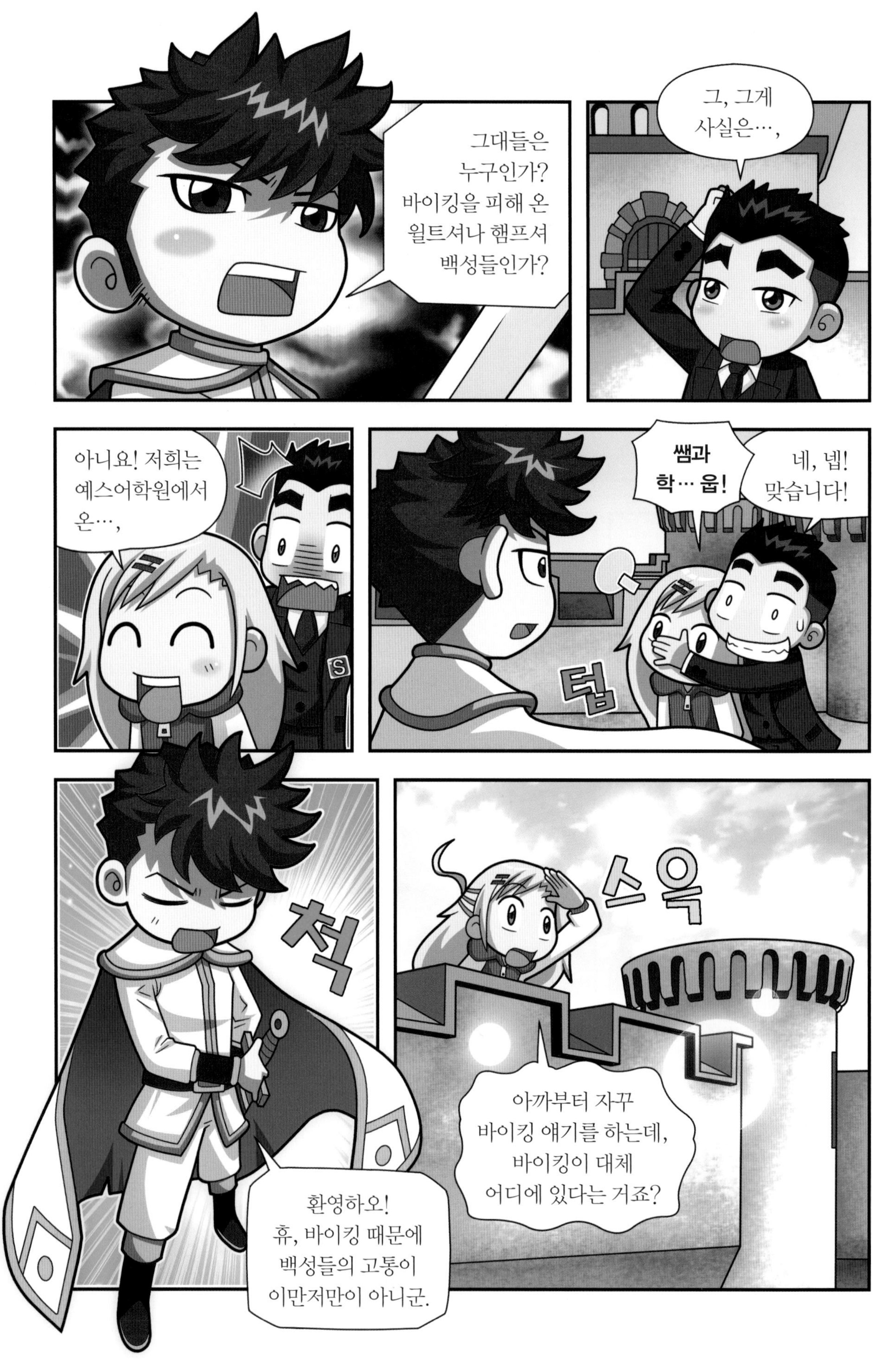

그대들은 누구인가? 바이킹을 피해 온 윌트셔나 햄프셔 백성들인가?
그, 그게 사실은…,
아니요! 저희는 예스어학원에서 온…,
쌤과 학… 읍!
네, 넵! 맞습니다!
덥
척
환영하오! 휴, 바이킹 때문에 백성들의 고통이 이만저만이 아니군.
스윽
아까부터 자꾸 바이킹 얘기를 하는데, 바이킹이 대체 어디에 있다는 거죠?

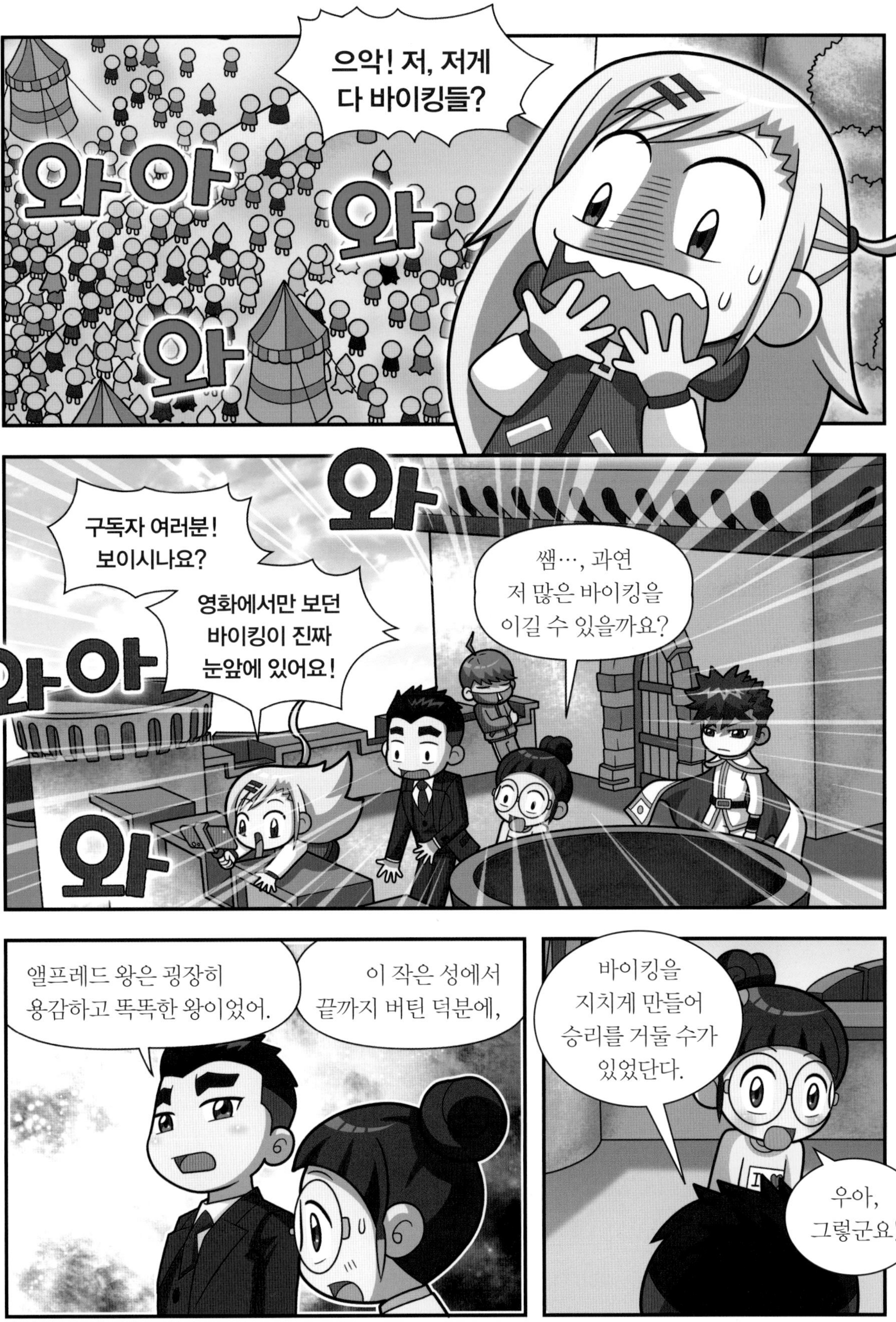

으악! 저, 저게
다 바이킹들?
와아
와
와
와
구독자 여러분!
보이시나요?
영화에서만 보던
바이킹이 진짜
눈앞에 있어요!
와아
와
쌤…, 과연
저 많은 바이킹을
이길 수 있을까요?
앨프레드 왕은 굉장히
용감하고 똑똑한 왕이었어.
이 작은 성에서
끝까지 버틴 덕분에,
바이킹을
지치게 만들어
승리를 거둘 수가
있었단다.
우아,
그렇군요!

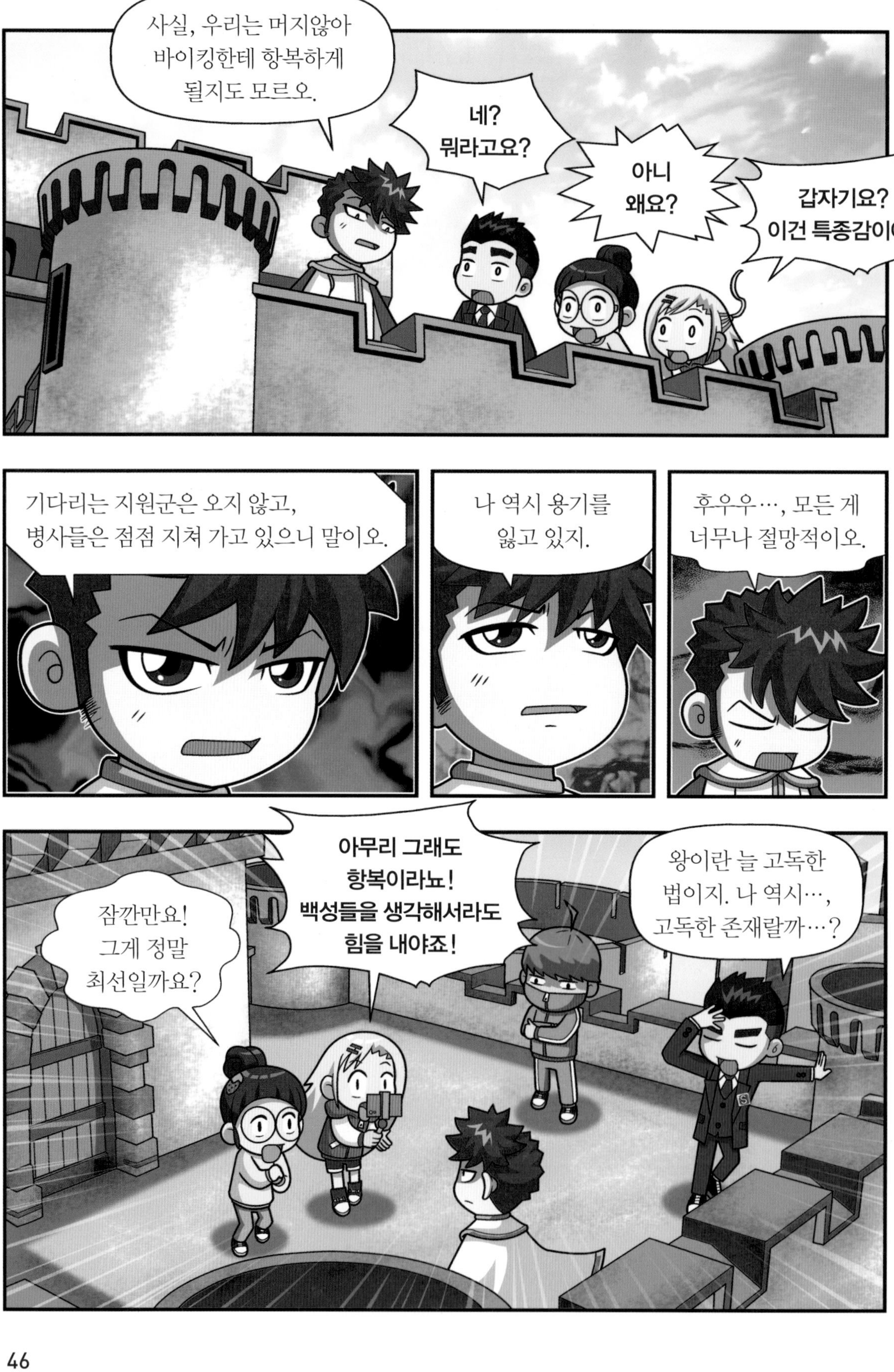
사실, 우리는 머지않아 바이킹한테 항복하게 될지도 모르오.
네? 뭐라고요?
아니 왜요?
갑자기요? 이건 특종감이야!
기다리는 지원군은 오지 않고, 병사들은 점점 지쳐 가고 있으니 말이오.
나 역시 용기를 잃고 있지.
후우우…, 모든 게 너무나 절망적이오.
잠깐만요! 그게 정말 최선일까요?
아무리 그래도 항복이라뇨! 백성들을 생각해서라도 힘을 내야죠!
왕이란 늘 고독한 법이지. 나 역시…, 고독한 존재랄까…?

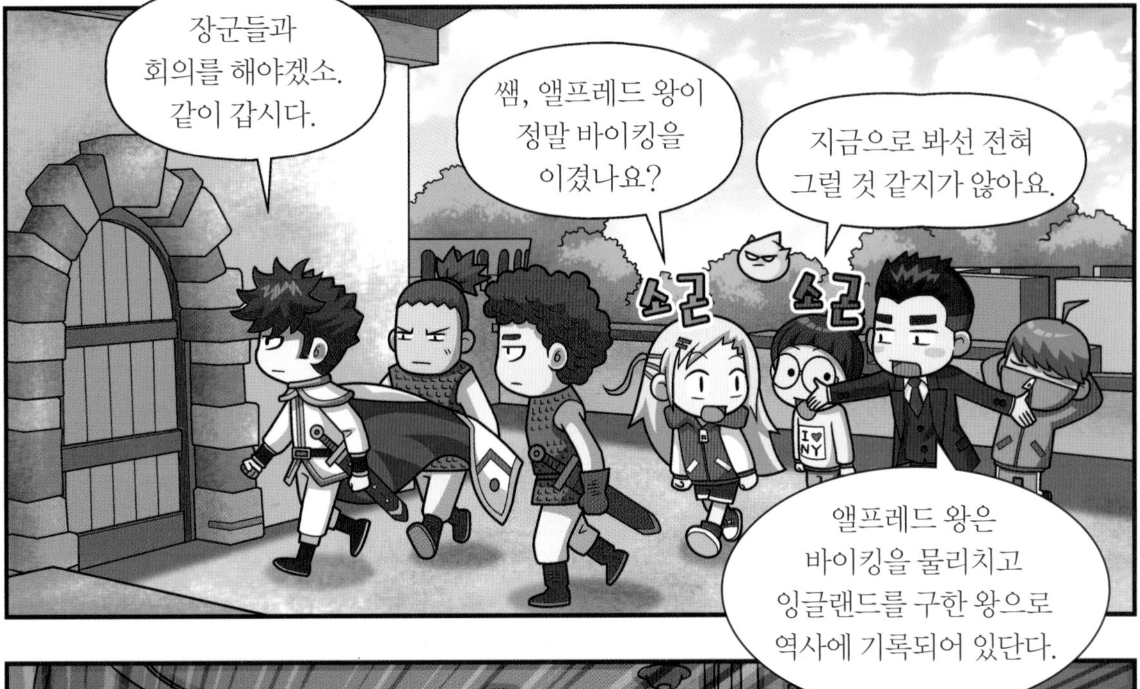
장군들과 회의를 해야겠소. 같이 갑시다.
쌤, 앨프레드 왕이 정말 바이킹을 이겼나요?
소곤
지금으로 봐선 전혀 그럴 것 같지가 않아요.
소곤
앨프레드 왕은 바이킹을 물리치고 잉글랜드를 구한 왕으로 역사에 기록되어 있단다.

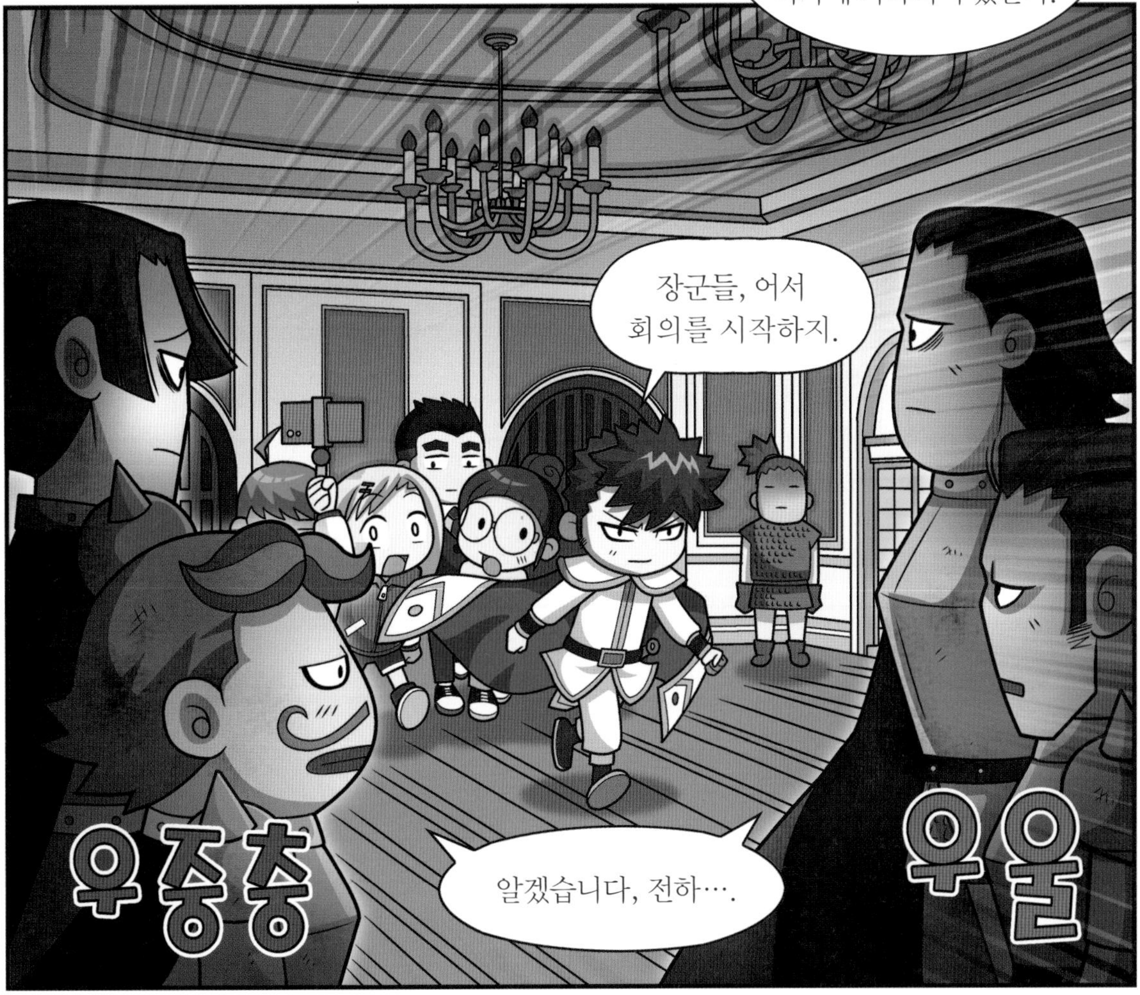
장군들, 어서 회의를 시작하지.
우중충
알겠습니다, 전하….
우울

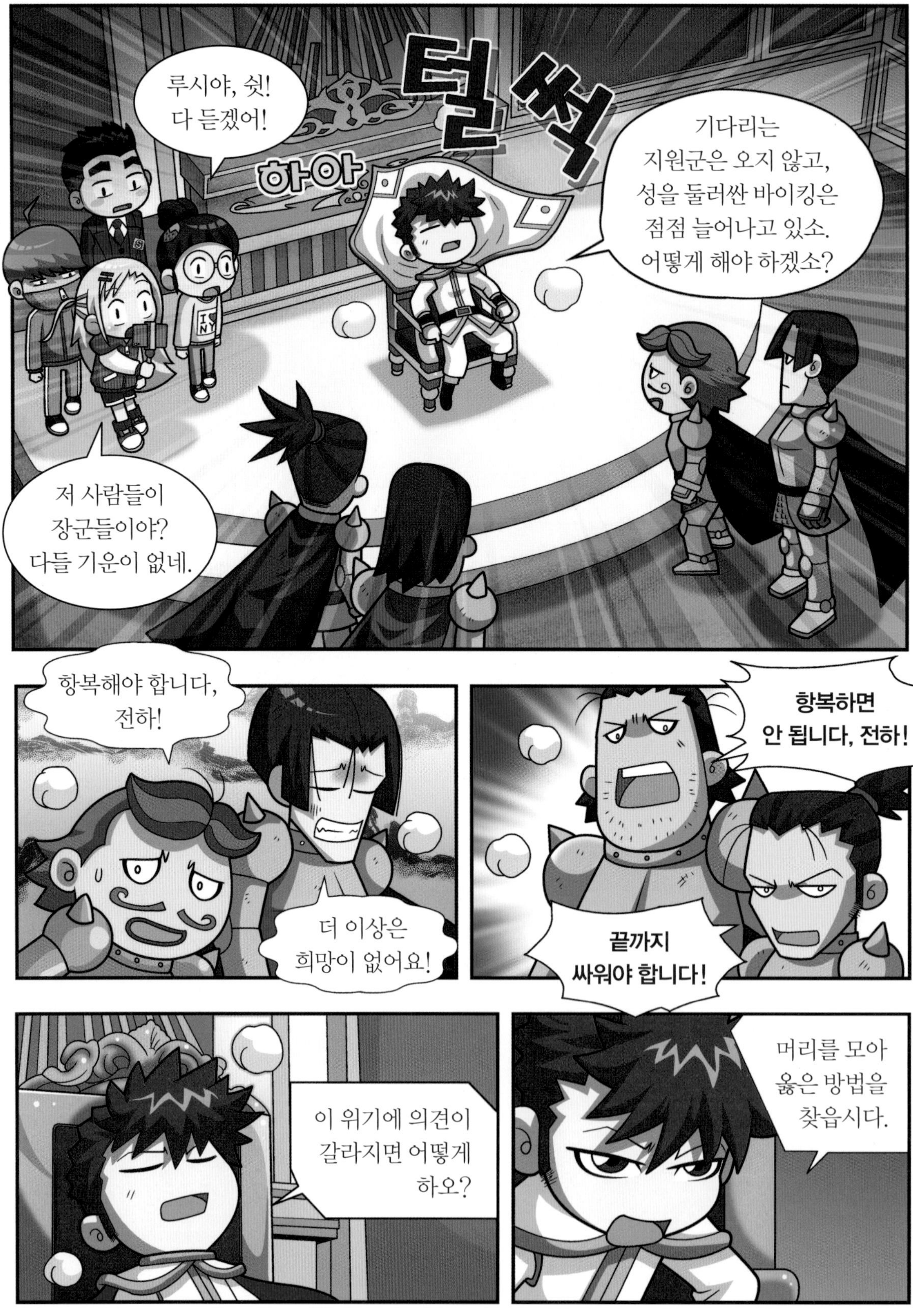
털썩
하아
루시야, 쉿!
다 듣겠어!
기다리는
지원군은 오지 않고,
성을 둘러싼 바이킹은
점점 늘어나고 있소.
어떻게 해야 하겠소?
저 사람들이
장군들이야?
다들 기운이 없네.
항복해야 합니다,
전하!
더 이상은
희망이 없어요!
항복하면
안 됩니다, 전하!
끝까지
싸워야 합니다!
이 위기에 의견이
갈라지면 어떻게
하오?
머리를 모아
옳은 방법을
찾읍시다.

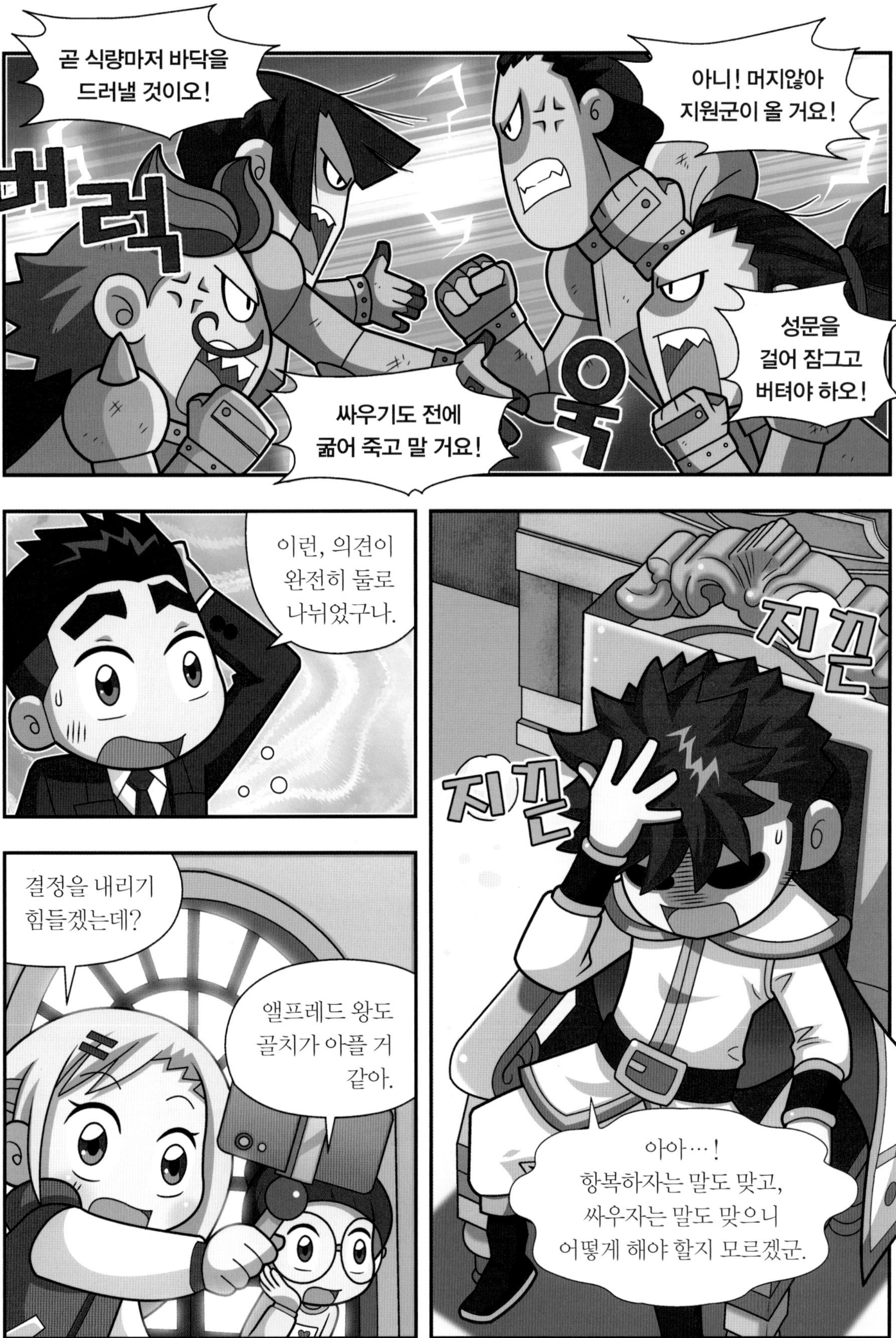
곧 식량마저 바닥을 드러낼 것이오!
버럭
싸우기도 전에 굶어 죽고 말 거요!
아니! 머지않아 지원군이 올 거요!
욱
성문을 걸어 잠그고 버텨야 하오!
이런, 의견이 완전히 둘로 나뉘었구나.
결정을 내리기 힘들겠는데?
앨프레드 왕도 골치가 아플 거 같아.
지끈
지끈
아아…! 항복하자는 말도 맞고, 싸우자는 말도 맞으니 어떻게 해야 할지 모르겠군.

Chapter 3
따라라 장군의 등장

식량이 떨어지고 있어요. 항복해야 합니다, 전하!

지원군이 올 때까지 성문을 걸어 잠그고 싸워야 합니다, 전하!

옥신

각신

그러니까… 짐의 생각은…!

틱

따따~ 따따따~♬

따라라 장군?

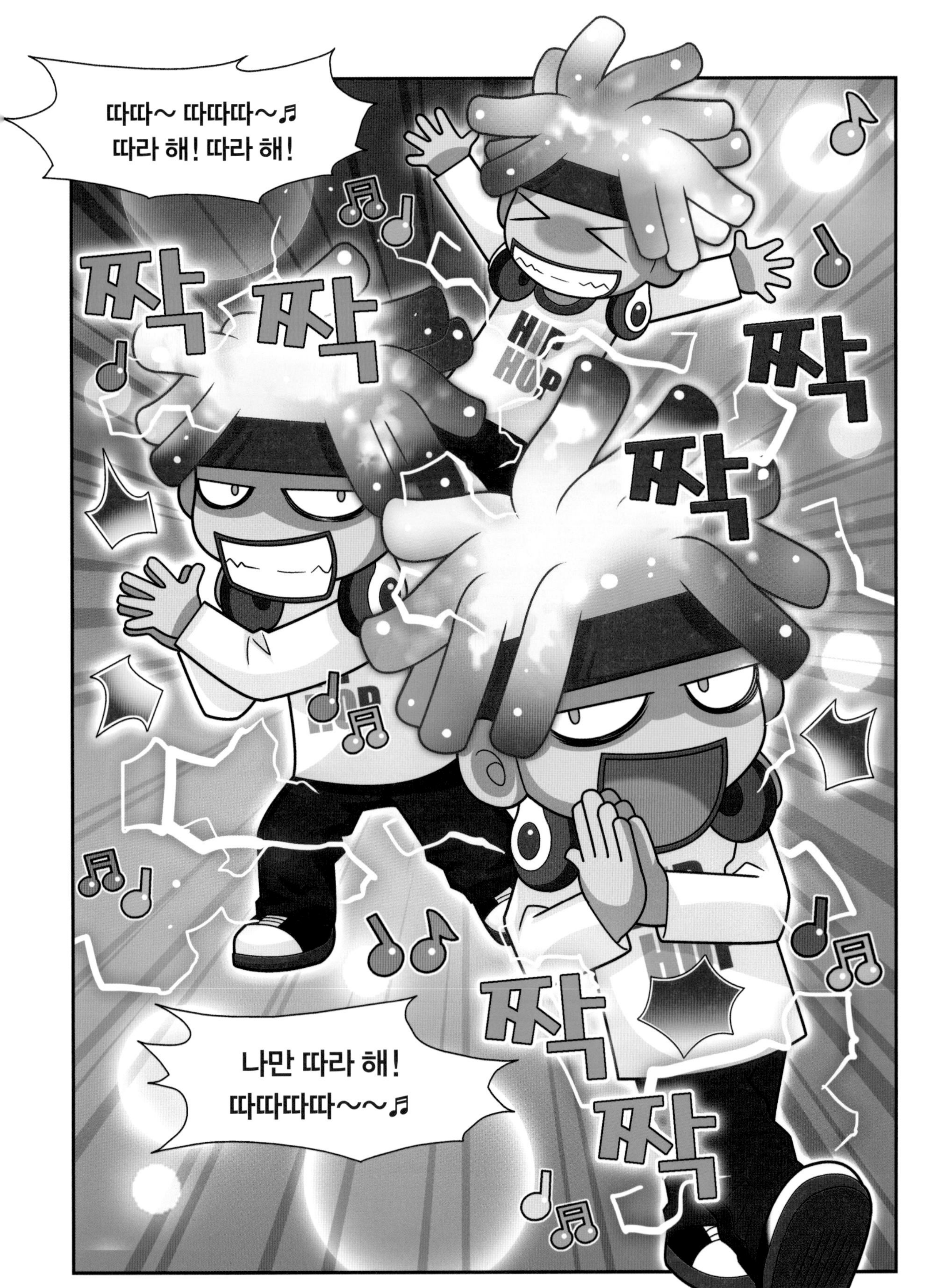
따따~ 따따따~♬
따라 해! 따라 해!
짝 짝
짝
짝
짝
짝
나만 따라 해!
따따따따~~♬

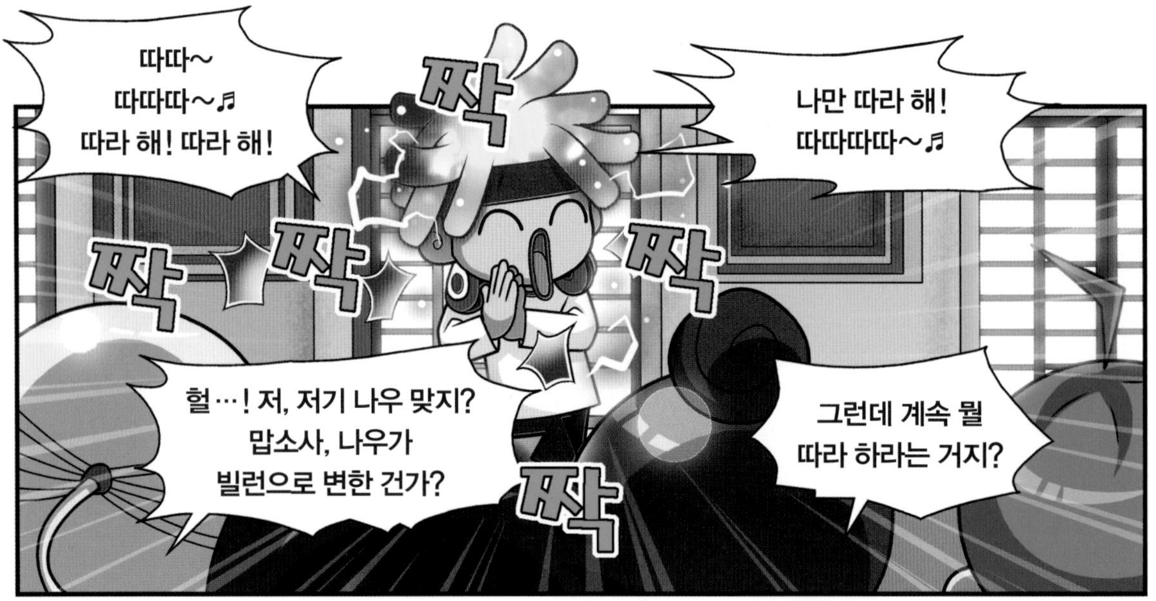
따따~
따따따~♬
따라 해! 따라 해!
짝
나만 따라 해!
따따따따~♬
짝
짝
짝
헐…! 저, 저기 나우 맞지?
맙소사, 나우가
빌런으로 변한 건가?
짝
그런데 계속 뭘
따라 하라는 거지?

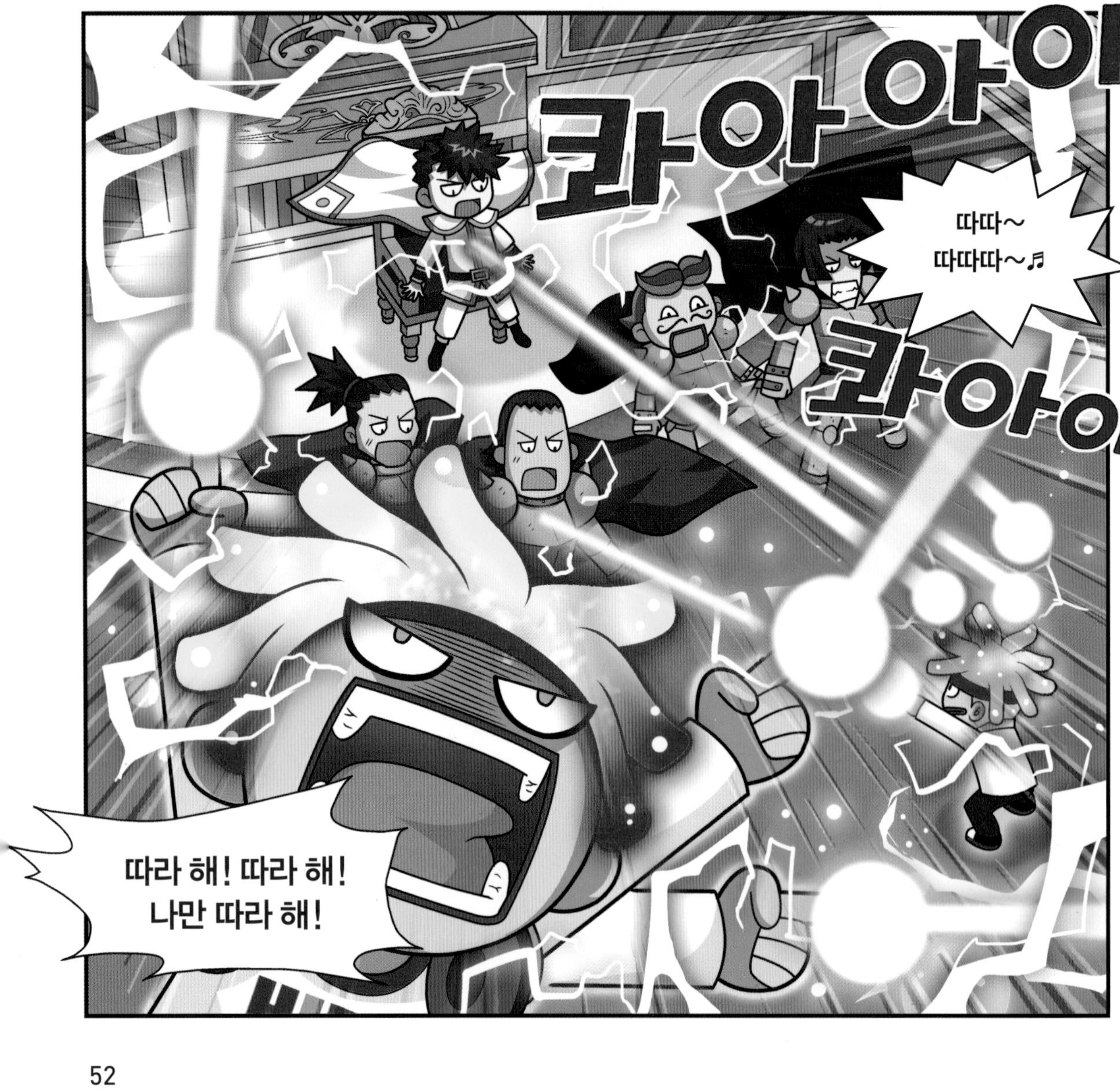
콰아아아
따따~
따따따~♬
콰아아
따라 해! 따라 해!
나만 따라 해!

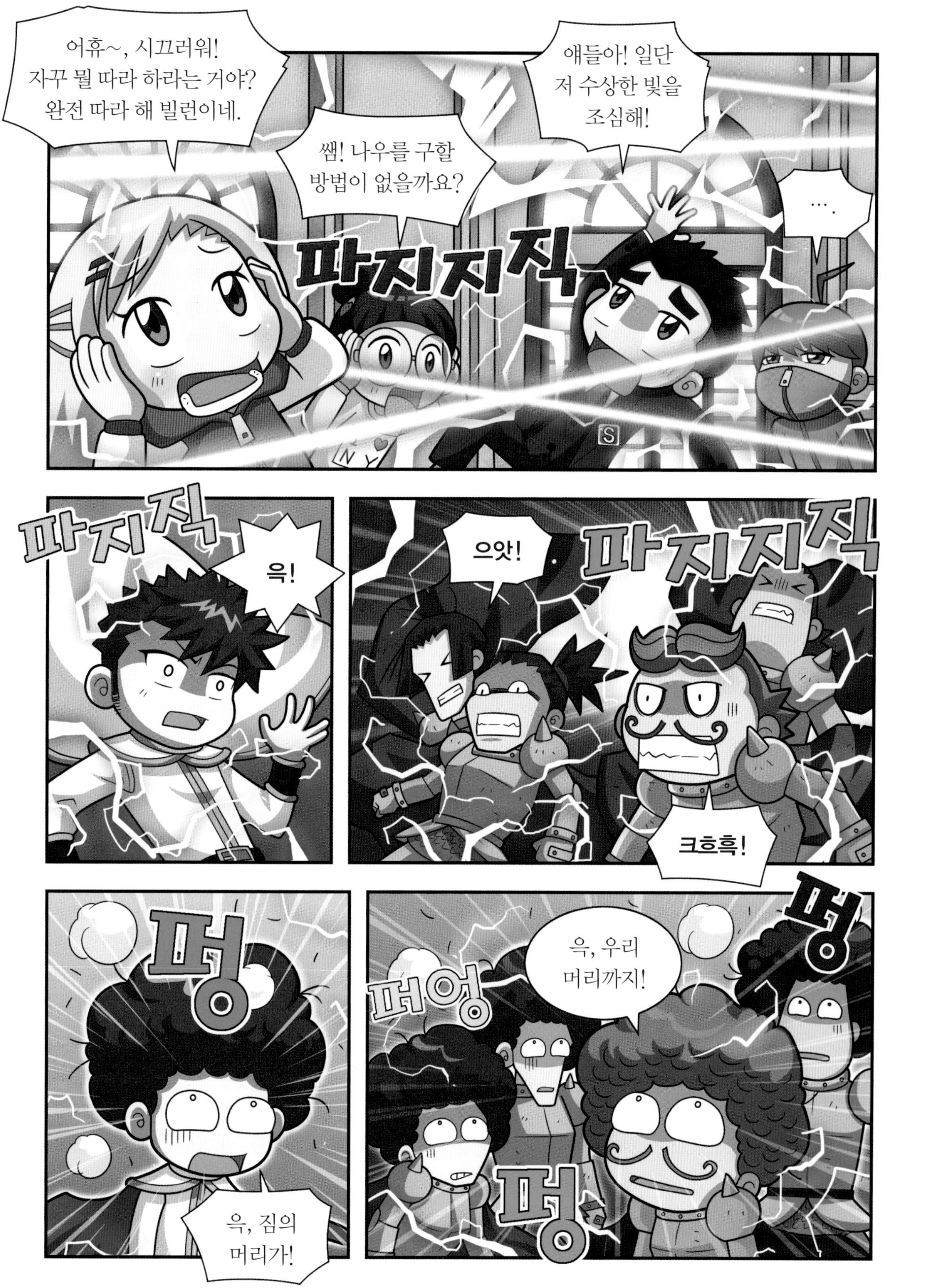

어휴~, 시끄러워! 자꾸 뭘 따라 하라는 거야? 완전 따라 해 빌런이네.
쌤! 나우를 구할 방법이 없을까요?
얘들아! 일단 저 수상한 빛을 조심해!
….
파지지직
파지직
윽!
으앗!
파지지직
크흐흑!
펑
윽, 짐의 머리가!
퍼엉
윽, 우리 머리까지!
펑
펑

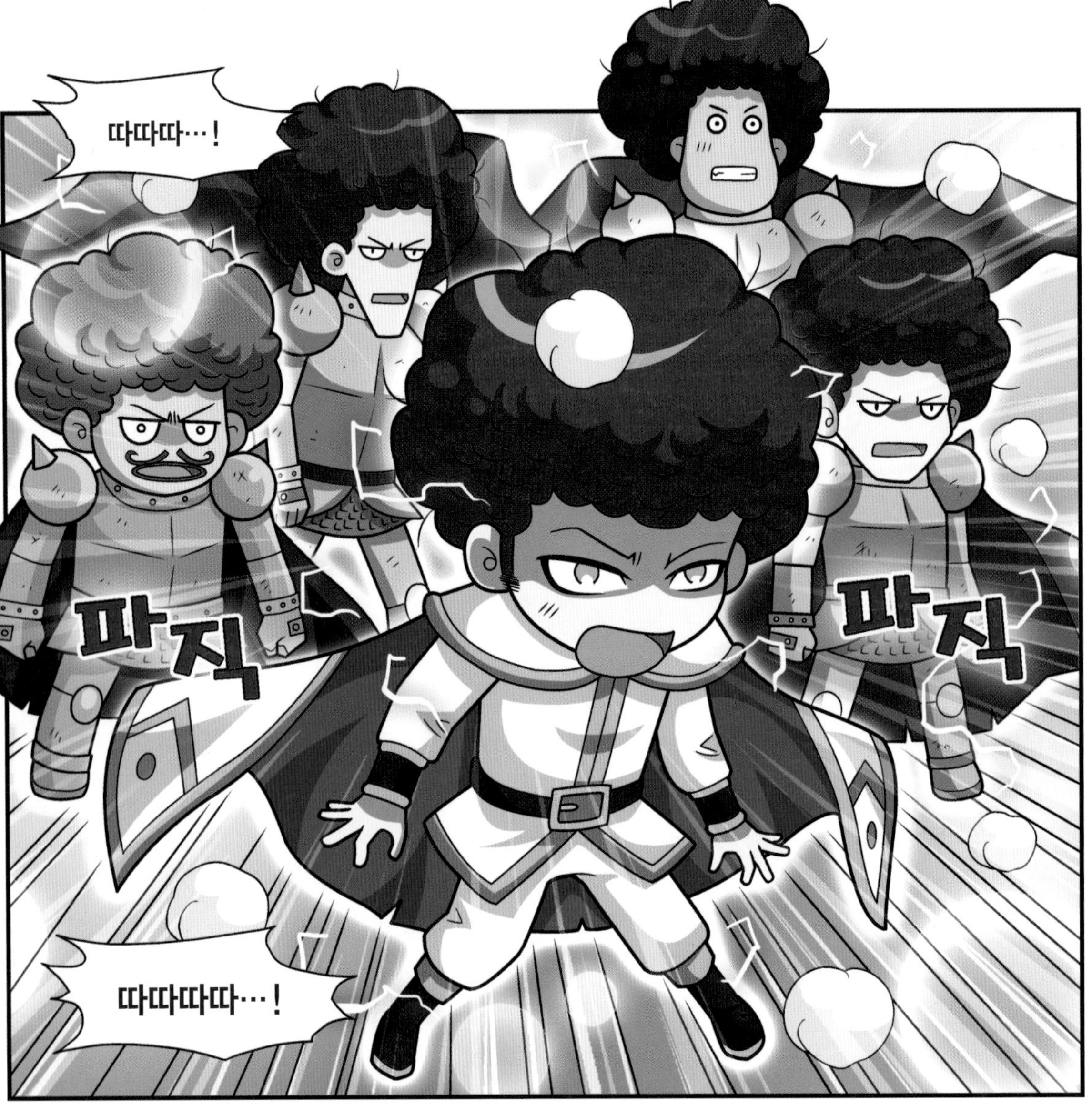
따따따…!
파직
파직
따따따따…!

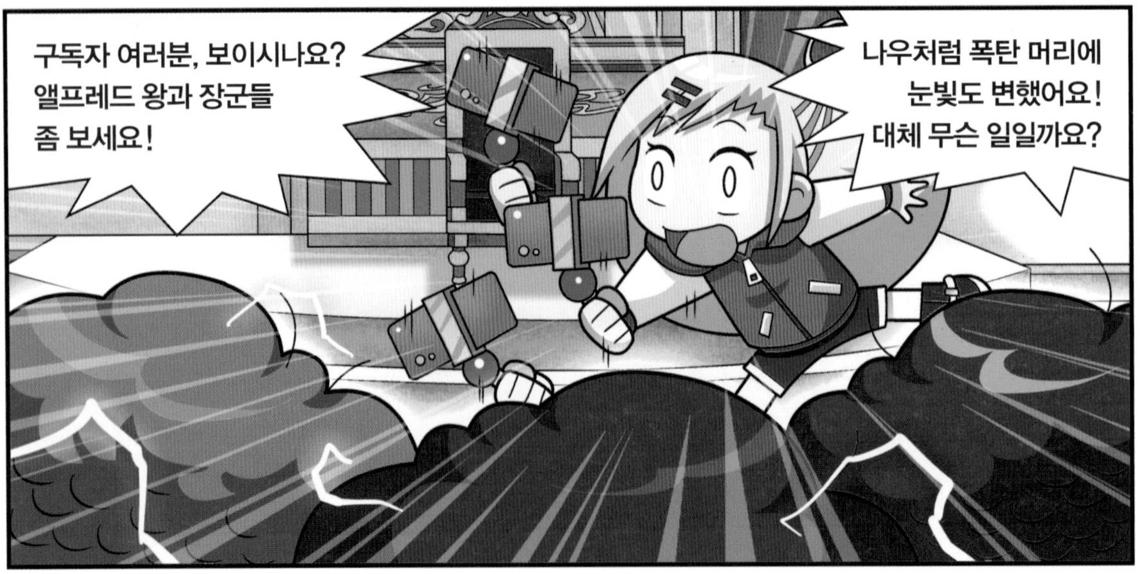
구독자 여러분, 보이시나요? 앨프레드 왕과 장군들 좀 보세요!
나우처럼 폭탄 머리에 눈빛도 변했어요! 대체 무슨 일일까요?

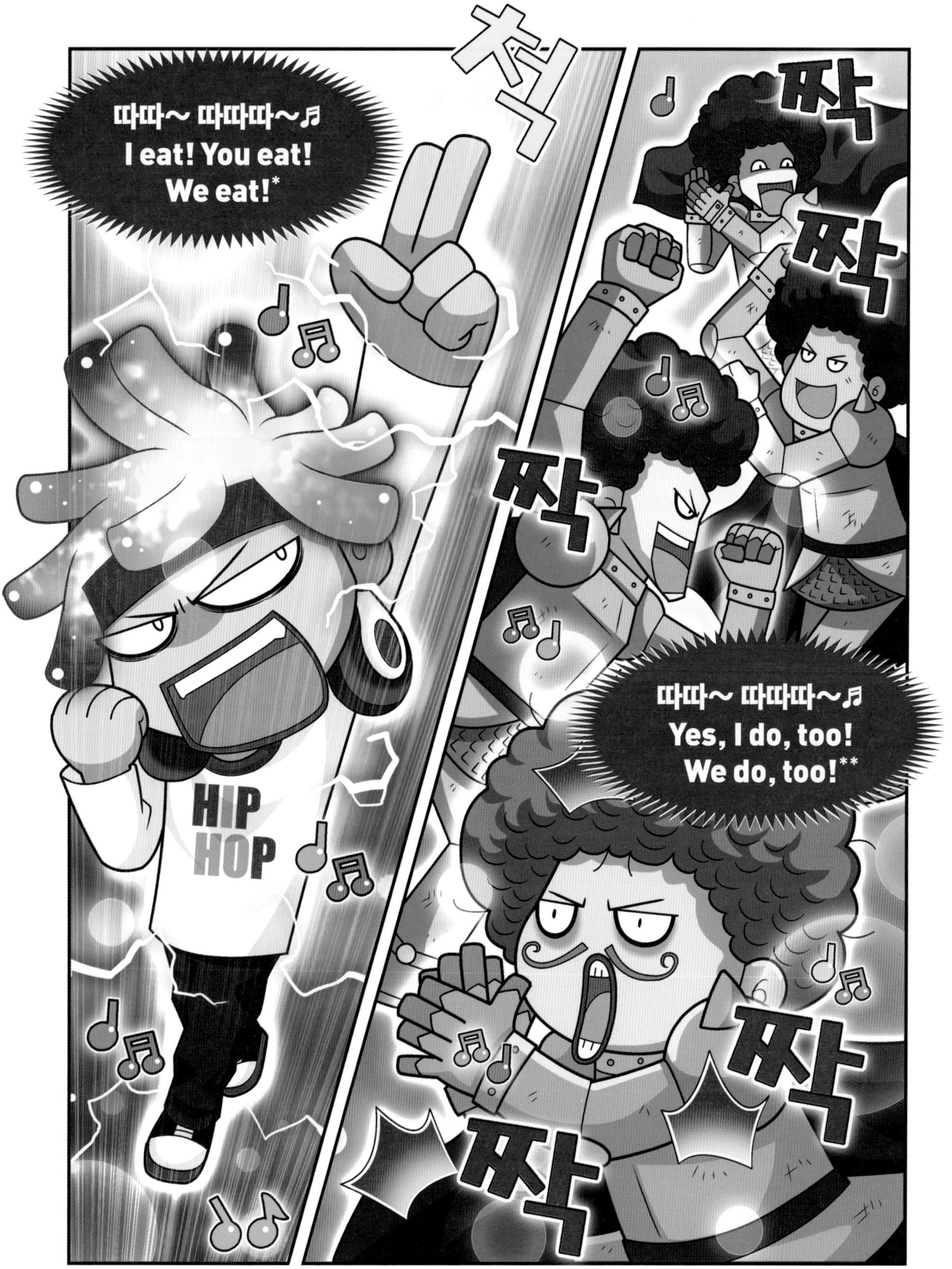

척
따따~ 따따따~♬
I eat! You eat! We eat!*
짝
짝
짝
따따~ 따따따~♬
Yes, I do, too! We do, too!**
짝
짝
HIP HOP

* 나는 먹는다! 너는 먹는다! 우리는 먹는다!
** 그래, 나도 한다! 우리도 한다!

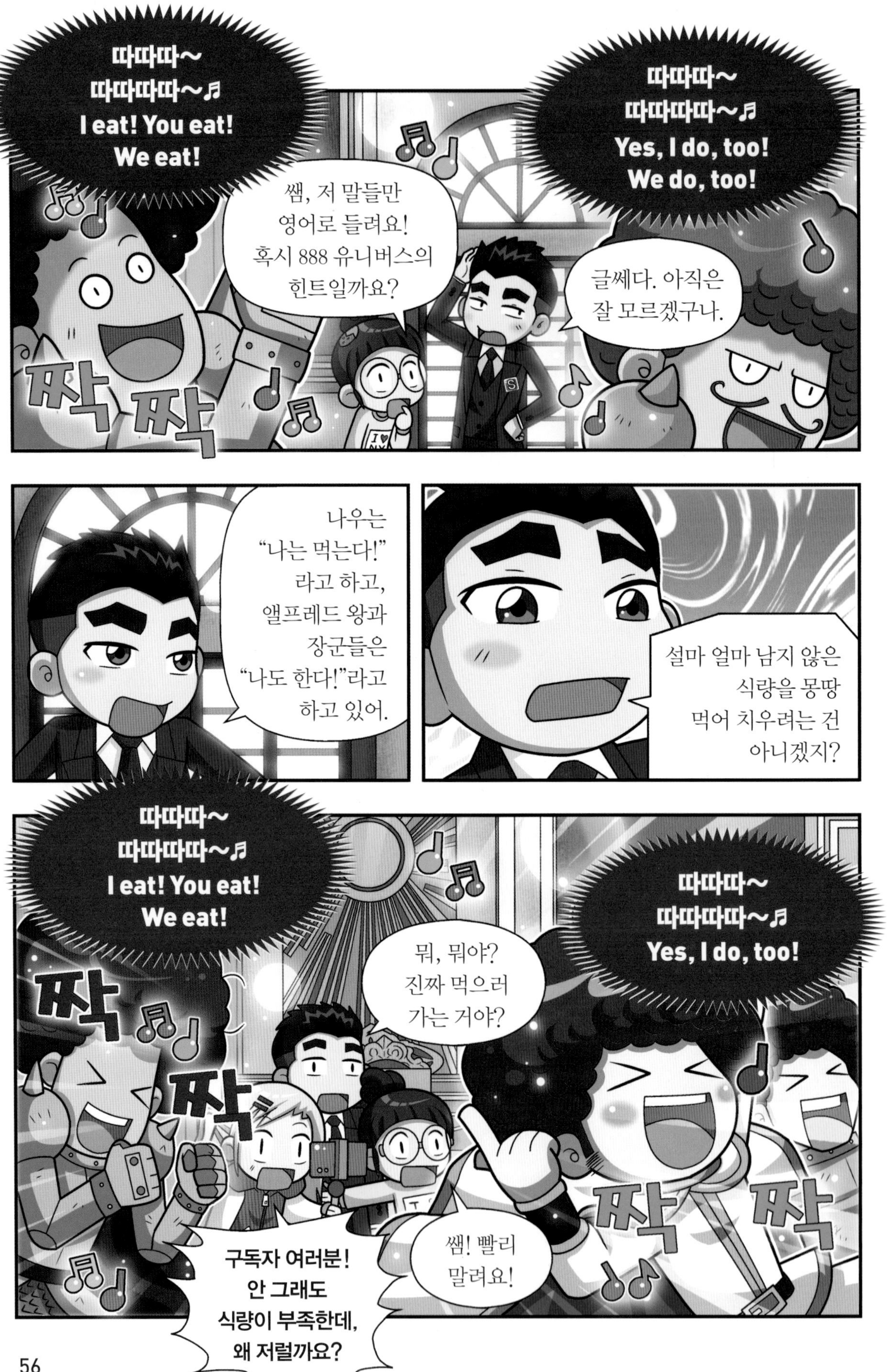
따따따~
따따따따~♬
I eat! You eat!
We eat!
따따따~
따따따따~♬
Yes, I do, too!
We do, too!
쌤, 저 말들만 영어로 들려요! 혹시 888 유니버스의 힌트일까요?
글쎄다. 아직은 잘 모르겠구나.
짝 짝
나우는 "나는 먹는다!" 라고 하고, 앨프레드 왕과 장군들은 "나도 한다!"라고 하고 있어.
설마 얼마 남지 않은 식량을 몽땅 먹어 치우려는 건 아니겠지?
따따따~
따따따따~♬
I eat! You eat!
We eat!
따따따~
따따따따~♬
Yes, I do, too!
뭐, 뭐야? 진짜 먹으러 가는 거야?
짝 짝
짝 짝
쌤! 빨리 말려요!
구독자 여러분! 안 그래도 식량이 부족한데, 왜 저럴까요?

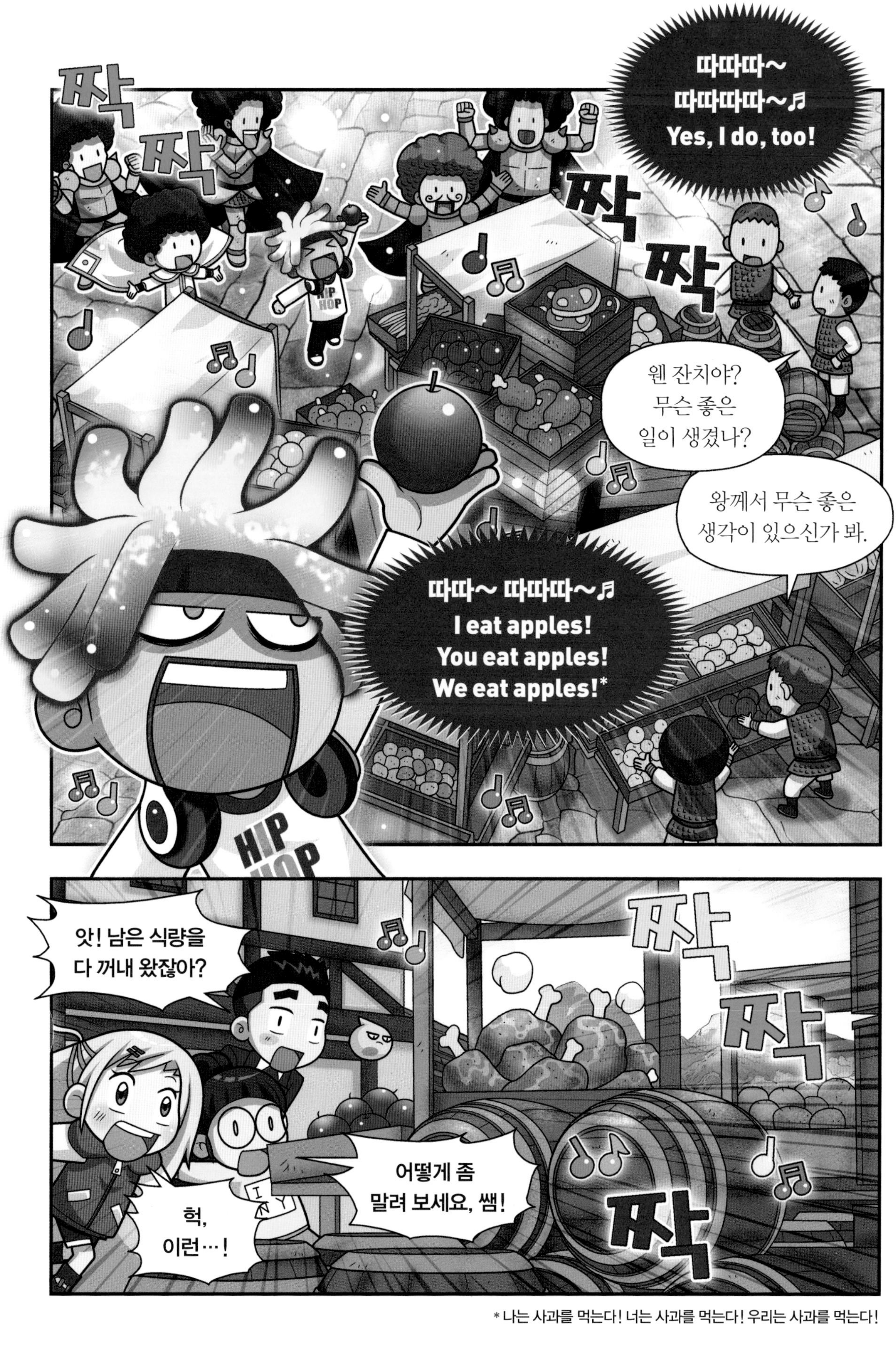
짝
짝
따따~ 따따따~♬ I eat apples! You eat apples! We eat apples!*
따따따~ 따따따따~♬ Yes, I do, too!
짝
짝
웬 잔치야? 무슨 좋은 일이 생겼나?
왕께서 무슨 좋은 생각이 있으신가 봐.
HIP HOP
앗! 남은 식량을 다 꺼내 왔잖아?
헉, 이런…!
어떻게 좀 말려 보세요, 쌤!
짝
짝
짝

* 나는 사과를 먹는다! 너는 사과를 먹는다! 우리는 사과를 먹는다!

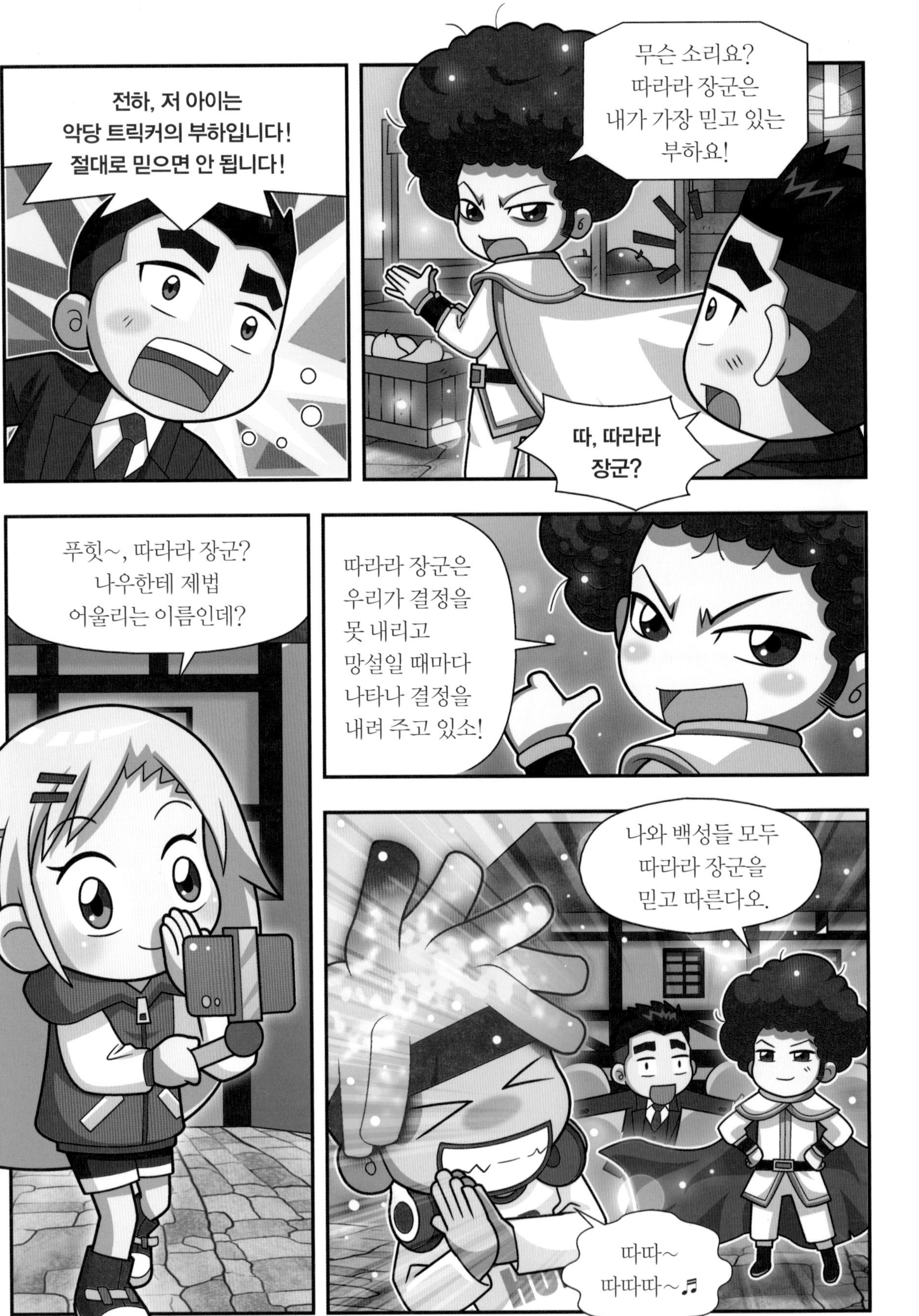
전하, 저 아이는 악당 트릭커의 부하입니다! 절대로 믿으면 안 됩니다!
무슨 소리요? 따라라 장군은 내가 가장 믿고 있는 부하요!
따, 따라라 장군?
푸힛~, 따라라 장군? 나우한테 제법 어울리는 이름인데?
따라라 장군은 우리가 결정을 못 내리고 망설일 때마다 나타나 결정을 내려 주고 있소!
나와 백성들 모두 따라라 장군을 믿고 따른다오.
따따~ 따따따~♬

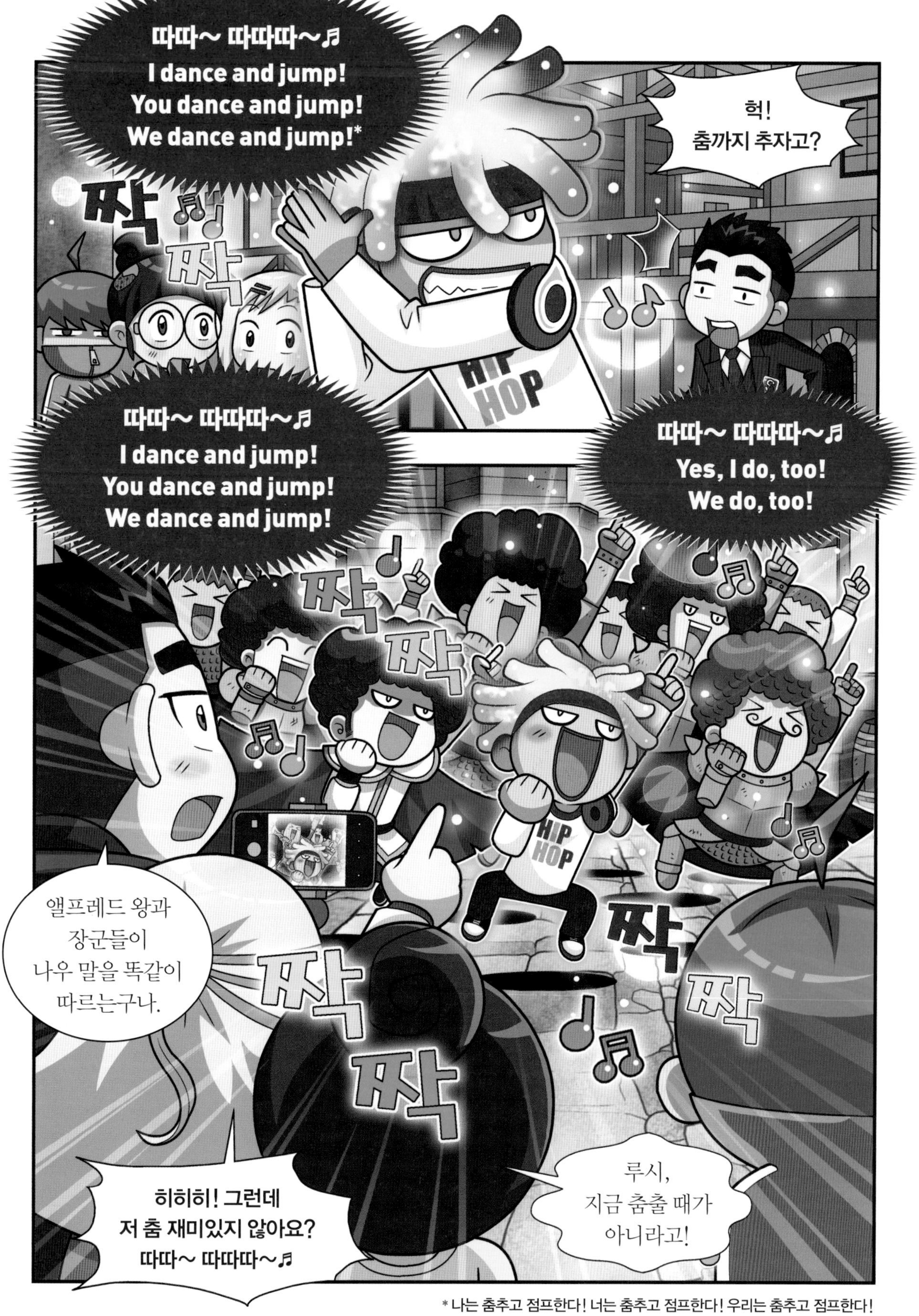
따따~ 따따따~♬
I dance and jump!
You dance and jump!
We dance and jump!*
헉!
춤까지 추자고?
짝
짝
따따~ 따따따~♬
I dance and jump!
You dance and jump!
We dance and jump!
따따~ 따따따~♬
Yes, I do, too!
We do, too!
짝
짝
앨프레드 왕과
장군들이
나우 말을 똑같이
따르는구나.
짝
짝
짝
짝
히히히! 그런데
저 춤 재미있지 않아요?
따따~ 따따따~♬
루시,
지금 춤출 때가
아니라고!

* 나는 춤추고 점프한다! 너는 춤추고 점프한다! 우리는 춤추고 점프한다!

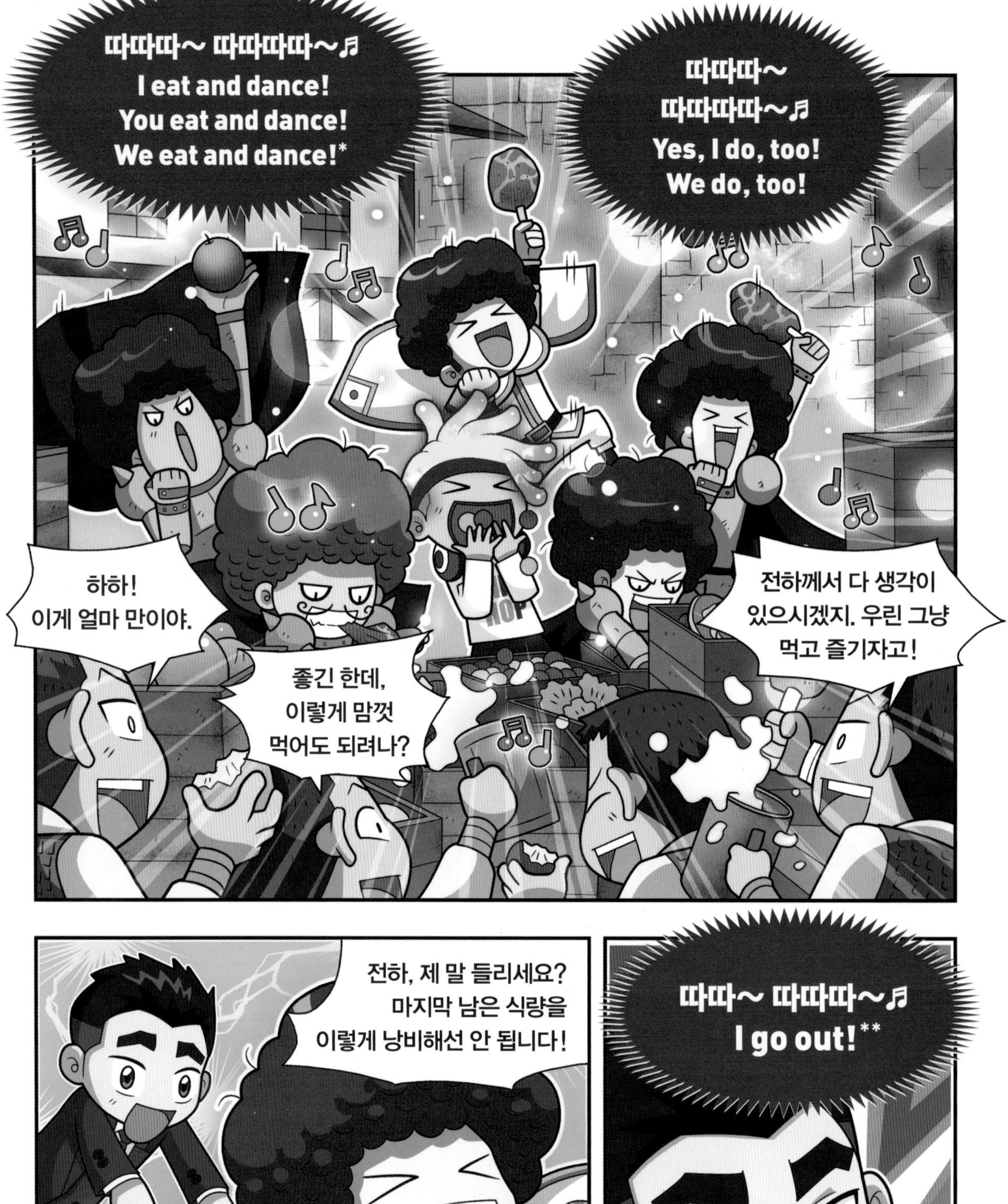
따따따~ 따따따따~♬
I eat and dance!
You eat and dance!
We eat and dance!*
따따따~
따따따따~♬
Yes, I do, too!
We do, too!
하하!
이게 얼마 만이야.
좋긴 한데,
이렇게 맘껏
먹어도 되려나?
전하께서 다 생각이
있으시겠지. 우린 그냥
먹고 즐기자고!
전하, 제 말 들리세요?
마지막 남은 식량을
이렇게 낭비해선 안 됩니다!
꽉
따따~ 따따따~♬
I go out!**
뭐?

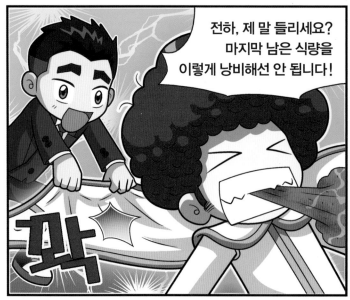

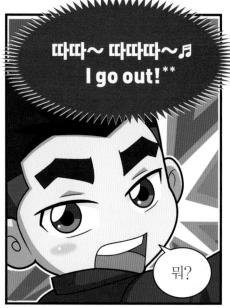

* 나는 먹고 춤춘다! 너는 먹고 춤춘다! 우리는 먹고 춤춘다!

** 나는 나간다!

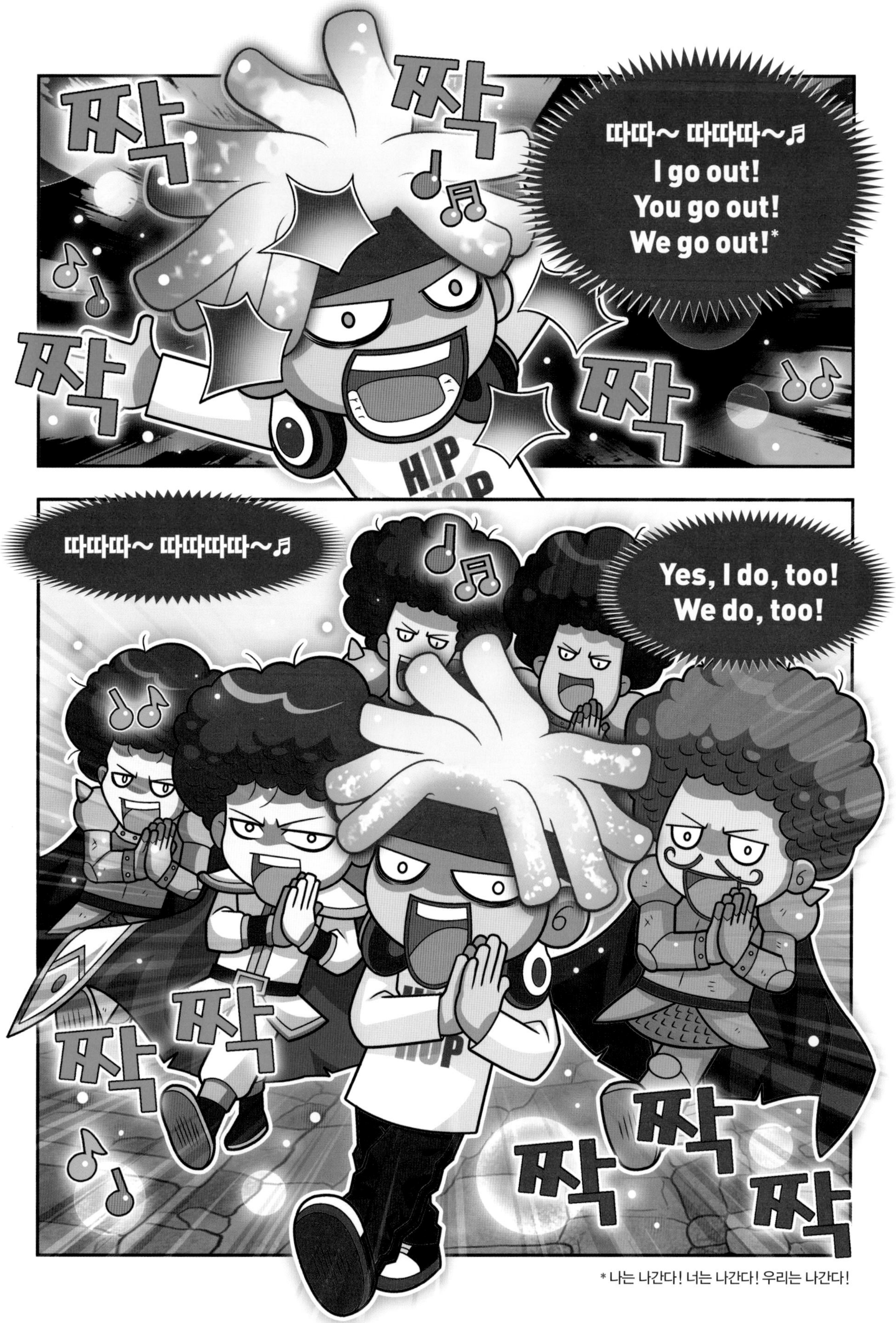
짝
짝
따따~ 따따따~♬
I go out!
You go out!
We go out!*
짝
짝
따따따~ 따따따따~♬
Yes, I do, too!
We do, too!
짝
짝
짝
짝
짝

* 나는 나간다! 너는 나간다! 우리는 나간다!

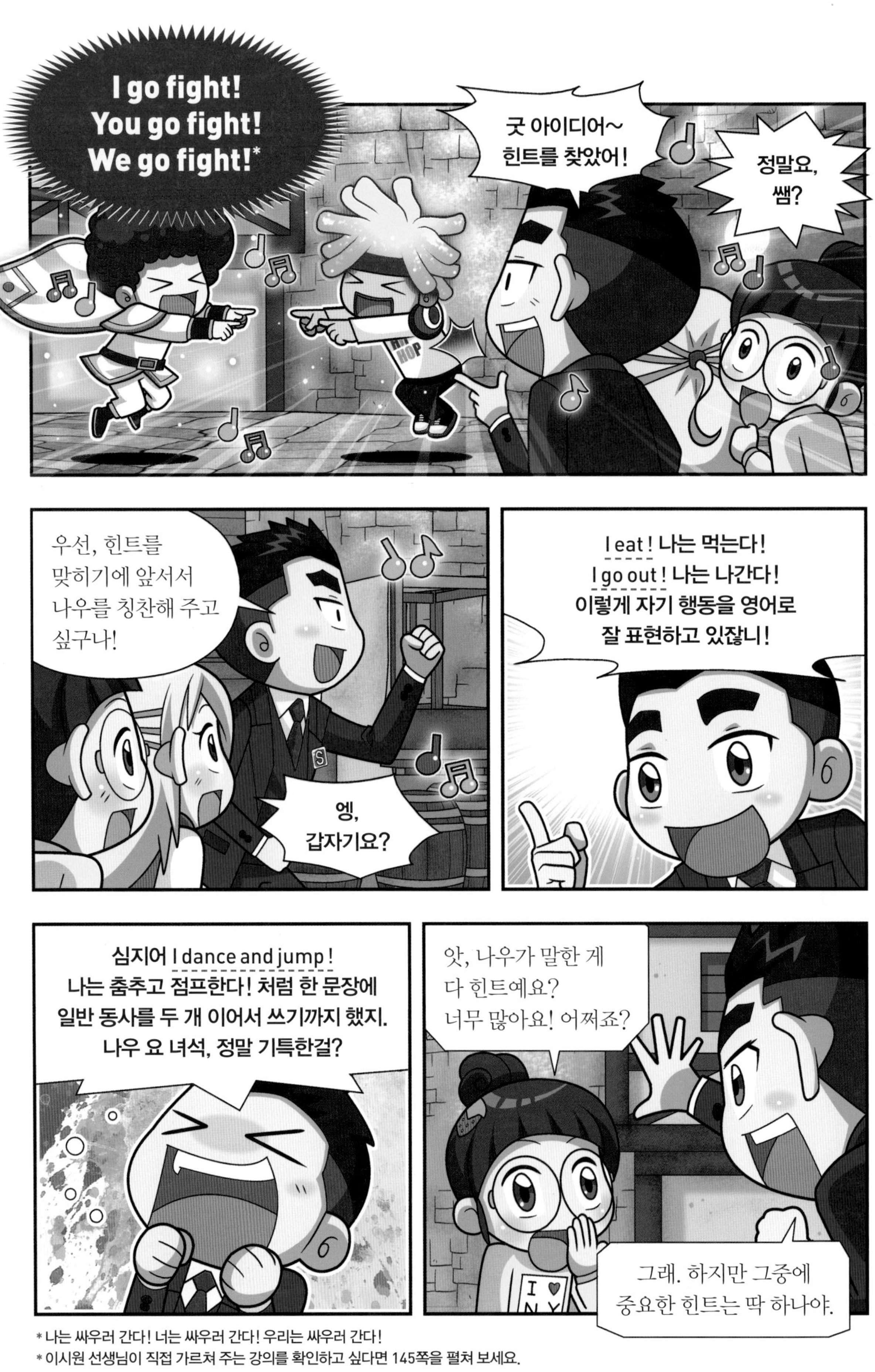
I go fight!
You go fight!
We go fight!*
굿 아이디어~ 힌트를 찾았어!
정말요, 쌤?
우선, 힌트를 맞히기에 앞서서 나우를 칭찬해 주고 싶구나!
엥, 갑자기요?
I eat! 나는 먹는다! I go out! 나는 나간다! 이렇게 자기 행동을 영어로 잘 표현하고 있잖니!
심지어 I dance and jump! 나는 춤추고 점프한다! 처럼 한 문장에 일반 동사를 두 개 이어서 쓰기까지 했지. 나우 요 녀석, 정말 기특한걸?
앗, 나우가 말한 게 다 힌트예요? 너무 많아요! 어쩌죠?
그래. 하지만 그중에 중요한 힌트는 딱 하나야.

* 나는 싸우러 간다! 너는 싸우러 간다! 우리는 싸우러 간다!
* 이시원 선생님이 직접 가르쳐 주는 강의를 확인하고 싶다면 145쪽을 펼쳐 보세요.

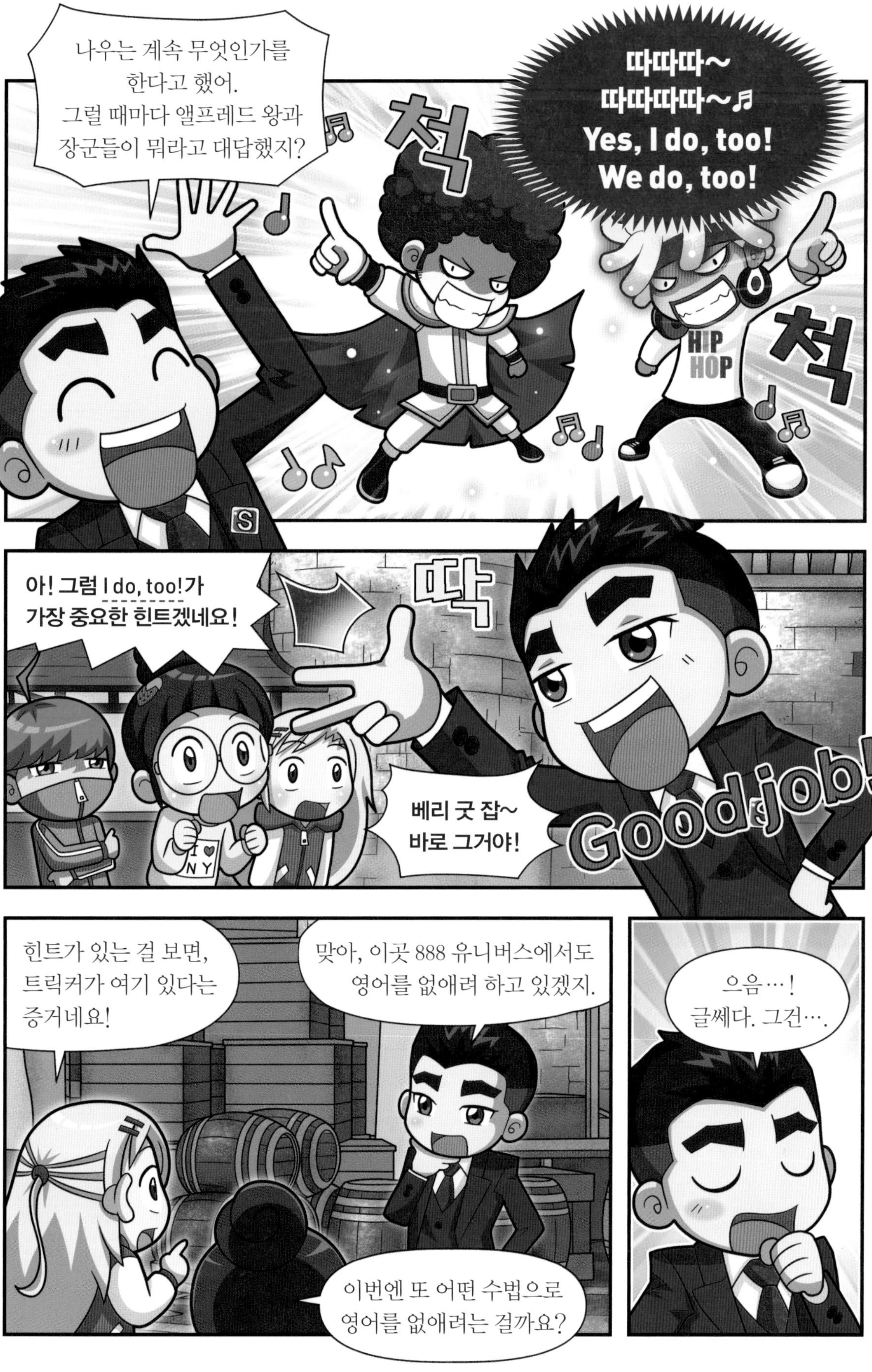

나우는 계속 무엇인가를 한다고 했어. 그럴 때마다 앨프레드 왕과 장군들이 뭐라고 대답했지?
척
따따따~ 따따따따~♬ Yes, I do, too! We do, too!
척
아! 그럼 I do, too!가 가장 중요한 힌트겠네요!
딱
베리 굿 잡~ 바로 그거야!
Good job!
힌트가 있는 걸 보면, 트릭커가 여기 있다는 증거네요!
맞아, 이곳 888 유니버스에서도 영어를 없애려 하고 있겠지.
이번엔 또 어떤 수법으로 영어를 없애려는 걸까요?
으음…! 글쎄다. 그건….

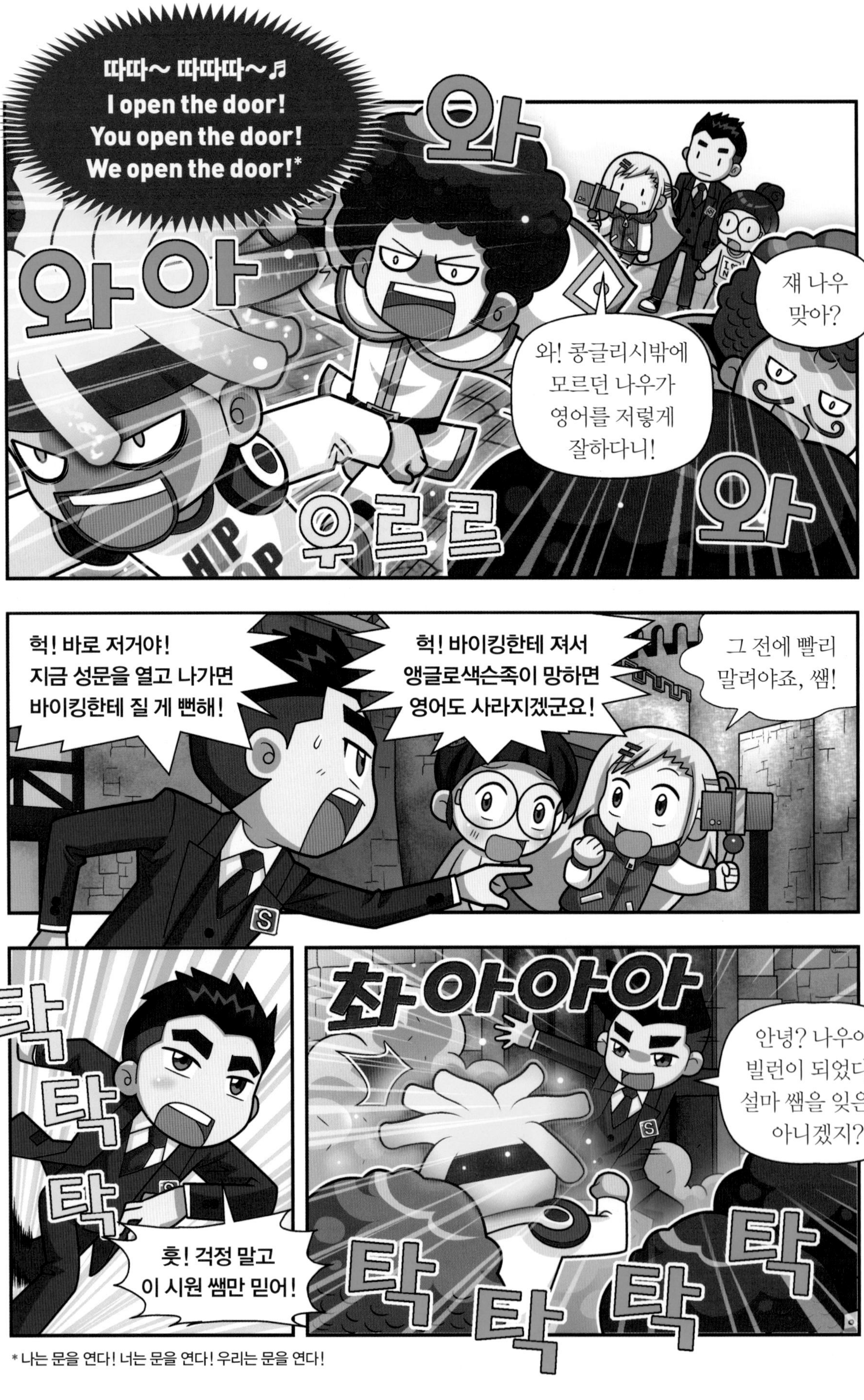
따따~ 따따따~♬
I open the door!
You open the door!
We open the door!*
와아
와아
와! 콩글리시밖에 모르던 나우가 영어를 저렇게 잘하다니!
재 나우 맞아?
우르르
와
헉! 바로 저거야! 지금 성문을 열고 나가면 바이킹한테 질 게 뻔해!
헉! 바이킹한테 져서 앵글로색슨족이 망하면 영어도 사라지겠군요!
그 전에 빨리 말려야죠, 쌤!
탁
탁
탁
훗! 걱정 말고 이 시원 쌤만 믿어!
촤아아아
안녕? 나우야, 빌런이 되었다고 설마 쌤을 잊은 건 아니겠지?
탁
탁
탁
탁

* 나는 문을 연다! 너는 문을 연다! 우리는 문을 연다!

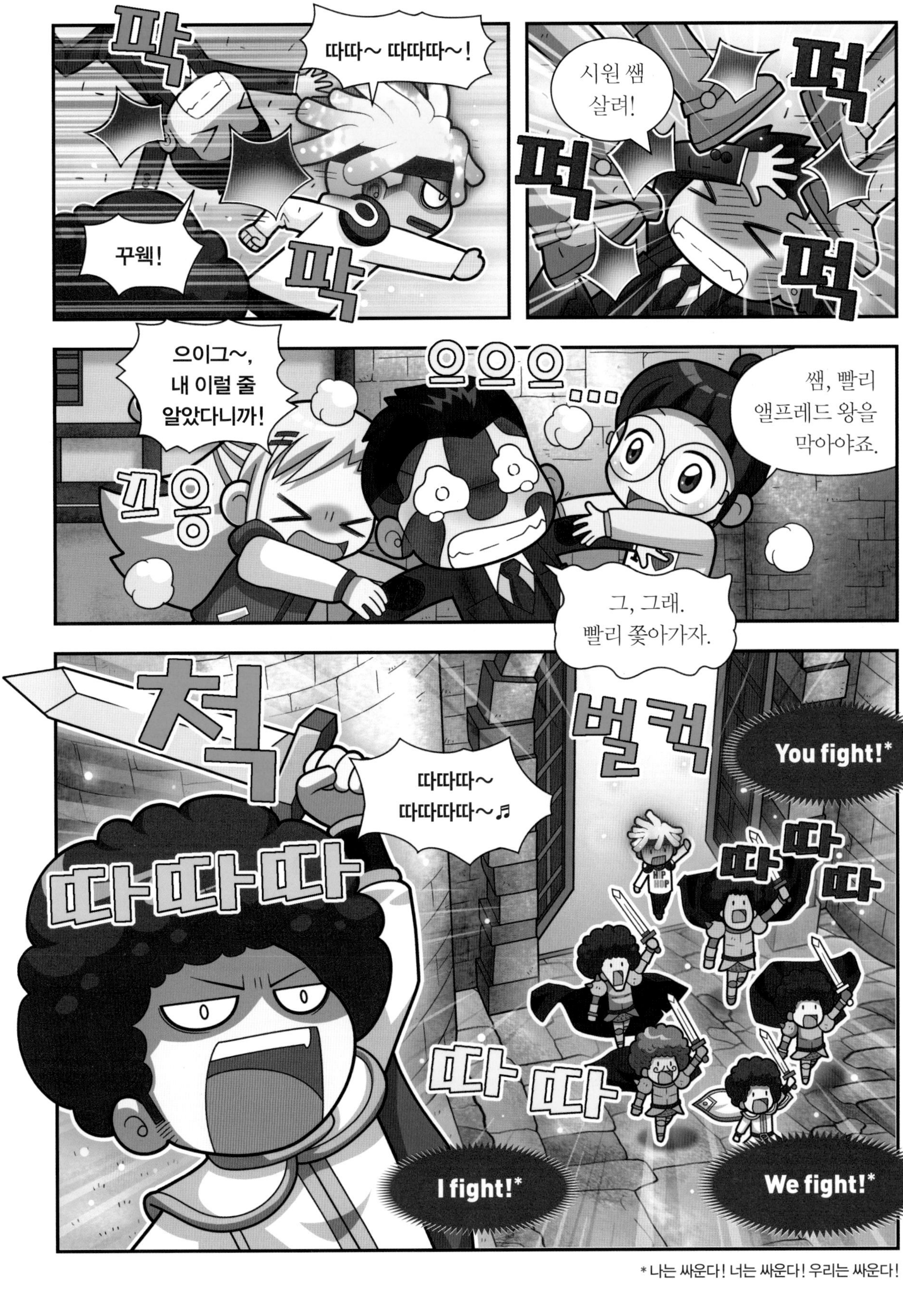

팍
따따~ 따따따~!
꾸웩!
팍
시원 쌤
살려!
퍽
퍽
퍽
으이그~,
내 이럴 줄
알았다니까!
끄응
으으으...
쌤, 빨리
앨프레드 왕을
막아야죠.
그, 그래.
빨리 쫓아가자.
척
벌컥
You fight!*
따따따~
따따따따~♬
따따따
따
따
따
따 따
I fight!*
We fight!*

* 나는 싸운다! 너는 싸운다! 우리는 싸운다!

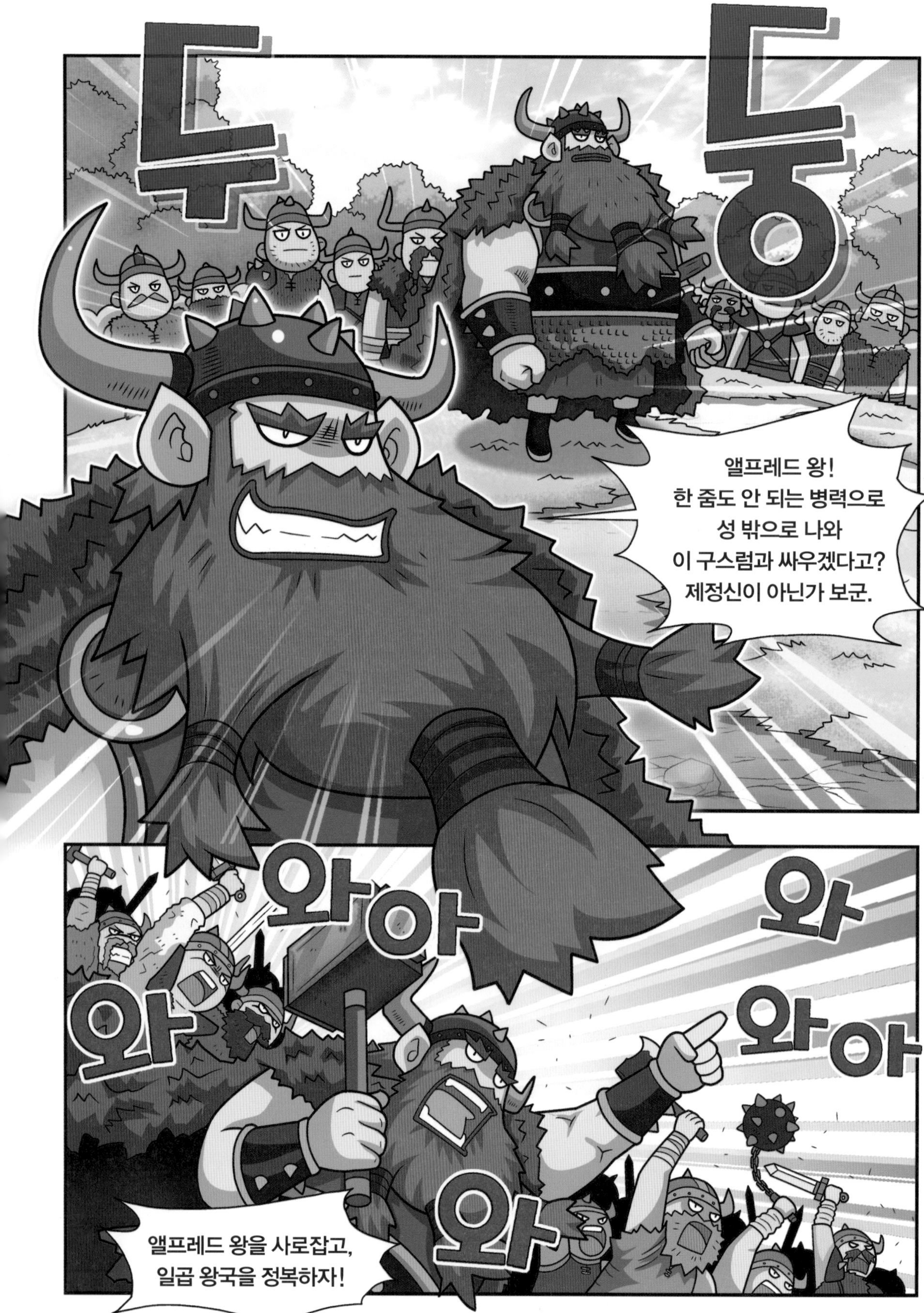
두
둥
앨프레드 왕!
한 줌도 안 되는 병력으로
성 밖으로 나와
이 구스럼과 싸우겠다고?
제정신이 아닌가 보군.
와아
와
와
와아
와
앨프레드 왕을 사로잡고,
일곱 왕국을 정복하자!

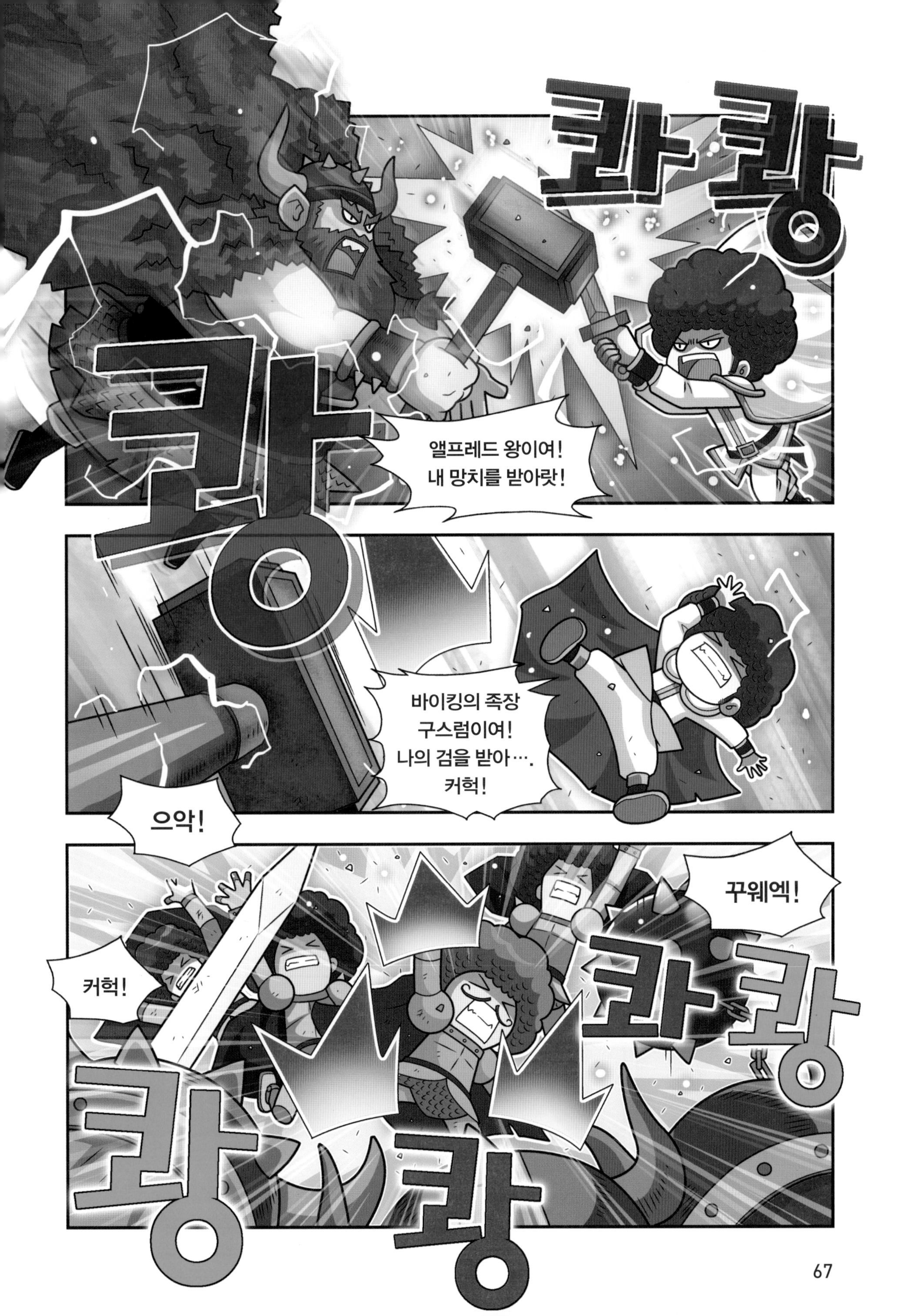
콰광
콰
광
앨프레드 왕이여!
내 망치를 받아랏!
바이킹의 족장
구스럼이여!
나의 검을 받아….
커헉!
으악!
꾸웨엑!
커헉!
콰광
쾅
쾅

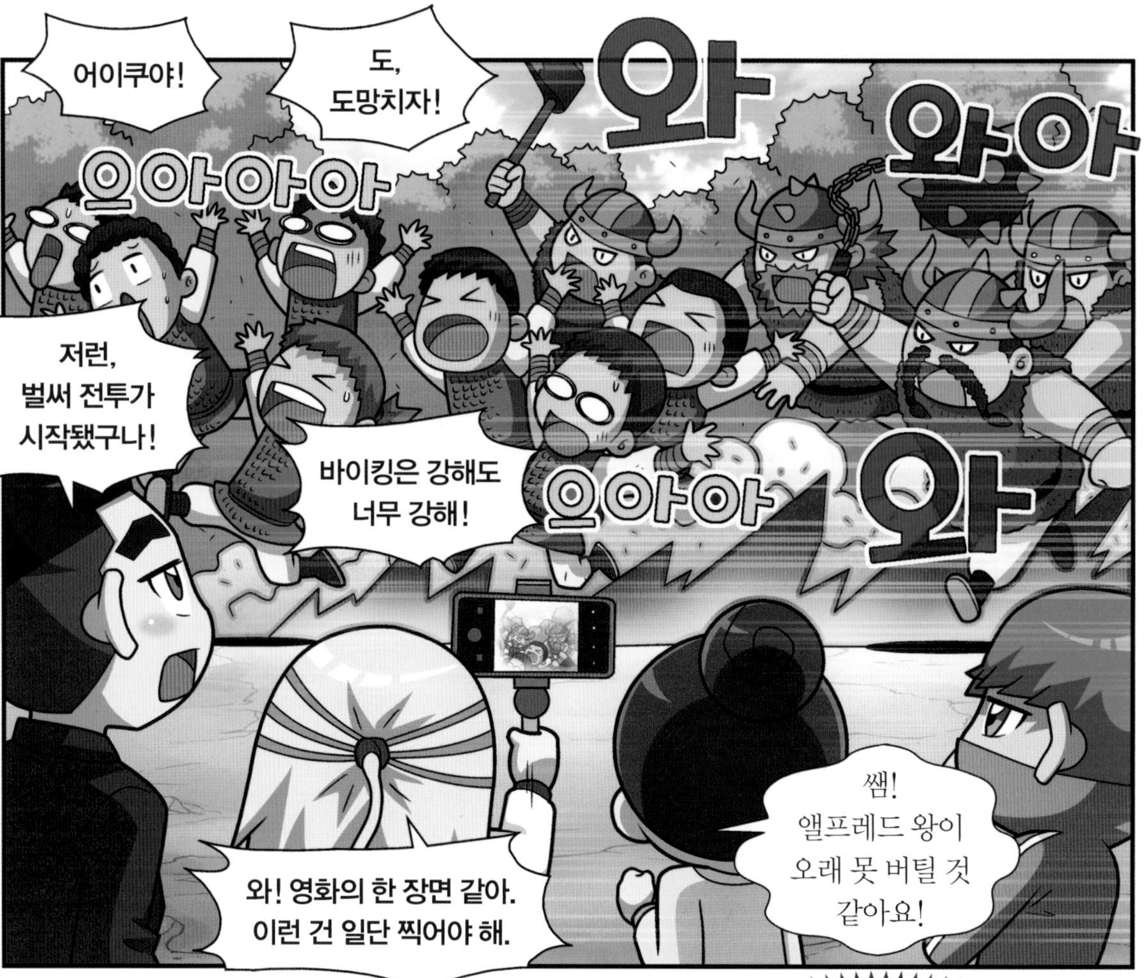
어이쿠야!
도,
도망치자!
와
와아
으아아아
저런,
벌써 전투가
시작됐구나!
바이킹은 강해도
너무 강해!
으아아
와
와! 영화의 한 장면 같아.
이런 건 일단 찍어야 해.
쌤!
앨프레드 왕이
오래 못 버틸 것
같아요!

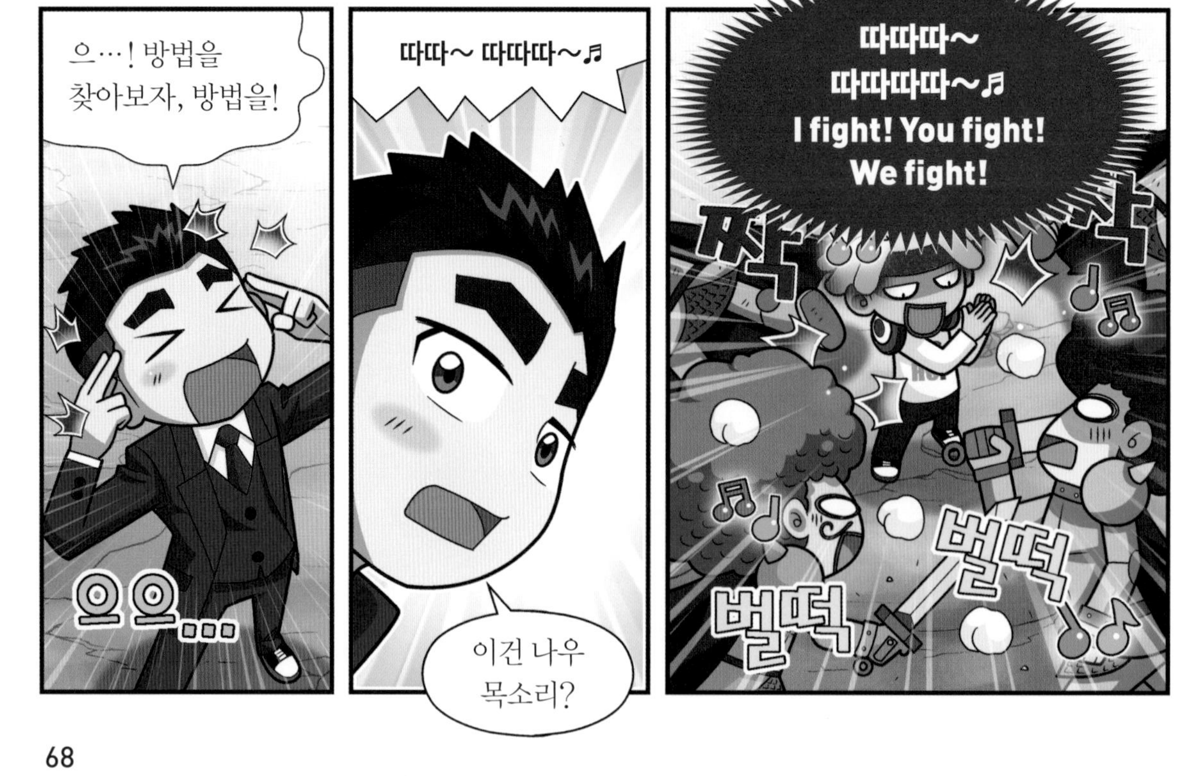
으…! 방법을
찾아보자, 방법을!
으으...
따따~ 따따따~♬
이건 나우
목소리?
따따따~
따따따따~♬
I fight! You fight!
We fight!
짝
짝
벌떡
벌떡

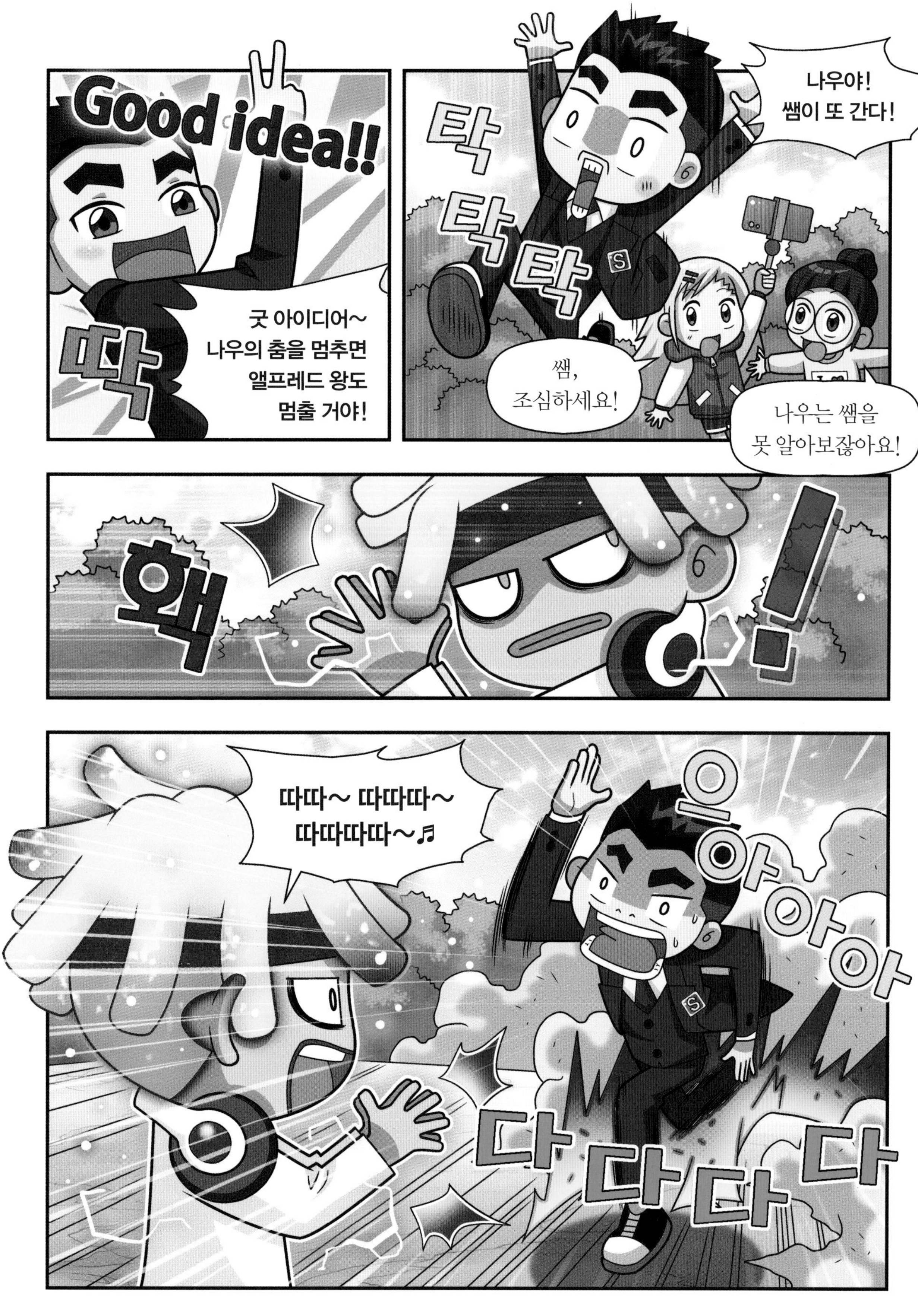
Good idea!!
딱
굿 아이디어~
나우의 춤을 멈추면
앨프레드 왕도
멈출 거야!
나우야!
쌤이 또 간다!
탁
탁
탁
쌤,
조심하세요!
나우는 쌤을
못 알아보잖아요!
홱
!
따따~ 따따따~
따따따따~♬
으아아아
다다다다

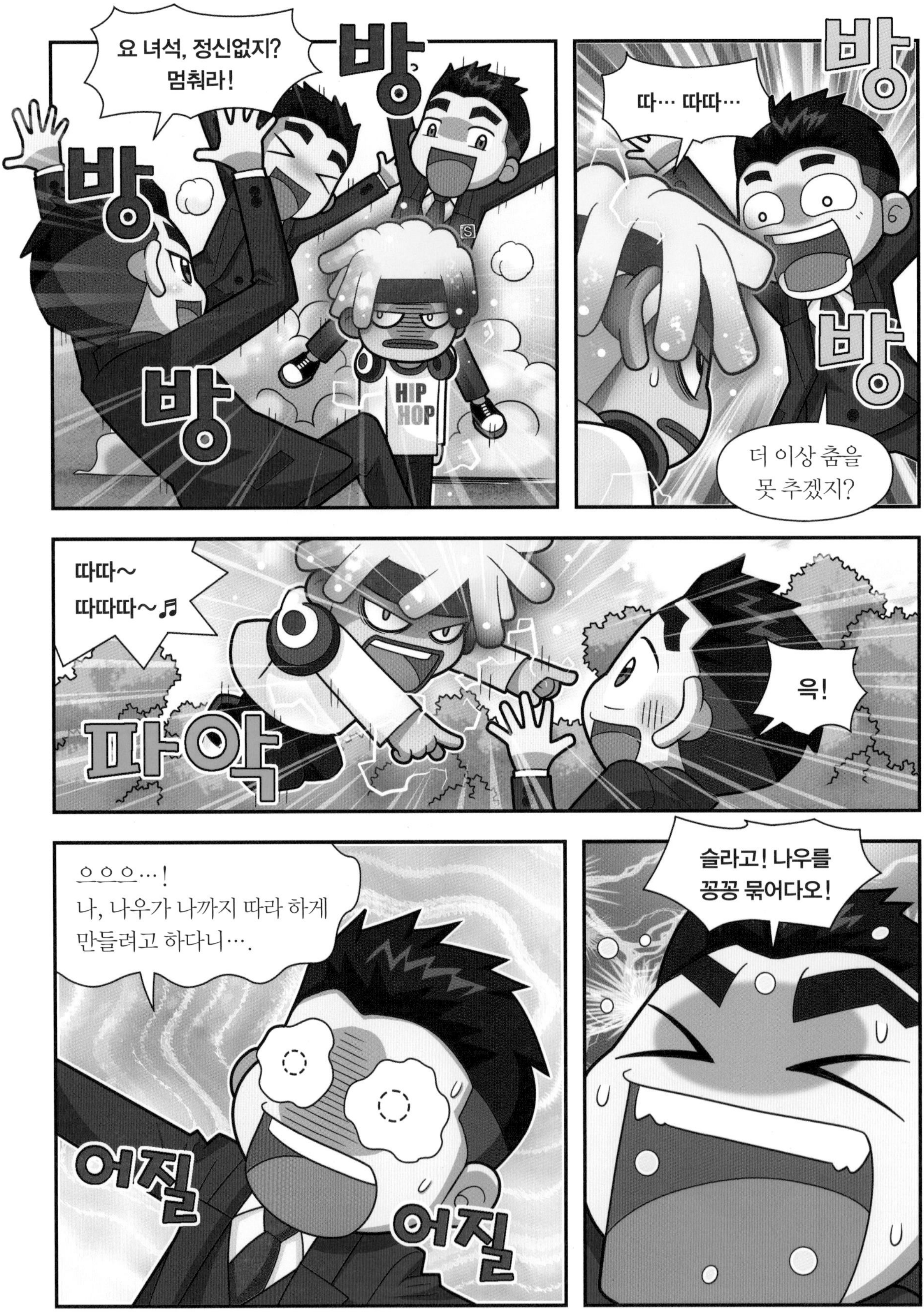
요 녀석, 정신없지?
멈춰라!
방
방
방
방
따… 따따…
방
더 이상 춤을
못 추겠지?
따따~
따따따~♬
파악
윽!
으으으…!
나, 나우가 나까지 따라 하게
만들려고 하다니….
어질
어질
슬라고! 나우를
꽁꽁 묶어다오!

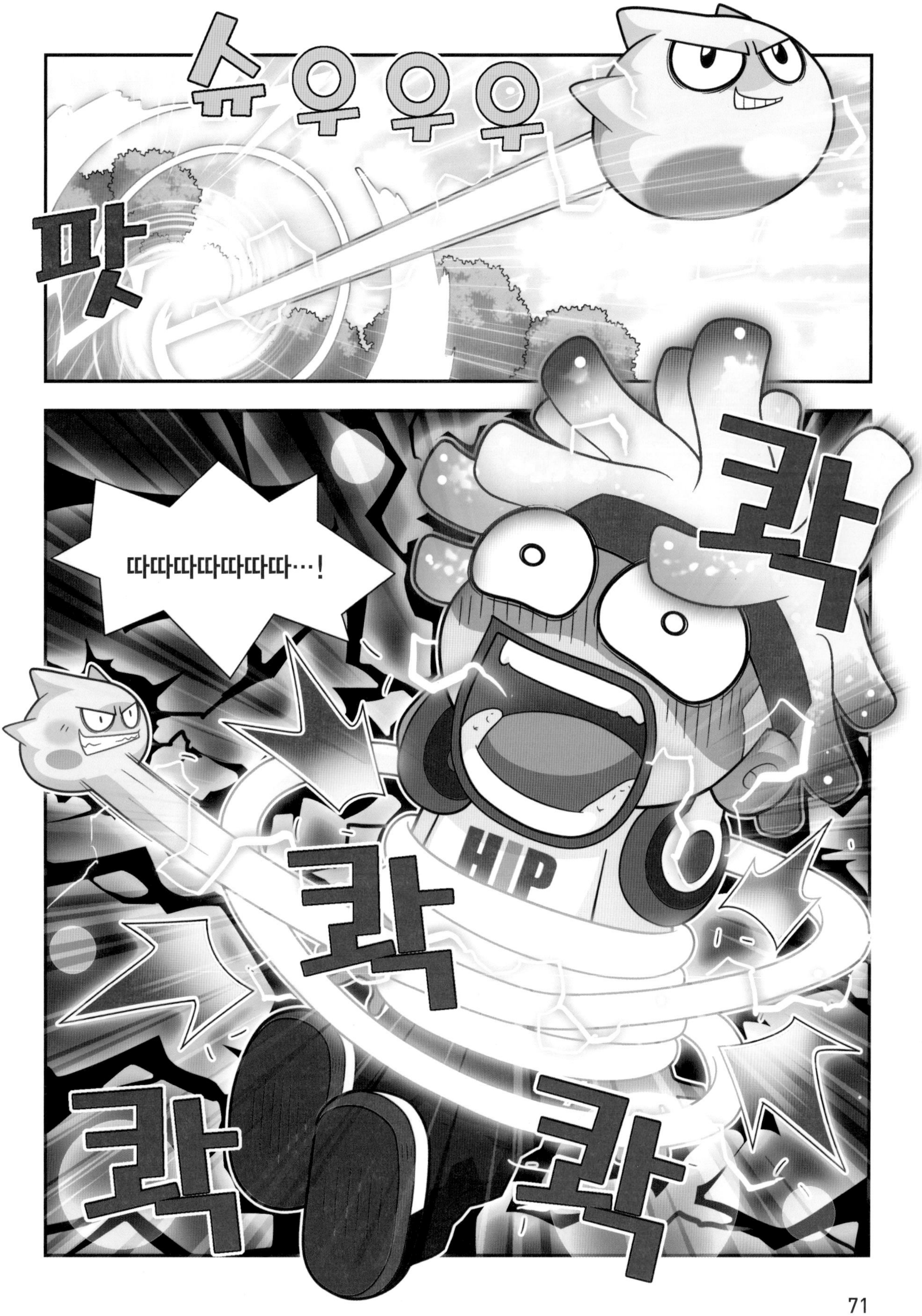
슈우우우
팟
따따따따따따따…!
콱
콱
콱
콱
HIP

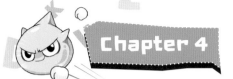

Chapter 4

앨프레드 왕의 큰 결심

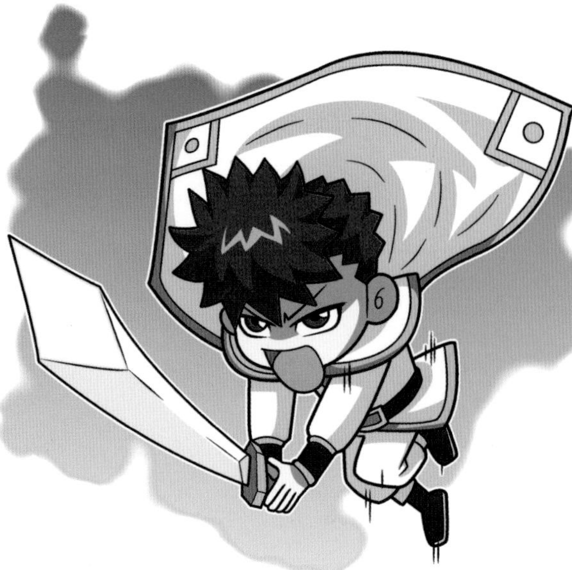

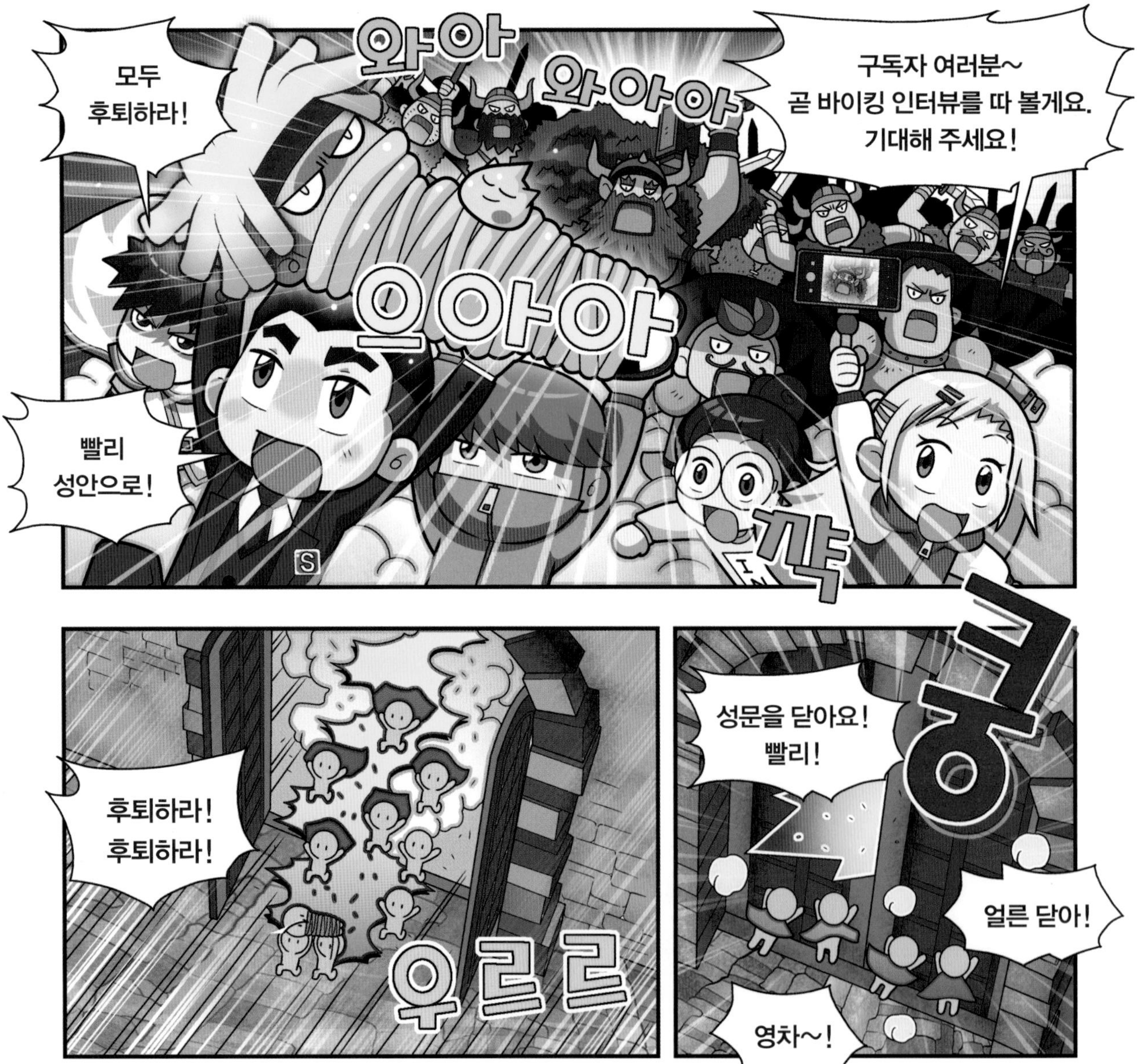
모두 후퇴하라!
와아
와아아
구독자 여러분~ 곧 바이킹 인터뷰를 따 볼게요. 기대해 주세요!
으아아
빨리 성안으로!
꺅
후퇴하라! 후퇴하라!
우르르
쿵
성문을 닫아요! 빨리!
얼른 닫아!
영차~!

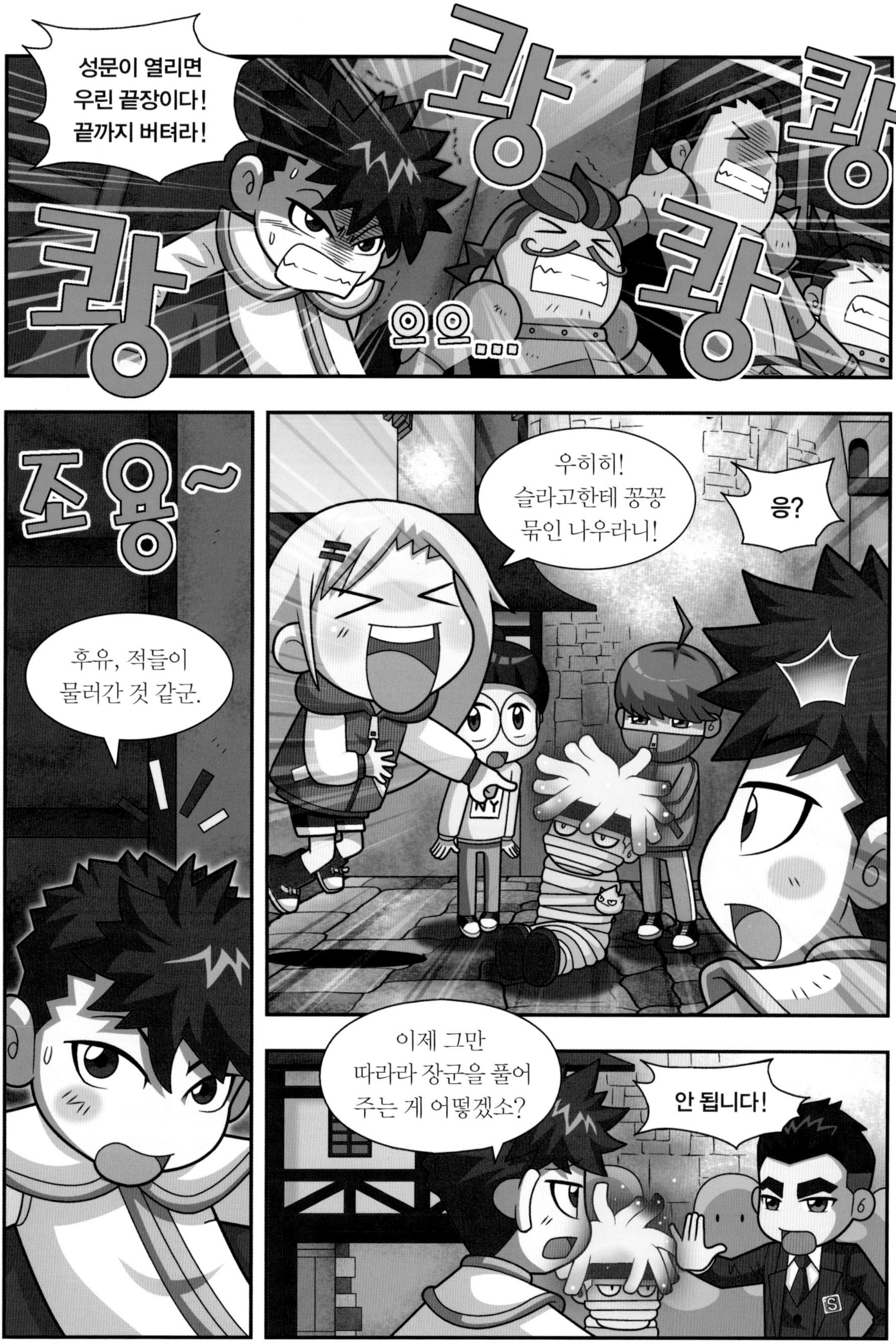

성문이 열리면
우린 끝장이다!
끝까지 버텨라!
쾅
쾅
쾅
쾅
으으...
조용~
후유, 적들이
물러간 것 같군.
우히히!
슬라고한테 꽁꽁
묶인 나우라니!
응?
이제 그만
따라라 장군을 풀어
주는 게 어떻겠소?
안 됩니다!

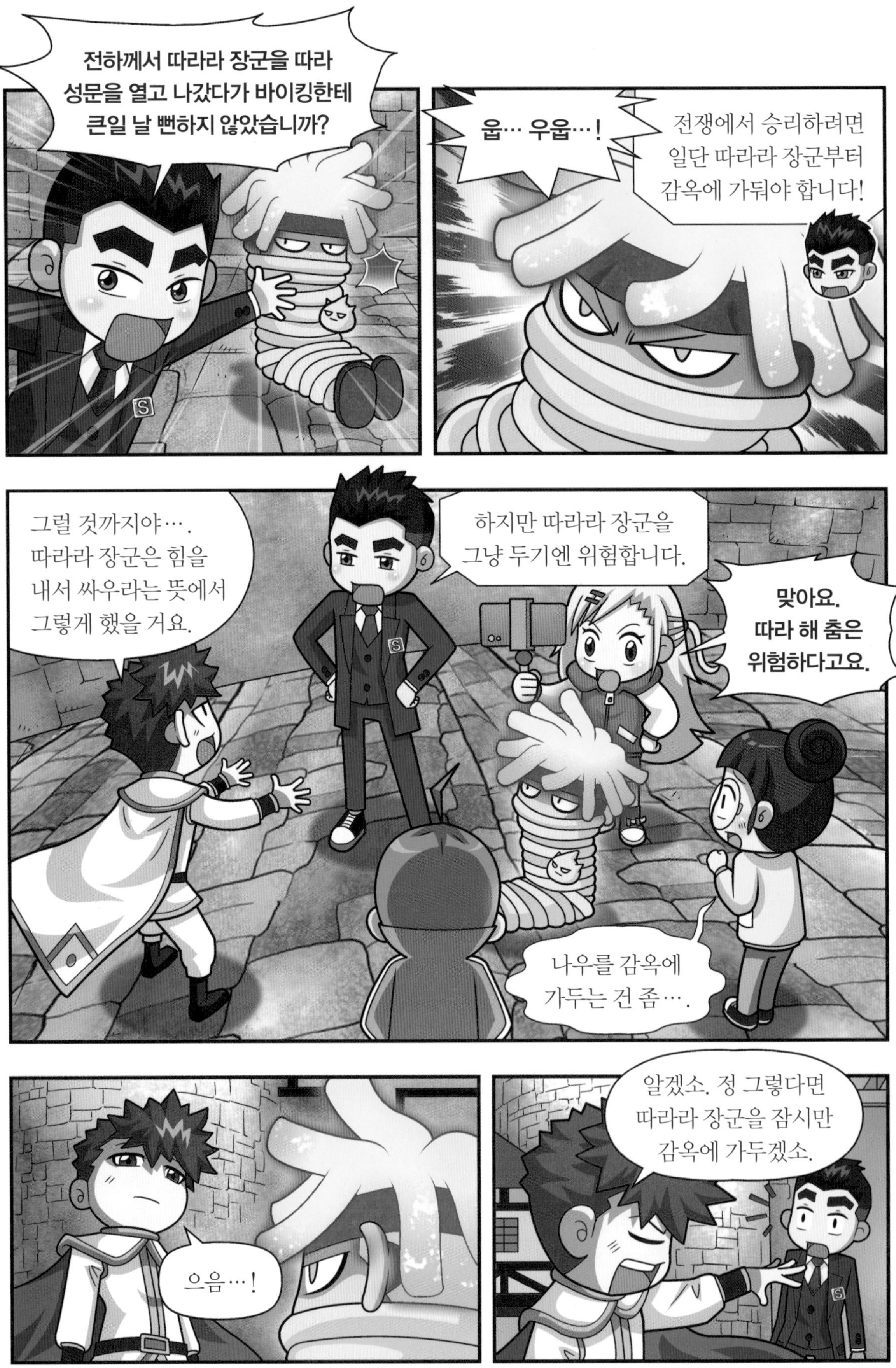
전하께서 따라라 장군을 따라 성문을 열고 나갔다가 바이킹한테 큰일 날 뻔하지 않았습니까?
읍… 우읍…!
전쟁에서 승리하려면 일단 따라라 장군부터 감옥에 가둬야 합니다!
그럴 것까지야….
따라라 장군은 힘을 내서 싸우라는 뜻에서 그렇게 했을 거요.
하지만 따라라 장군을 그냥 두기엔 위험합니다.
맞아요.
따라 해 춤은 위험하다고요.
나우를 감옥에 가두는 건 좀….
으음…!
알겠소. 정 그렇다면 따라라 장군을 잠시만 감옥에 가두겠소.

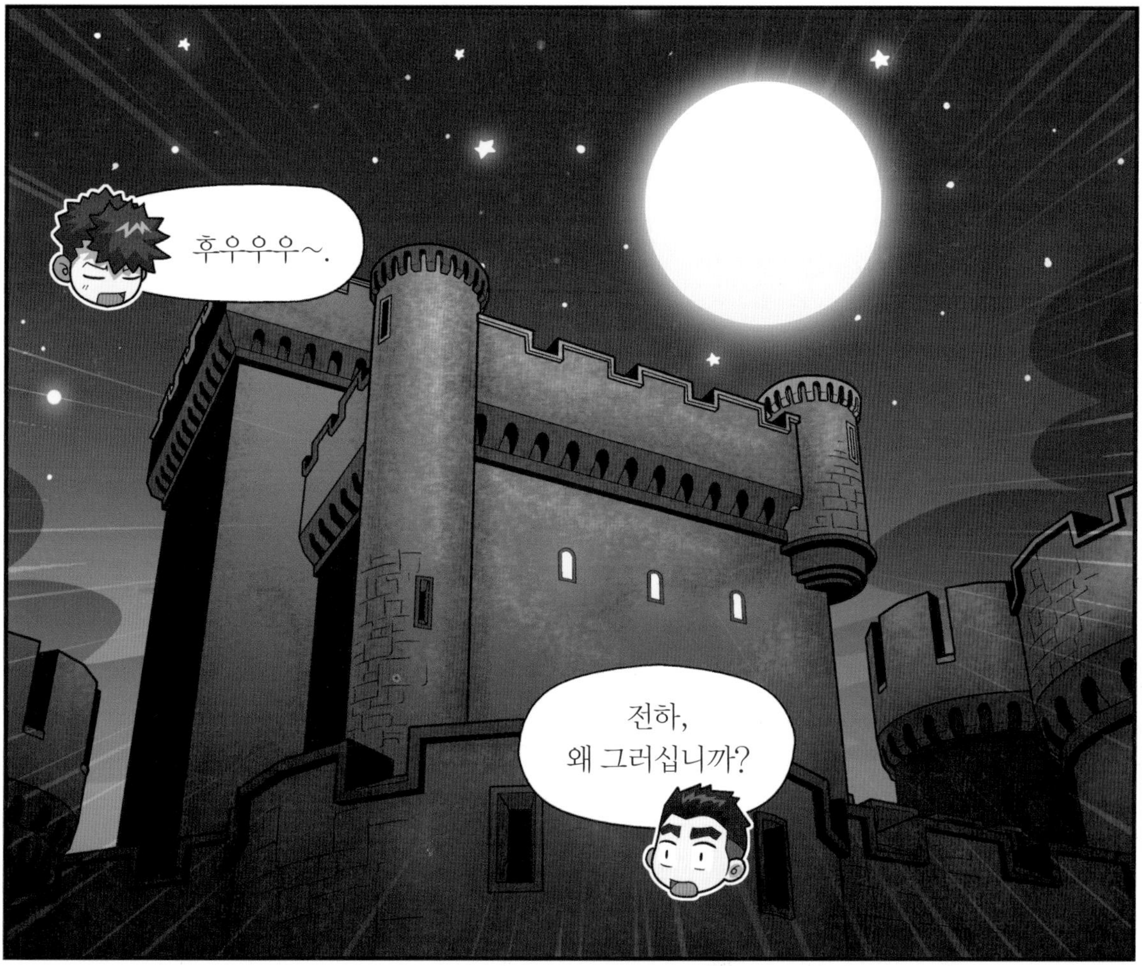
후우우우~.
전하,
왜 그러십니까?

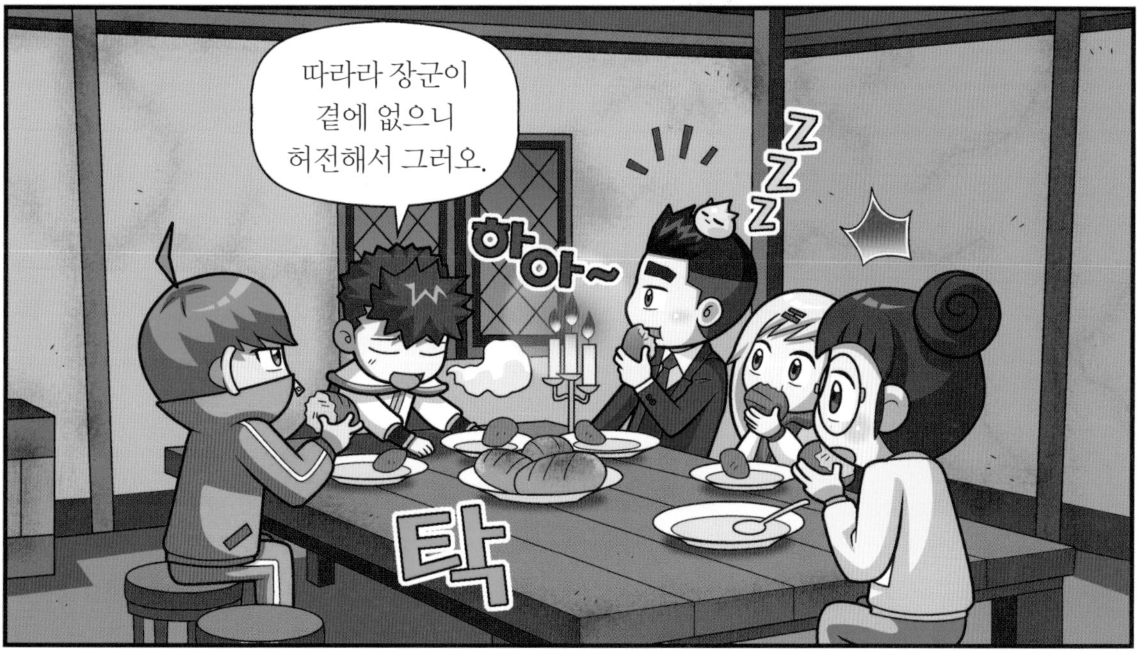
따라라 장군이
곁에 없으니
허전해서 그러오.
하아~
Z
Z
Z
탁

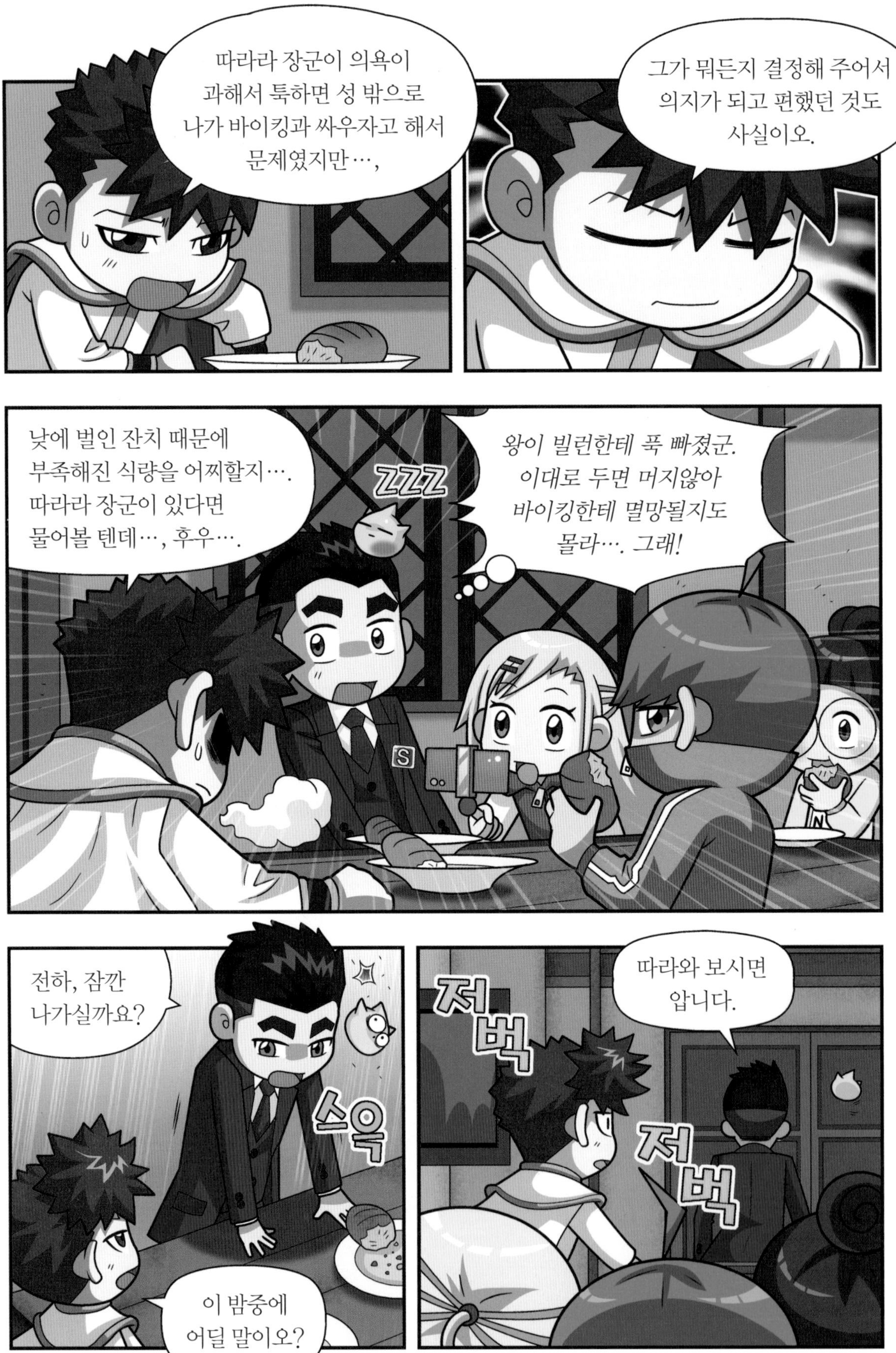
따라라 장군이 의욕이 과해서 툭하면 성 밖으로 나가 바이킹과 싸우자고 해서 문제였지만…,
그가 뭐든지 결정해 주어서 의지가 되고 편했던 것도 사실이오.
낮에 벌인 잔치 때문에 부족해진 식량을 어찌할지…. 따라라 장군이 있다면 물어볼 텐데…, 후우….
ZZZ
왕이 빌런한테 푹 빠졌군. 이대로 두면 머지않아 바이킹한테 멸망될지도 몰라…. 그래!
전하, 잠깐 나가실까요?
스윽
이 밤중에 어딜 말이오?
저벅
따라와 보시면 압니다.
저벅

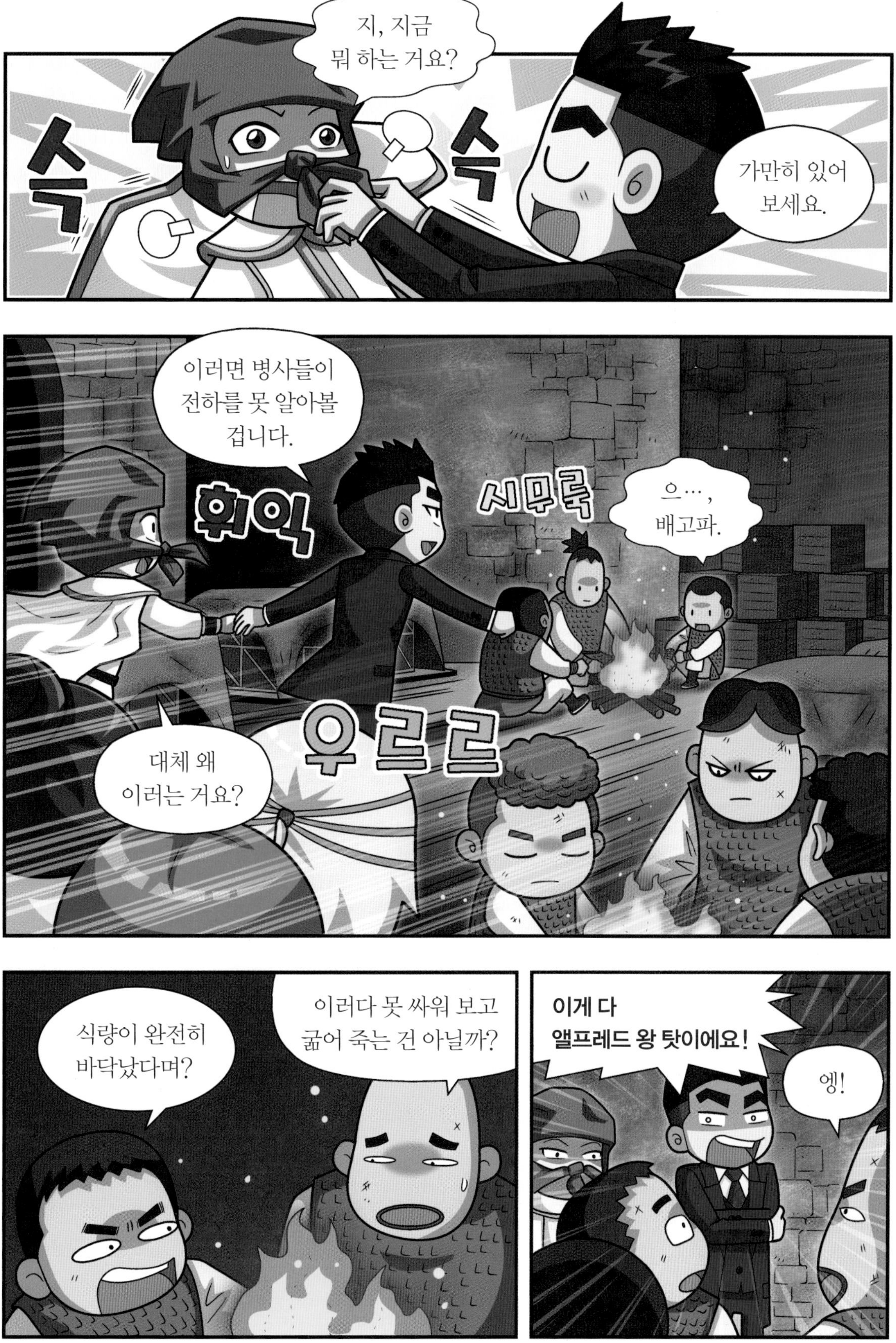
지, 지금 뭐 하는 거요?
슥
슥
가만히 있어 보세요.
이러면 병사들이 전하를 못 알아볼 겁니다.
휘익
시무룩
으…, 배고파.
우르르
대체 왜 이러는 거요?
식량이 완전히 바닥났다며?
이러다 못 싸워 보고 굶어 죽는 건 아닐까?
이게 다 앨프레드 왕 탓이에요!
엥!

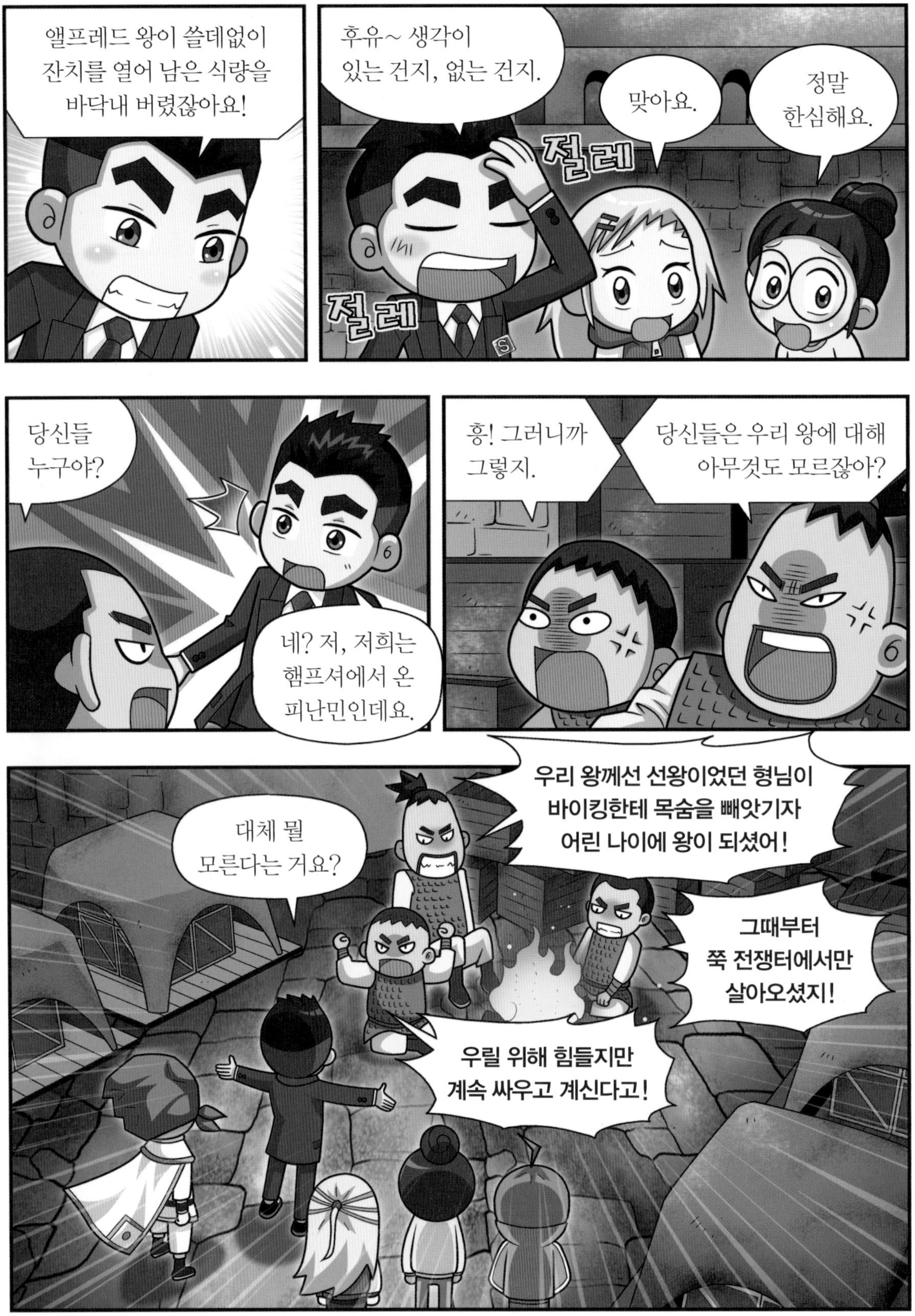
앨프레드 왕이 쓸데없이 잔치를 열어 남은 식량을 바닥내 버렸잖아요!
후유~ 생각이 있는 건지, 없는 건지.
절레 절레
맞아요.
정말 한심해요.
당신들 누구야?
네? 저, 저희는 햄프셔에서 온 피난민인데요.
흥! 그러니까 그렇지.
당신들은 우리 왕에 대해 아무것도 모르잖아?
대체 뭘 모른다는 거요?
우리 왕께선 선왕이었던 형님이 바이킹한테 목숨을 빼앗기자 어린 나이에 왕이 되셨어!
그때부터 쭉 전쟁터에서만 살아오셨지!
우릴 위해 힘들지만 계속 싸우고 계신다고!

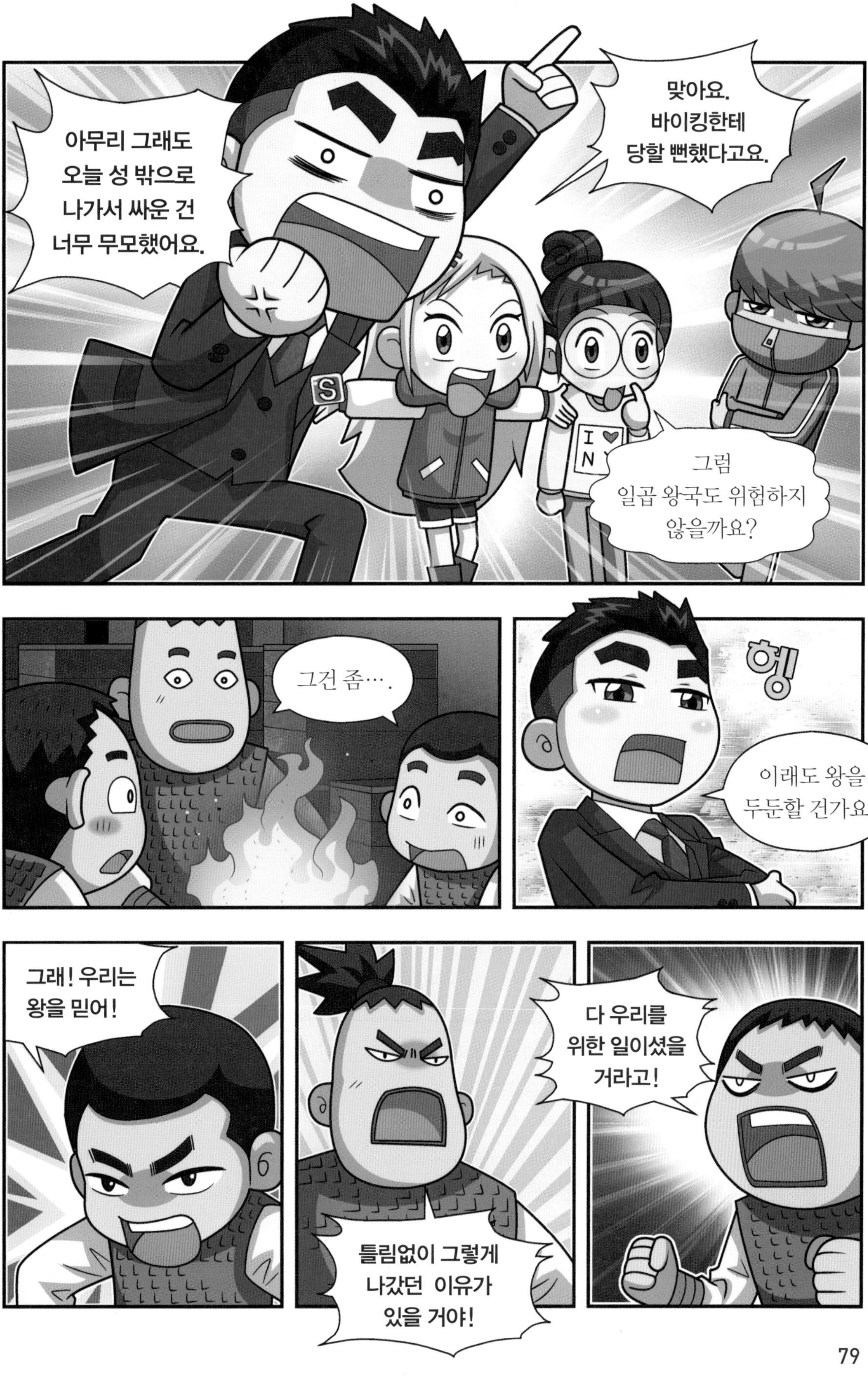
아무리 그래도 오늘 성 밖으로 나가서 싸운 건 너무 무모했어요.
맞아요. 바이킹한테 당할 뻔했다고요.
그럼 일곱 왕국도 위험하지 않을까요?
그건 좀….
헹
이래도 왕을 두둔할 건가요?
그래! 우리는 왕을 믿어!
틀림없이 그렇게 나갔던 이유가 있을 거야!
다 우리를 위한 일이셨을 거라고!

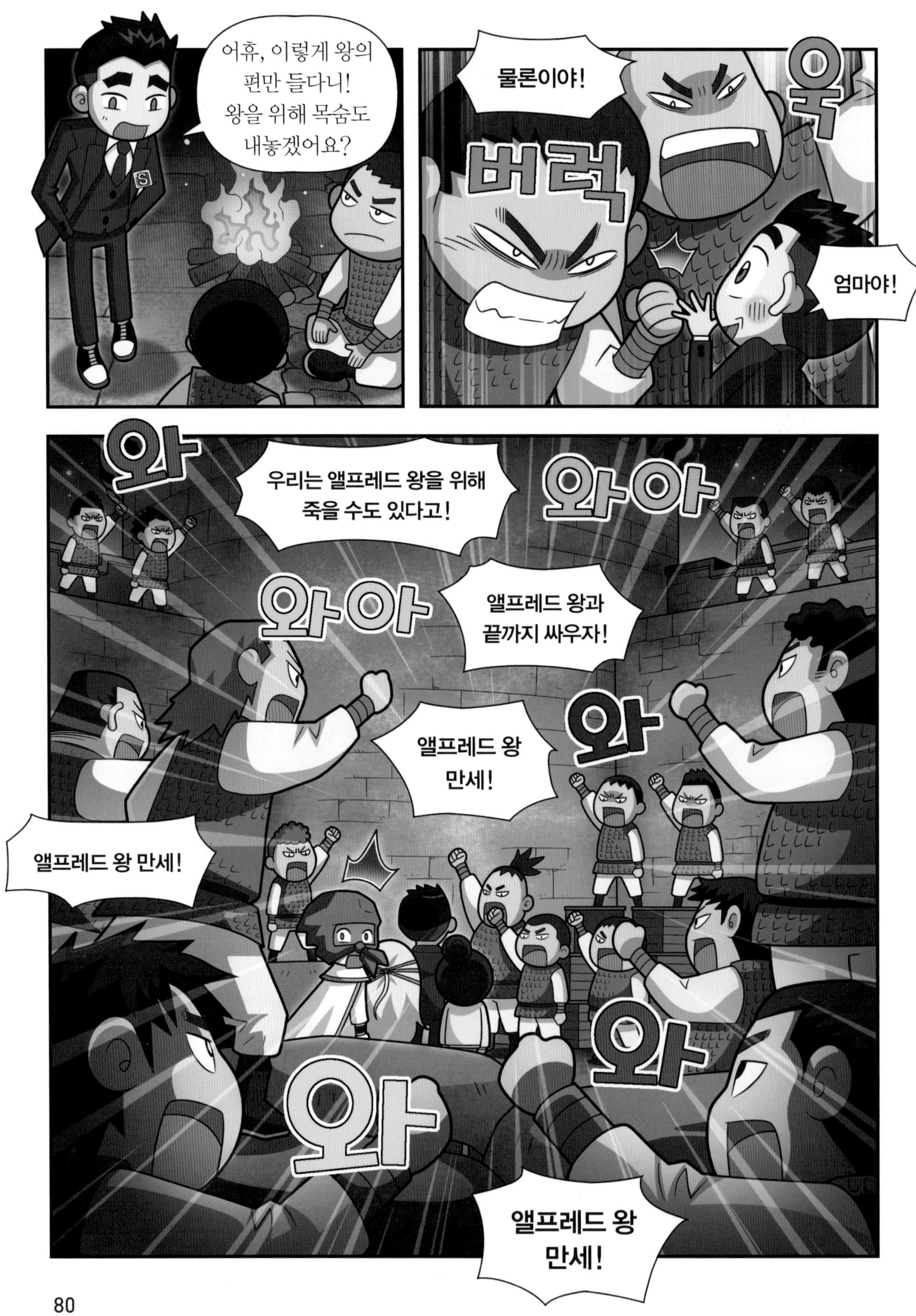

어휴, 이렇게 왕의 편만 들다니! 왕을 위해 목숨도 내놓겠어요?
물론이야!
욱
버럭
엄마야!
와
우리는 앨프레드 왕을 위해 죽을 수도 있다고!
와아
와아
앨프레드 왕과 끝까지 싸우자!
와
앨프레드 왕 만세!
앨프레드 왕 만세!
와
와
앨프레드 왕 만세!

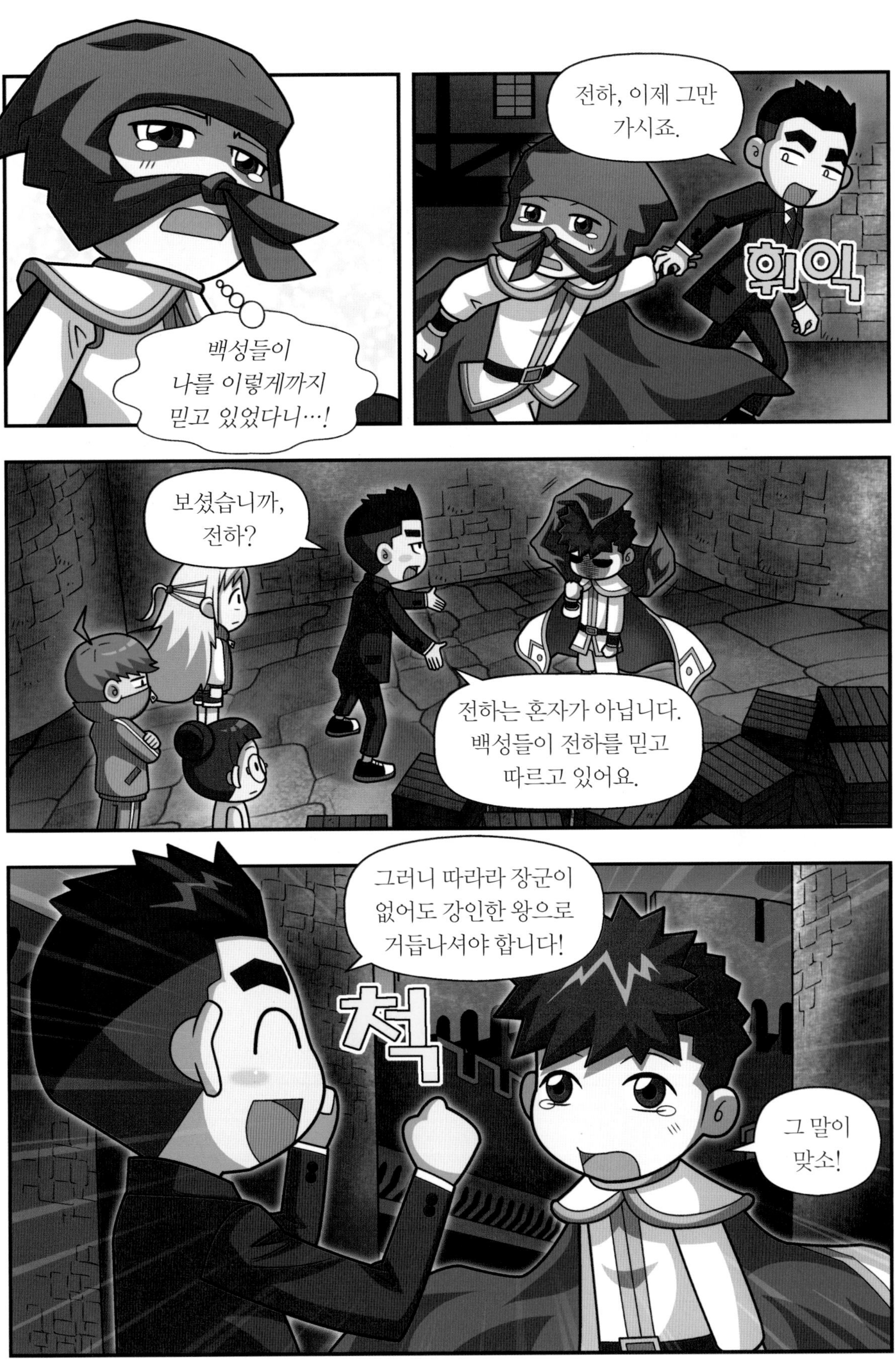
백성들이
나를 이렇게까지
믿고 있었다니…!
전하, 이제 그만
가시죠.
휘익
보셨습니까,
전하?
전하는 혼자가 아닙니다.
백성들이 전하를 믿고
따르고 있어요.
그러니 따라라 장군이
없어도 강인한 왕으로
거듭나셔야 합니다!
척
그 말이
맞소!

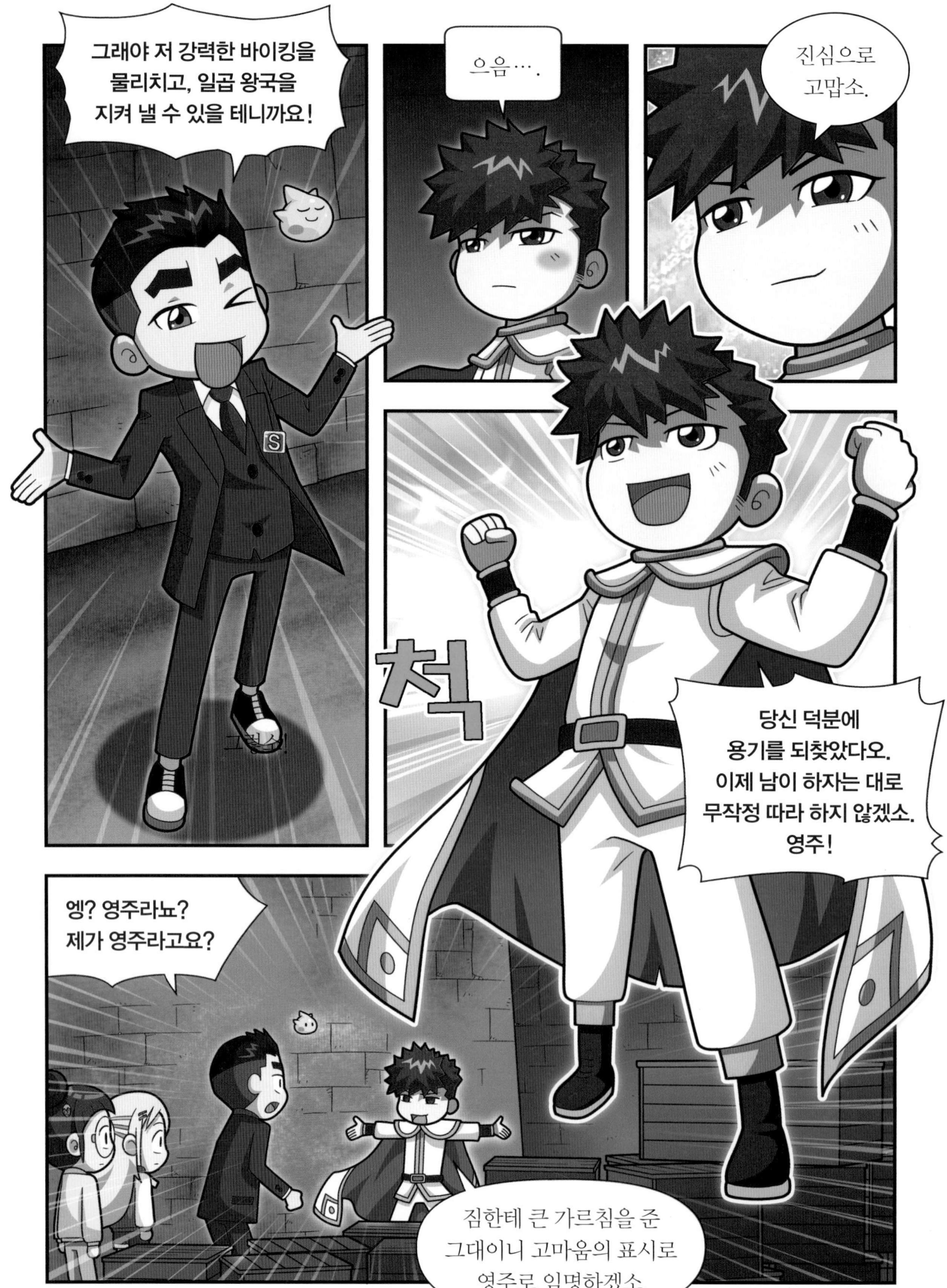
그래야 저 강력한 바이킹을 물리치고, 일곱 왕국을 지켜 낼 수 있을 테니까요!
으음….
진심으로 고맙소.
척
당신 덕분에 용기를 되찾았다오. 이제 남이 하자는 대로 무작정 따라 하지 않겠소. 영주!
엥? 영주라뇨? 제가 영주라고요?
짐한테 큰 가르침을 준 그대이니 고마움의 표시로 영주로 임명하겠소.

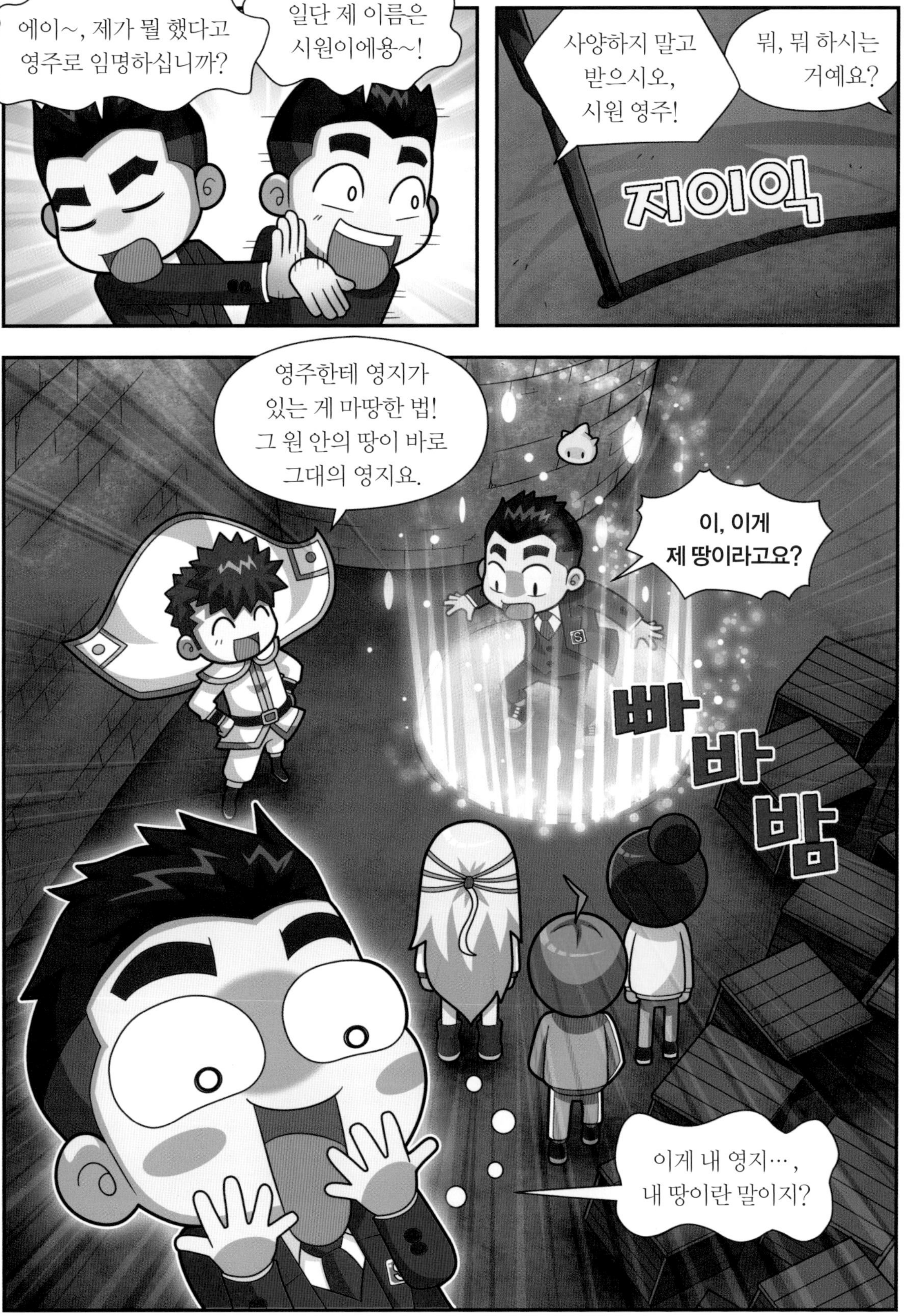
에이~, 제가 뭘 했다고
영주로 임명하십니까?
일단 제 이름은
시원이에용~!
사양하지 말고
받으시오,
시원 영주!
뭐, 뭐 하시는
거예요?
지이익
영주한테 영지가
있는 게 마땅한 법!
그 원 안의 땅이 바로
그대의 영지요.
이, 이게
제 땅이라고요?
빠바밤
이게 내 영지…,
내 땅이란 말이지?

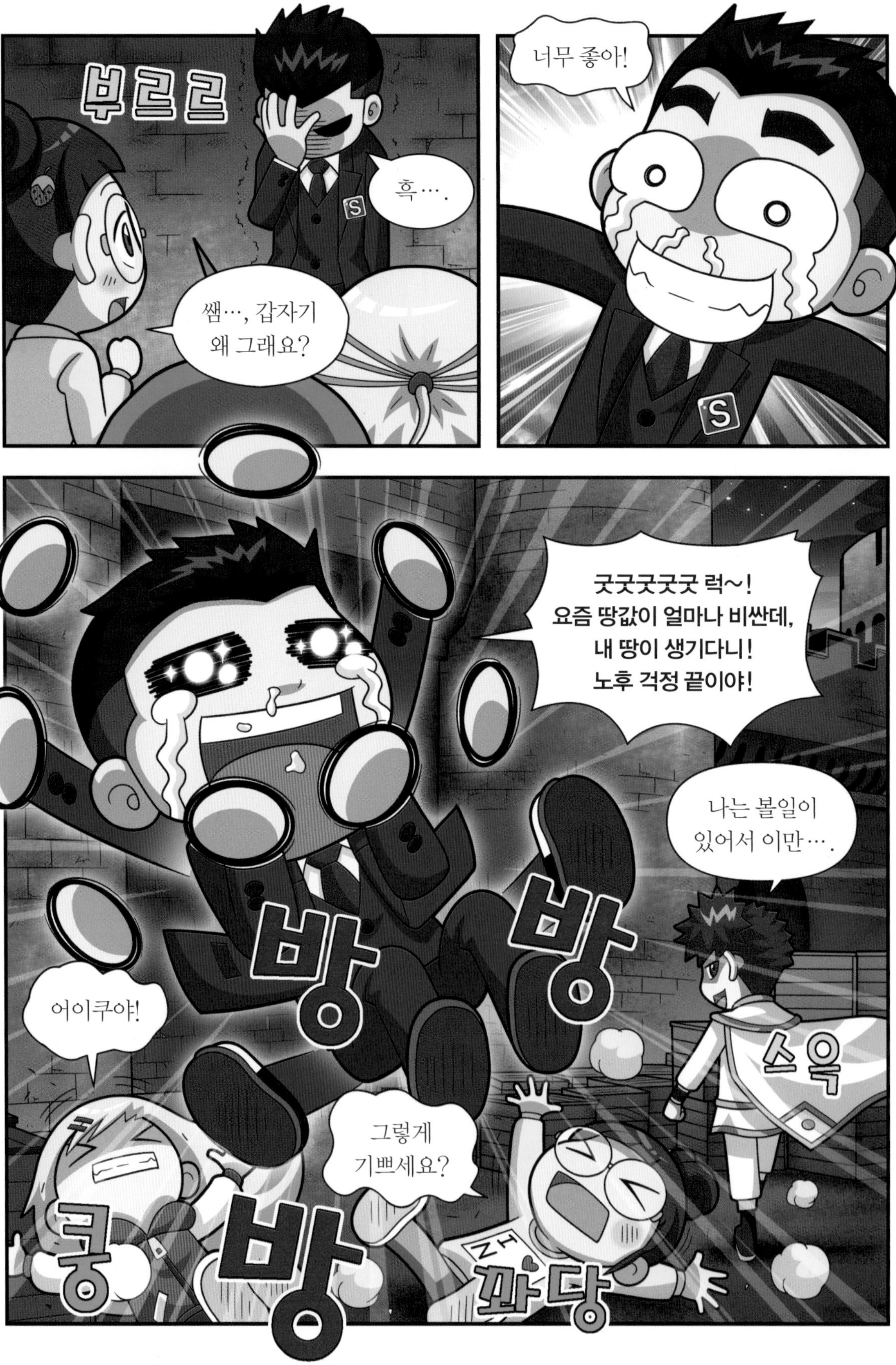
부르르
흑….
쌤…, 갑자기 왜 그래요?
너무 좋아!
굿굿굿굿굿 럭~! 요즘 땅값이 얼마나 비싼데, 내 땅이 생기다니! 노후 걱정 끝이야!
나는 볼일이 있어서 이만….
방
방
어이쿠야!
스윽
그렇게 기쁘세요?
쿵
방
꽈당

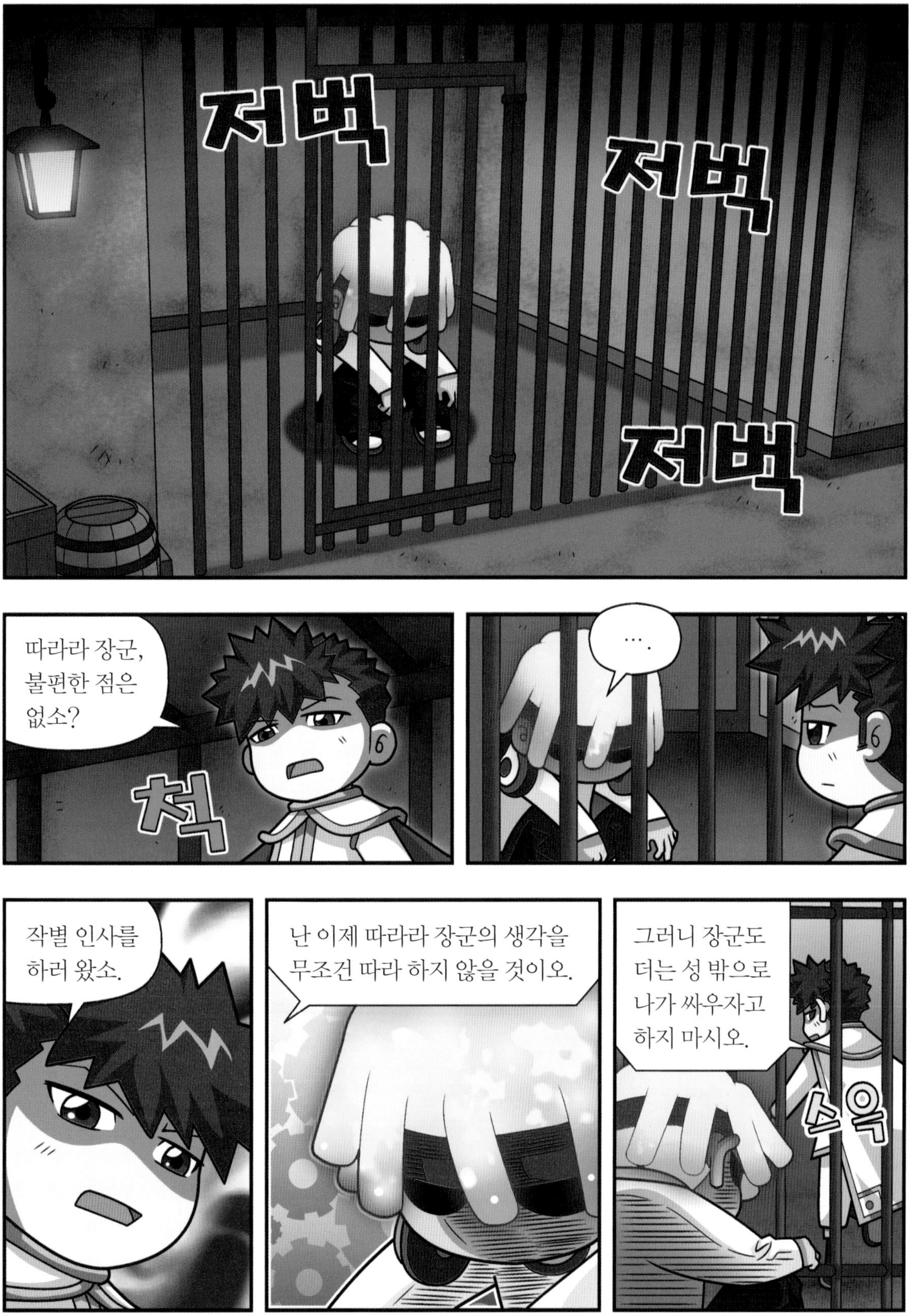
저벅
저벅
저벅
따라라 장군, 불편한 점은 없소?
척
….
작별 인사를 하러 왔소.
난 이제 따라라 장군의 생각을 무조건 따라 하지 않을 것이오.
그러니 장군도 더는 성 밖으로 나가 싸우자고 하지 마시오.
스윽

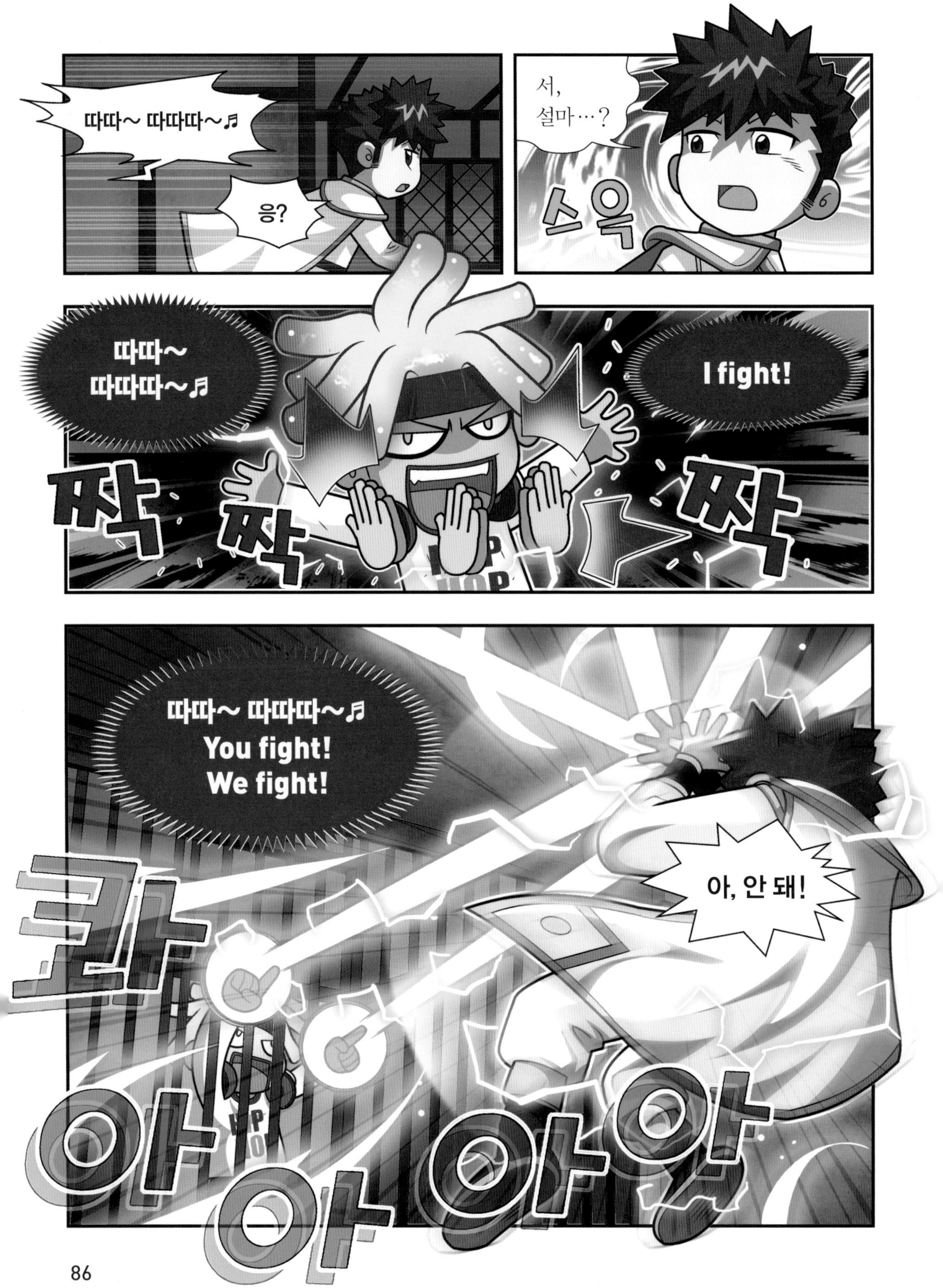

따따~ 따따따~♬
응?
서,
설마…?
스윽
따따~
따따따~♬
I fight!
짝
짝
짝
따따~ 따따따~♬
You fight!
We fight!
아, 안 돼!
콰
아아아아

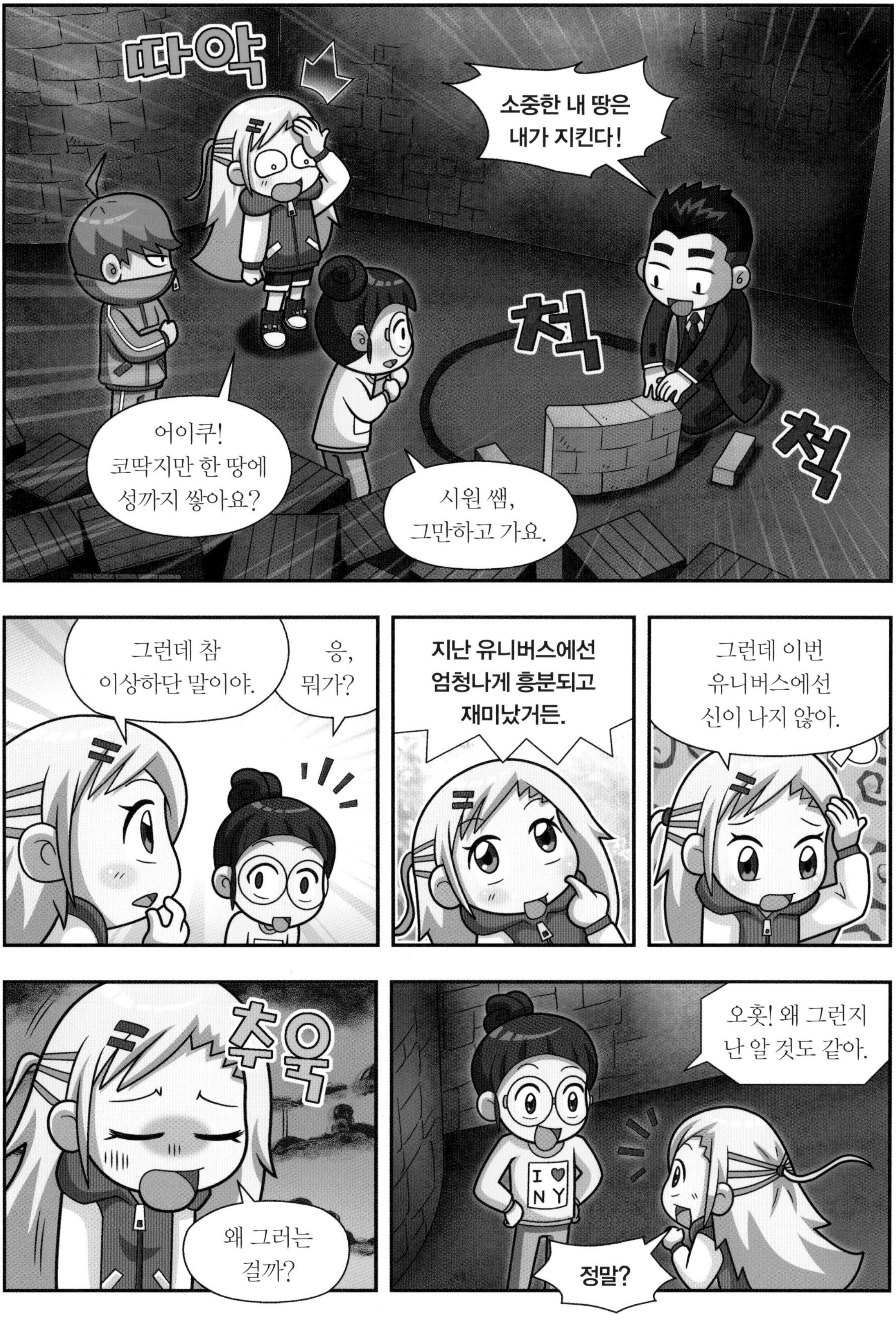

따악
소중한 내 땅은 내가 지킨다!
척
척
어이쿠! 코딱지만 한 땅에 성까지 쌓아요?
시원 쌤, 그만하고 가요.
그런데 참 이상하단 말이야.
응, 뭐가?
지난 유니버스에선 엄청나게 흥분되고 재미났거든.
그런데 이번 유니버스에선 신이 나지 않아.
추욱
왜 그러는 걸까?
오홋! 왜 그런지 난 알 것도 같아.
정말?

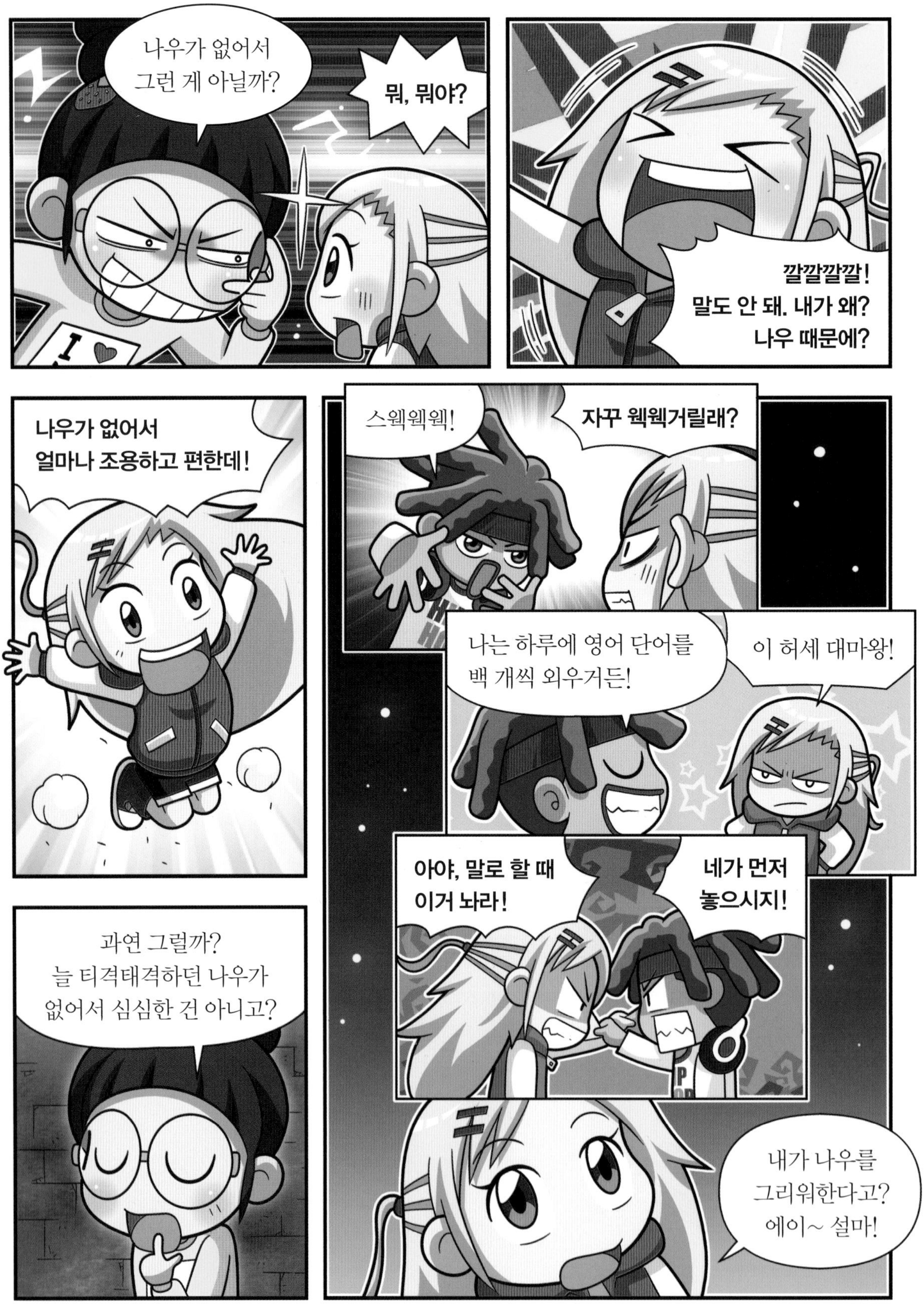

나우가 없어서
그런 게 아닐까?
뭐, 뭐야?
깔깔깔깔!
말도 안 돼. 내가 왜?
나우 때문에?
나우가 없어서
얼마나 조용하고 편한데!
과연 그럴까?
늘 티격태격하던 나우가
없어서 심심한 건 아니고?
스웩웩웩!
자꾸 웩웩거릴래?
나는 하루에 영어 단어를
백 개씩 외우거든!
이 허세 대마왕!
아야, 말로 할 때
이거 놔라!
네가 먼저
놓으시지!
내가 나우를
그리워한다고?
에이~ 설마!

따따~
따따따~♬
헉! 이건 나우의
노래인데?
설마 나우가
탈출한 걸까요?
그렇다면
정말 큰일이야!
따따~ 따따따~♬
I fight!
파지지직
파지직
따따~ 따따따~♬
You fight!
따따~ 따따따~♬
We fight!
HIP HOP

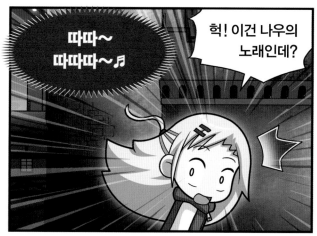

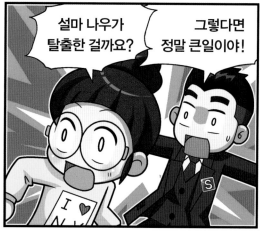

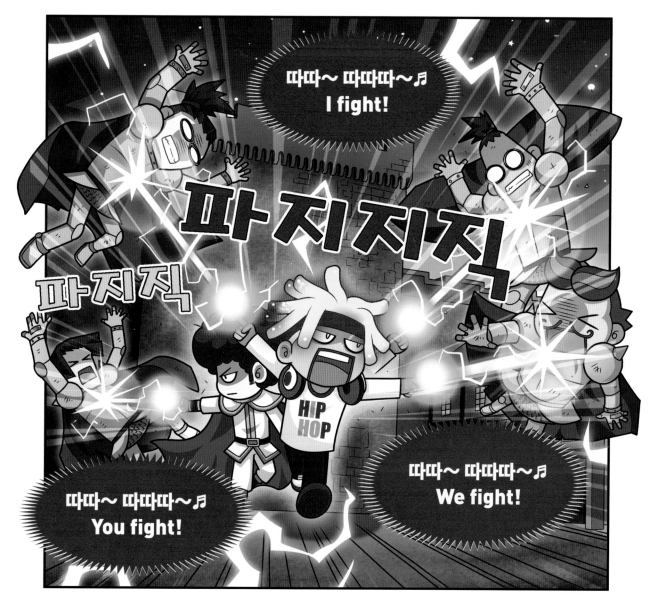

Chapter 5

예상치 못한 후의 대활약

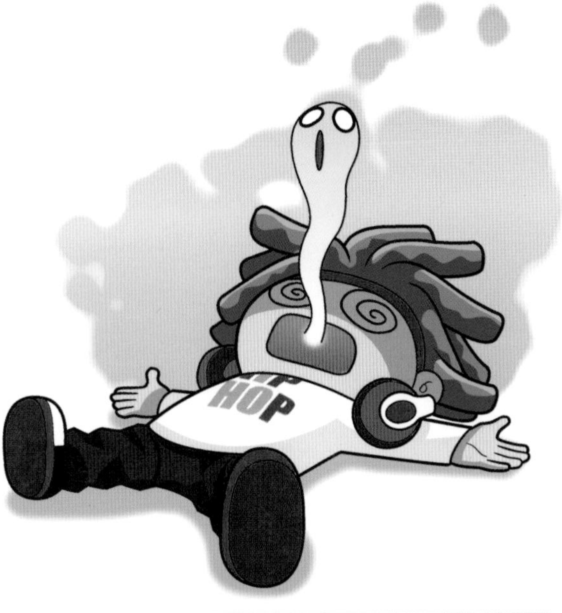

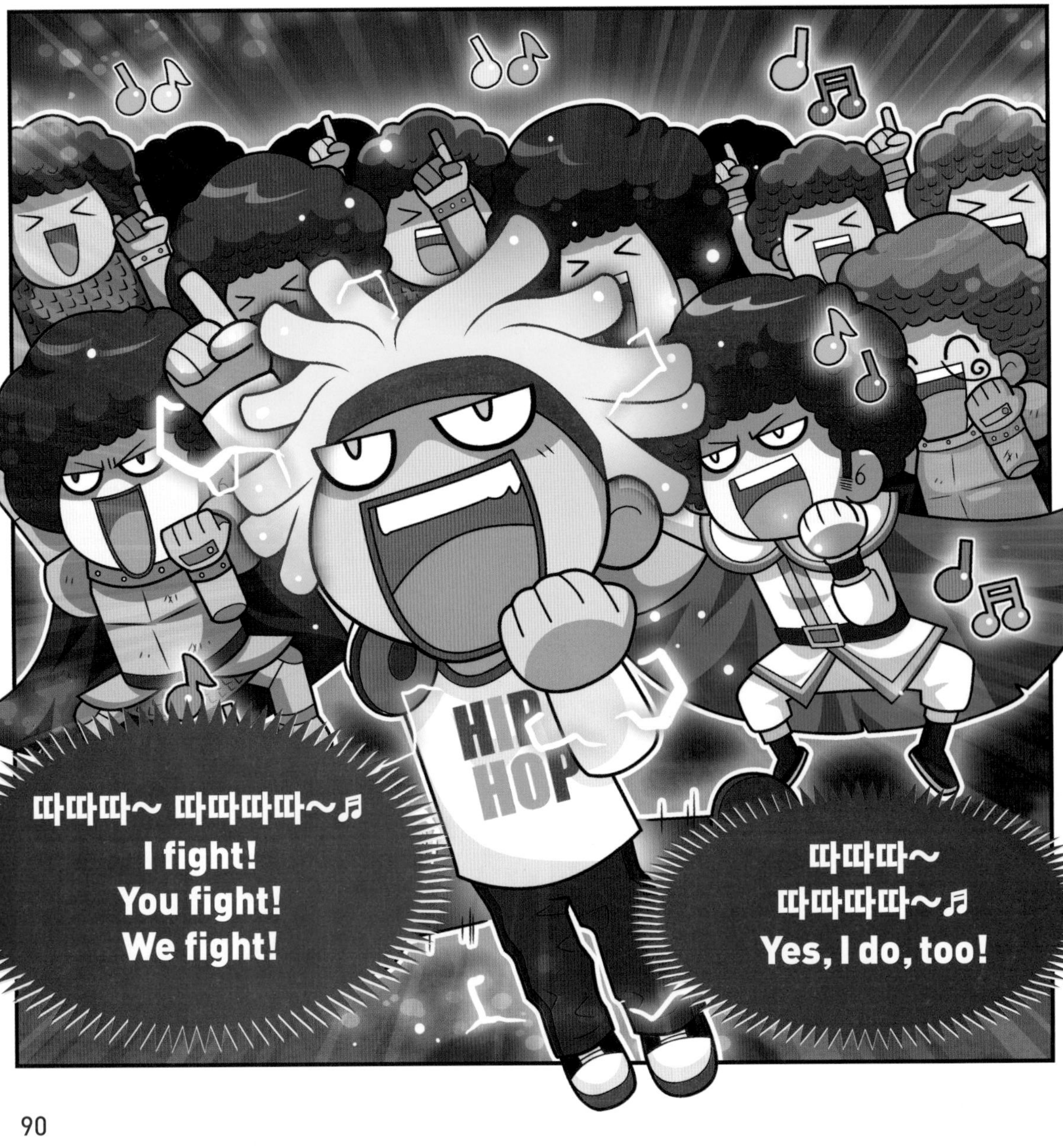
따따따~ 따따따따~♬
I fight!
You fight!
We fight!
따따따~
따따따따~♬
Yes, I do, too!

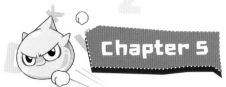

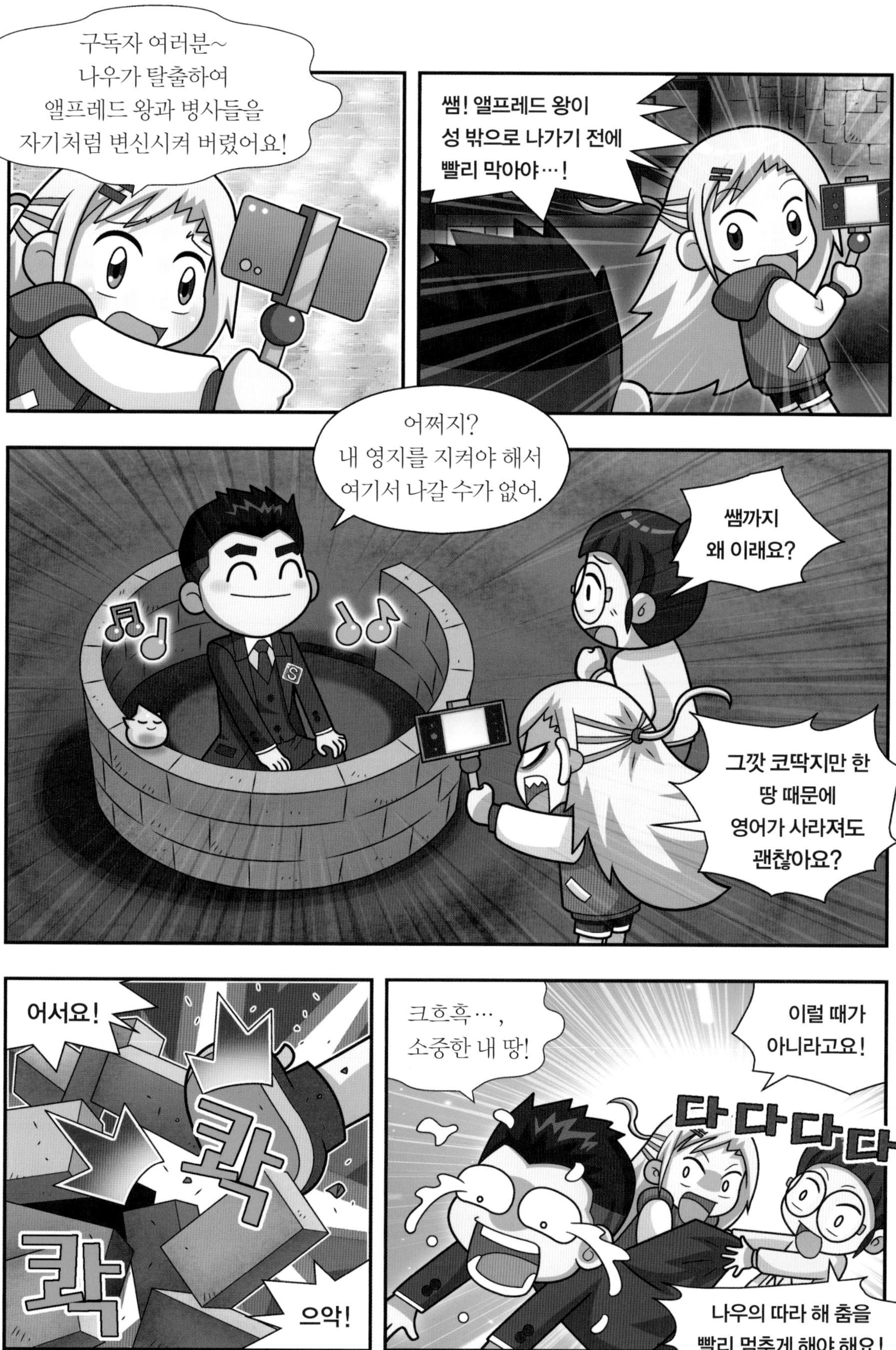

구독자 여러분~ 나우가 탈출하여 앨프레드 왕과 병사들을 자기처럼 변신시켜 버렸어요!
쌤! 앨프레드 왕이 성 밖으로 나가기 전에 빨리 막아야…!
어쩌지? 내 영지를 지켜야 해서 여기서 나갈 수가 없어.
쌤까지 왜 이래요?
그깟 코딱지만 한 땅 때문에 영어가 사라져도 괜찮아요?
어서요!
콱
콱
으악!
크흐흑…, 소중한 내 땅!
이럴 때가 아니라고요!
다다다다
나우의 따라 해 춤을 빨리 멈추게 해야 해요!

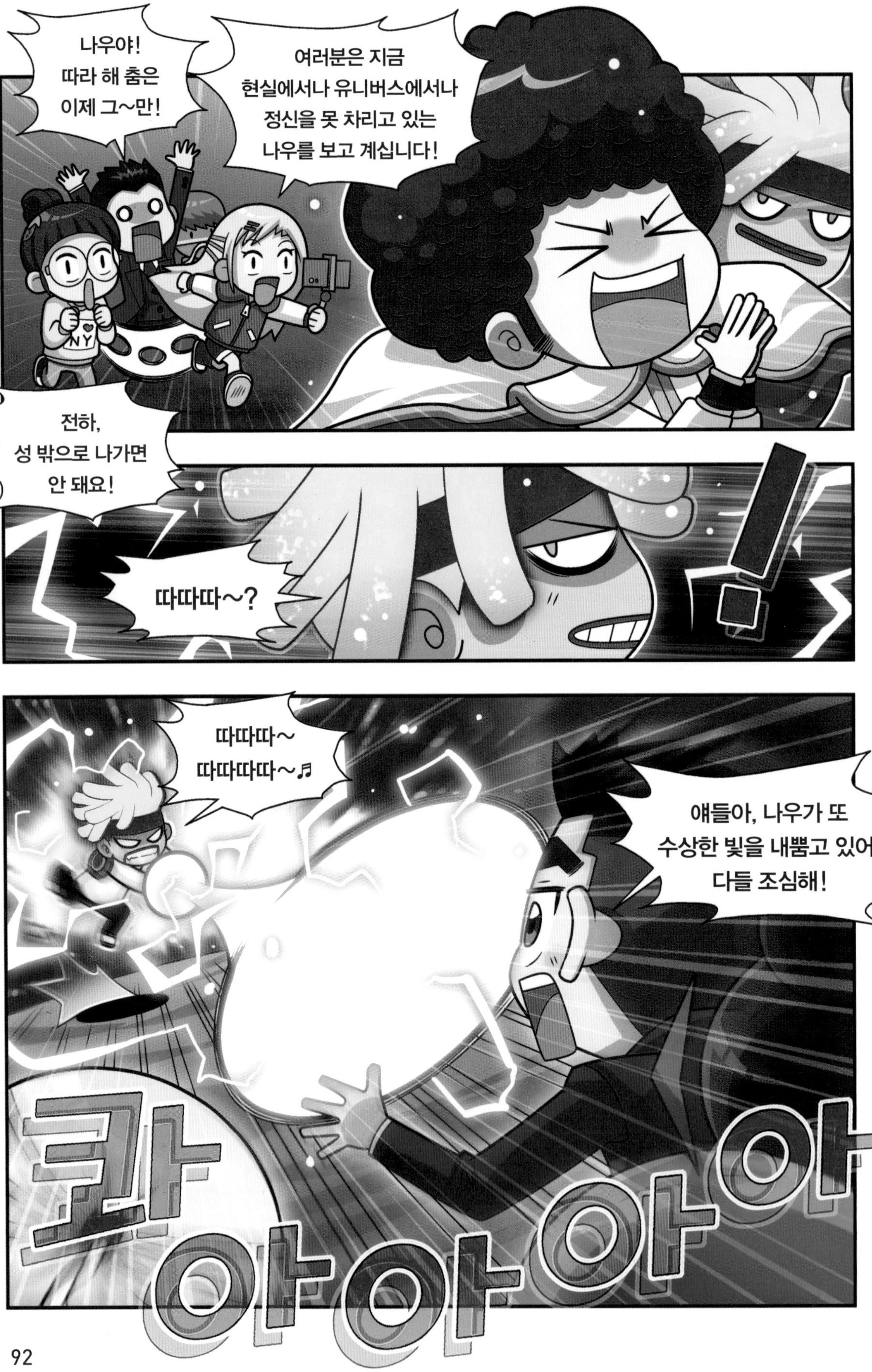
나우야! 따라 해 춤은 이제 그~만!
여러분은 지금 현실에서나 유니버스에서나 정신을 못 차리고 있는 나우를 보고 계십니다!
전하, 성 밖으로 나가면 안 돼요!
따따따~?
!
따따따~ 따따따따~♬
얘들아, 나우가 또 수상한 빛을 내뿜고 있어. 다들 조심해!
콰아아아아

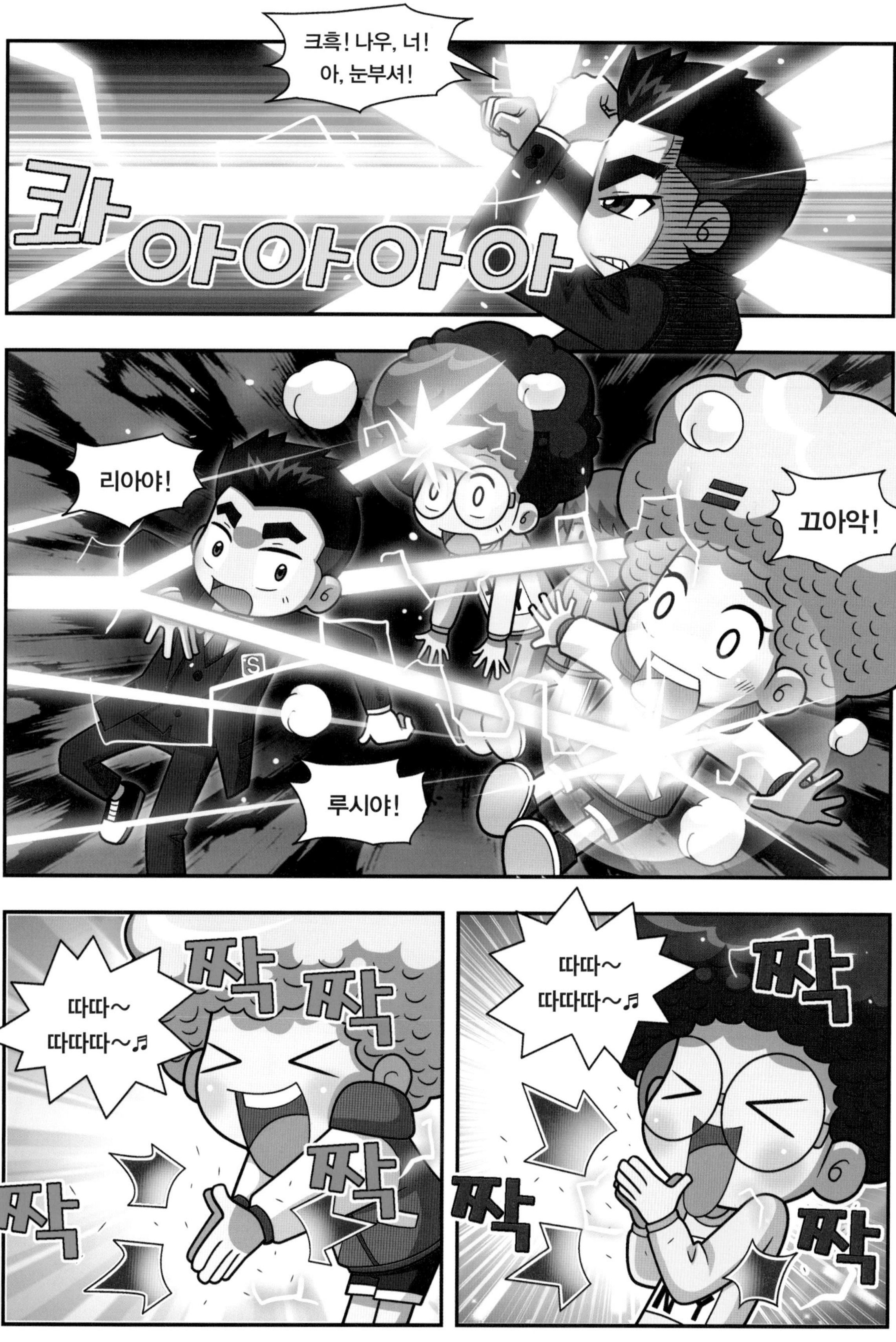

크흑! 나우, 너!
아, 눈부셔!
콰아아아아아
리아야!
끄아악!
루시야!
따따~
따따따~♬
짝
짝
짝
짝
따따~
따따따~♬
짝
짝
짝

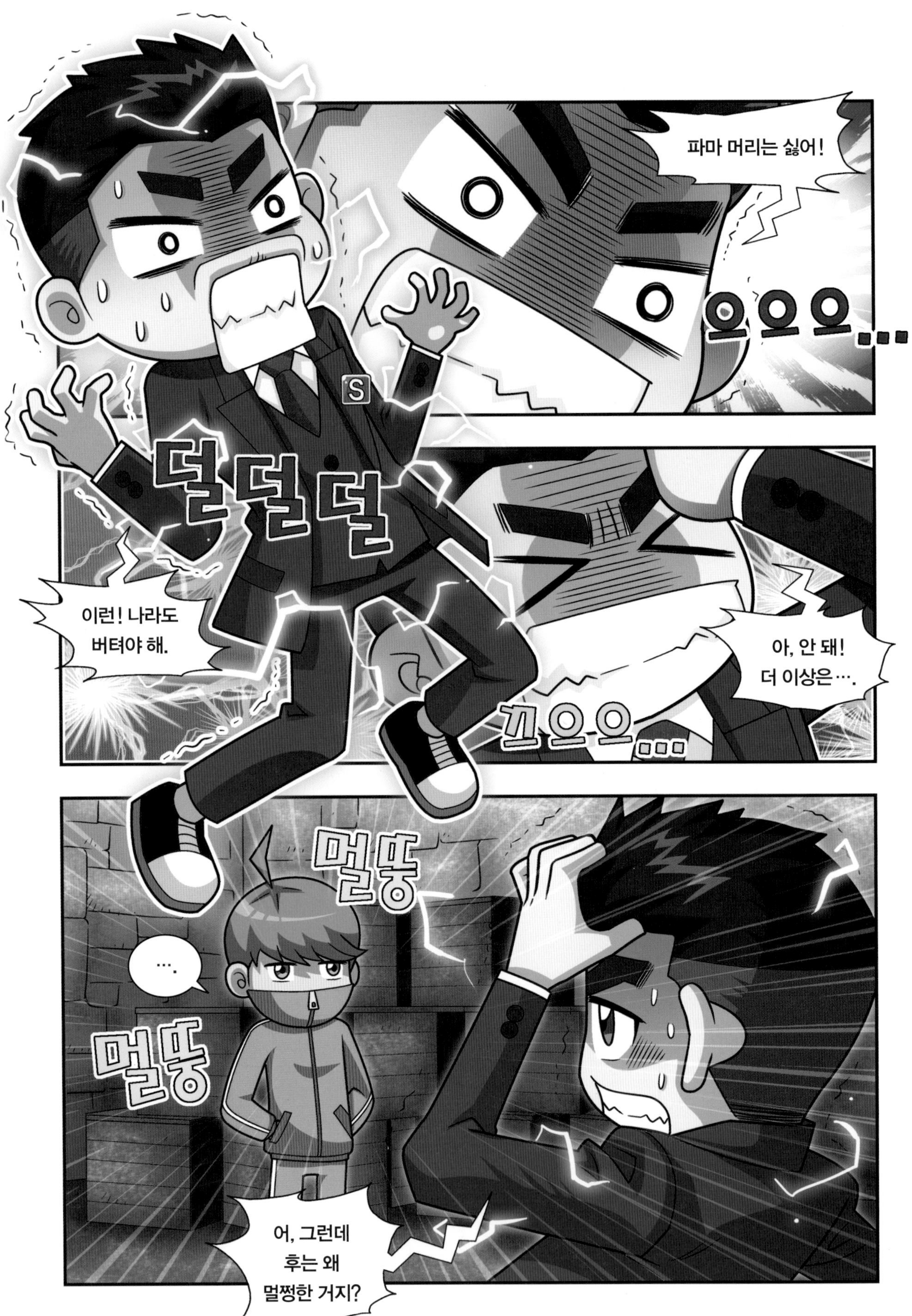

파마 머리는 싫어!
으으으...
덜덜덜
이런! 나라도
버텨야 해.
아, 안 돼!
더 이상은….
끄으으...
멀뚱
멀뚱
….
어, 그런데
후는 왜
멀쩡한 거지?

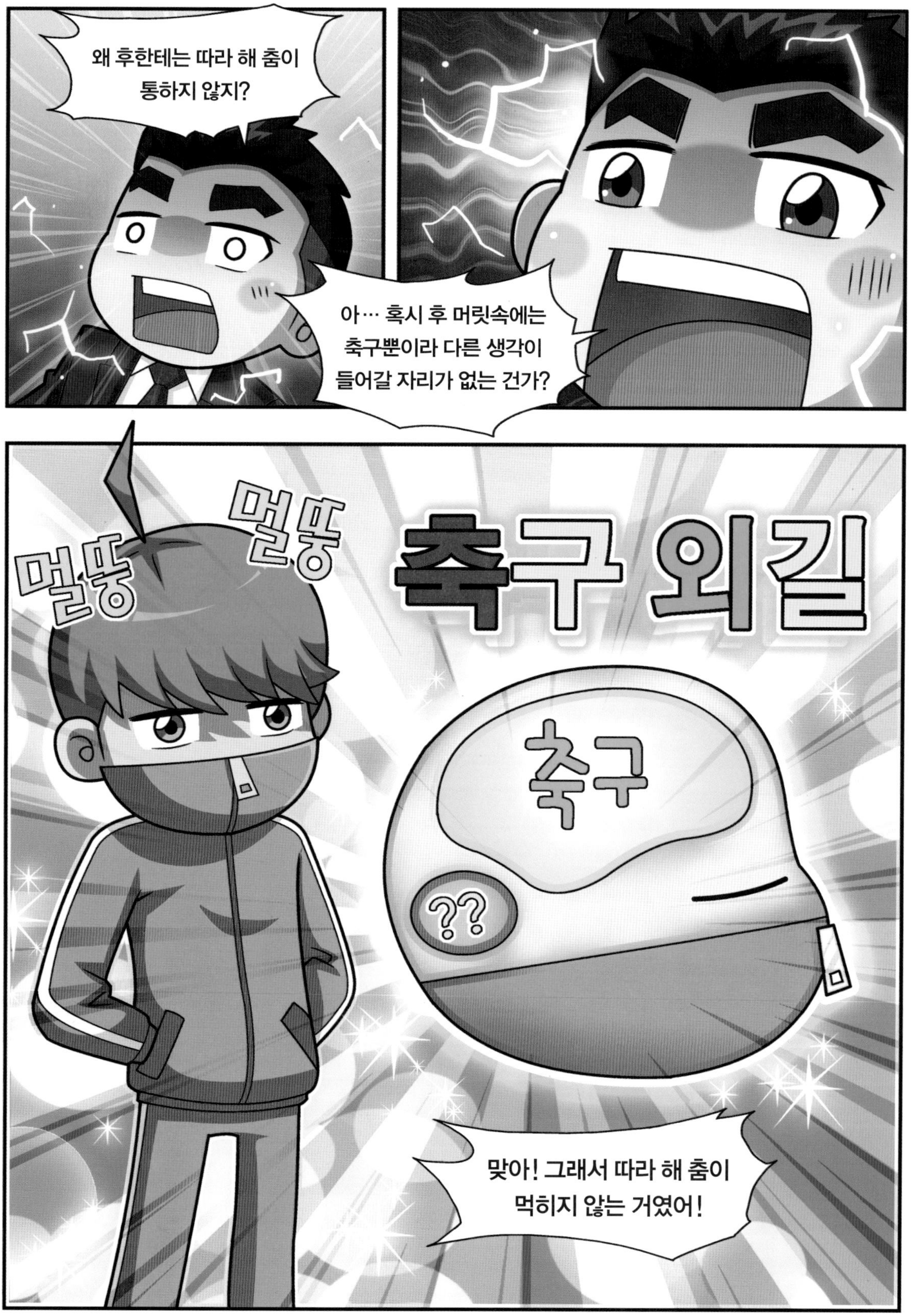
왜 후한테는 따라 해 춤이
통하지 않지?
아… 혹시 후 머릿속에는
축구뿐이라 다른 생각이
들어갈 자리가 없는 건가?
멀뚱
멀뚱
축구 외길
축구
??
맞아! 그래서 따라 해 춤이
먹히지 않는 거였어!

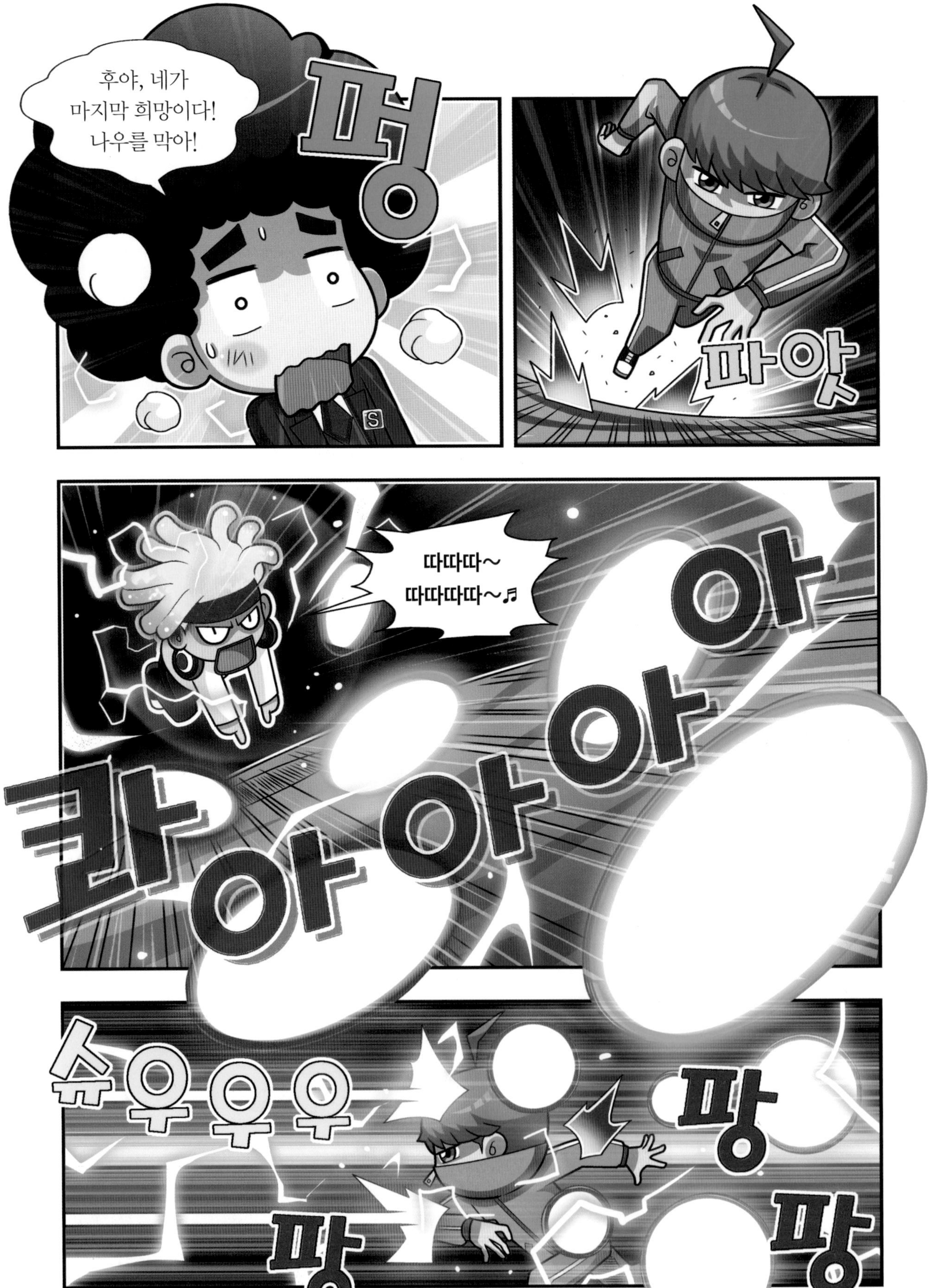

후야, 네가
마지막 희망이다!
나우를 막아!
펑
파앗
따따따~
따따따따~♬
콰아아아아
슈우우우
팡
팡
팡

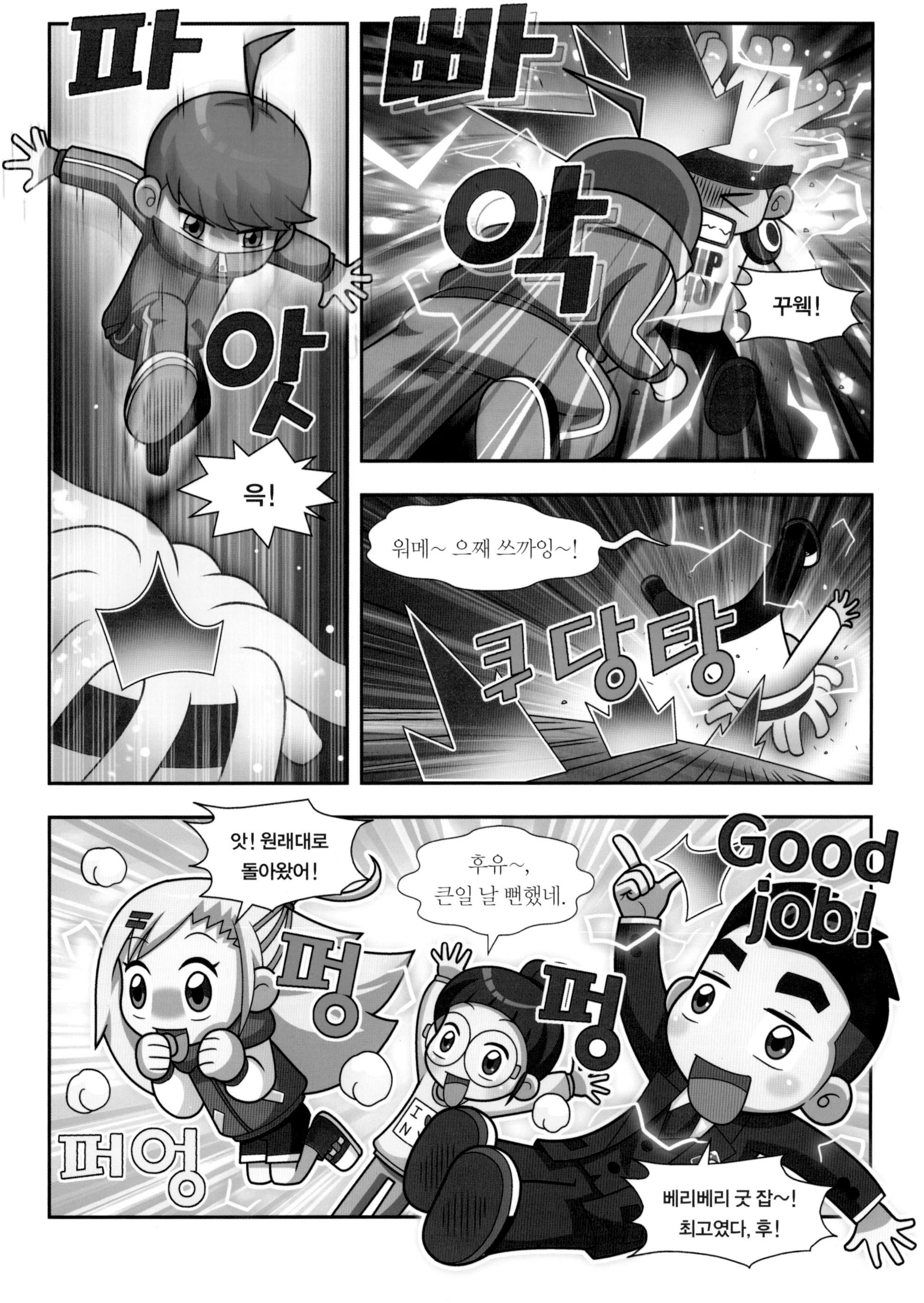
파
앗
윽!
빠
악
꾸웩!
워메~ 으째 쓰까잉~!
쿠당탕
앗! 원래대로 돌아왔어!
후유~, 큰일 날 뻔했네.
Good job!
펑
펑
퍼엉
베리베리 굿 잡~! 최고였다, 후!

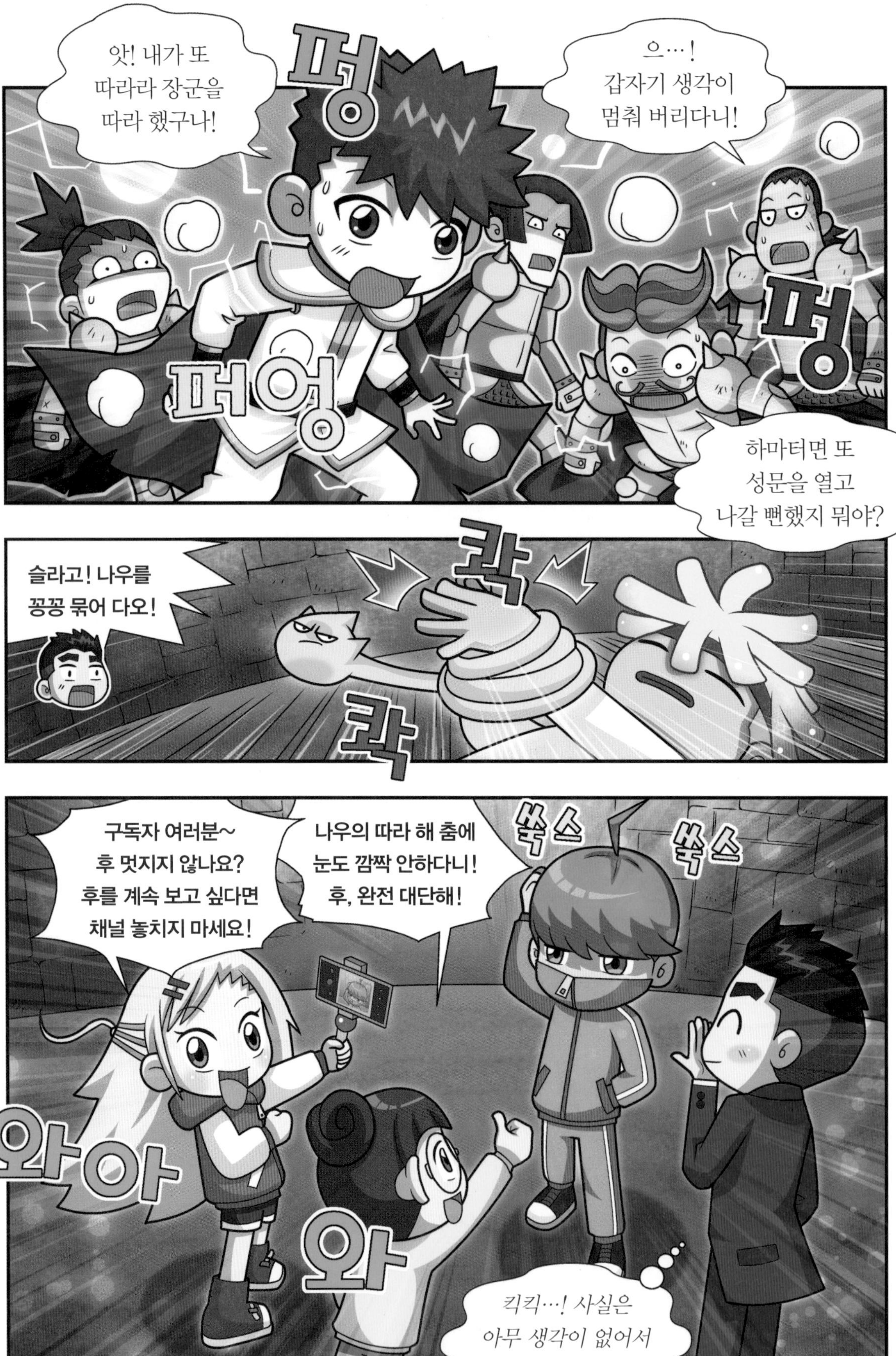
앗! 내가 또 따라라 장군을 따라 했구나!
펑
으…! 갑자기 생각이 멈춰 버리다니!
퍼엉
펑
하마터면 또 성문을 열고 나갈 뻔했지 뭐야?
슬라고! 나우를 꽁꽁 묶어 다오!
콱
콱
구독자 여러분~ 후 멋지지 않나요? 후를 계속 보고 싶다면 채널 놓치지 마세요!
나우의 따라 해 춤에 눈도 깜짝 안하다니! 후, 완전 대단해!
쓱스
쓱스
와아
와
킥킥…! 사실은 아무 생각이 없어서 그런 건데!

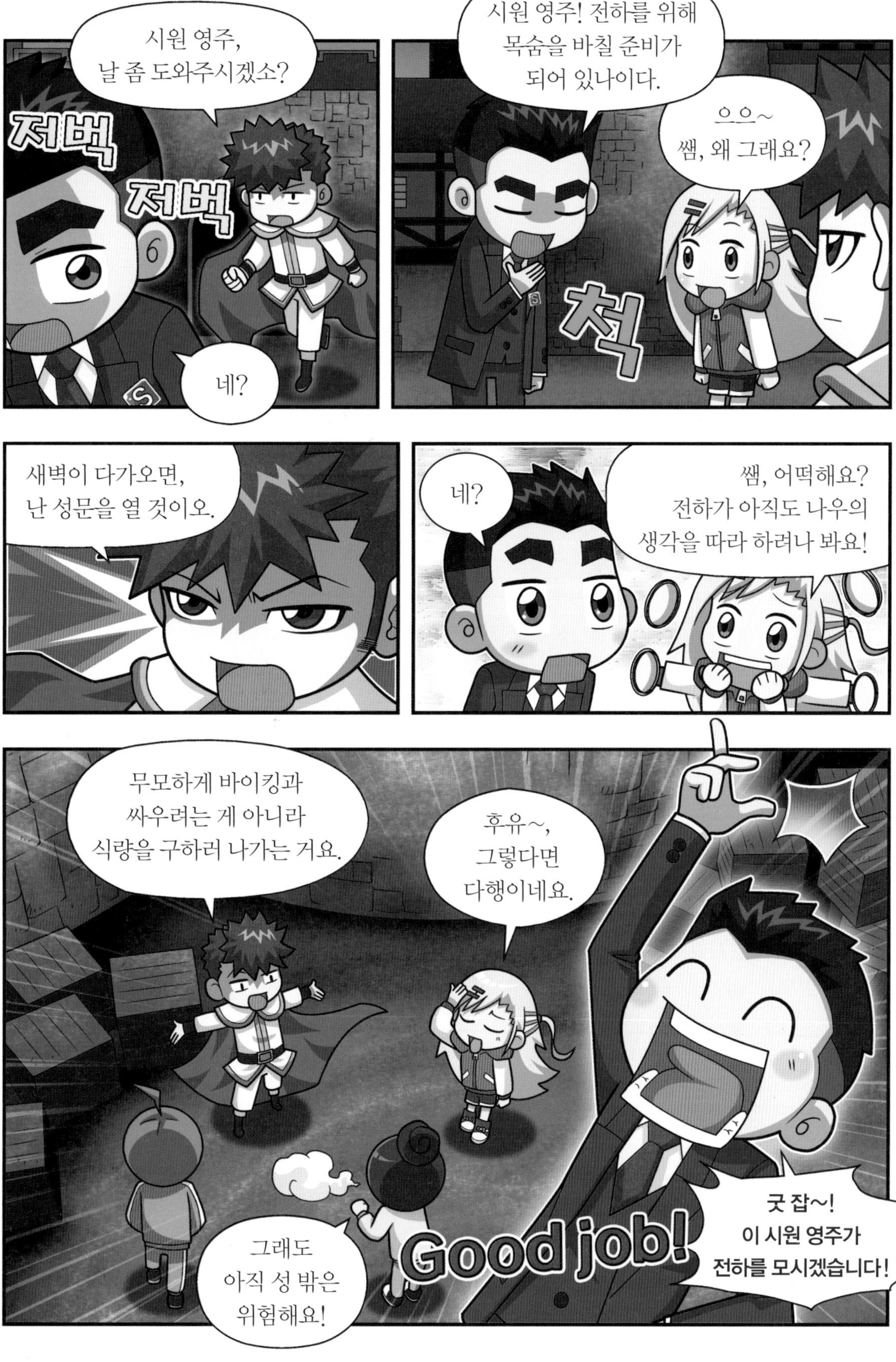

시원 영주,
날 좀 도와주시겠소?
저벅
저벅
네?
시원 영주! 전하를 위해 목숨을 바칠 준비가 되어 있나이다.
척
으으~
쌤, 왜 그래요?
새벽이 다가오면,
난 성문을 열 것이오.
네?
쌤, 어떡해요?
전하가 아직도 나우의 생각을 따라 하려나 봐요!
무모하게 바이킹과 싸우려는 게 아니라 식량을 구하러 나가는 거요.
후유~,
그렇다면 다행이네요.
그래도 아직 성 밖은 위험해요!
Good job!
굿 잡~!
이 시원 영주가 전하를 모시겠습니다!

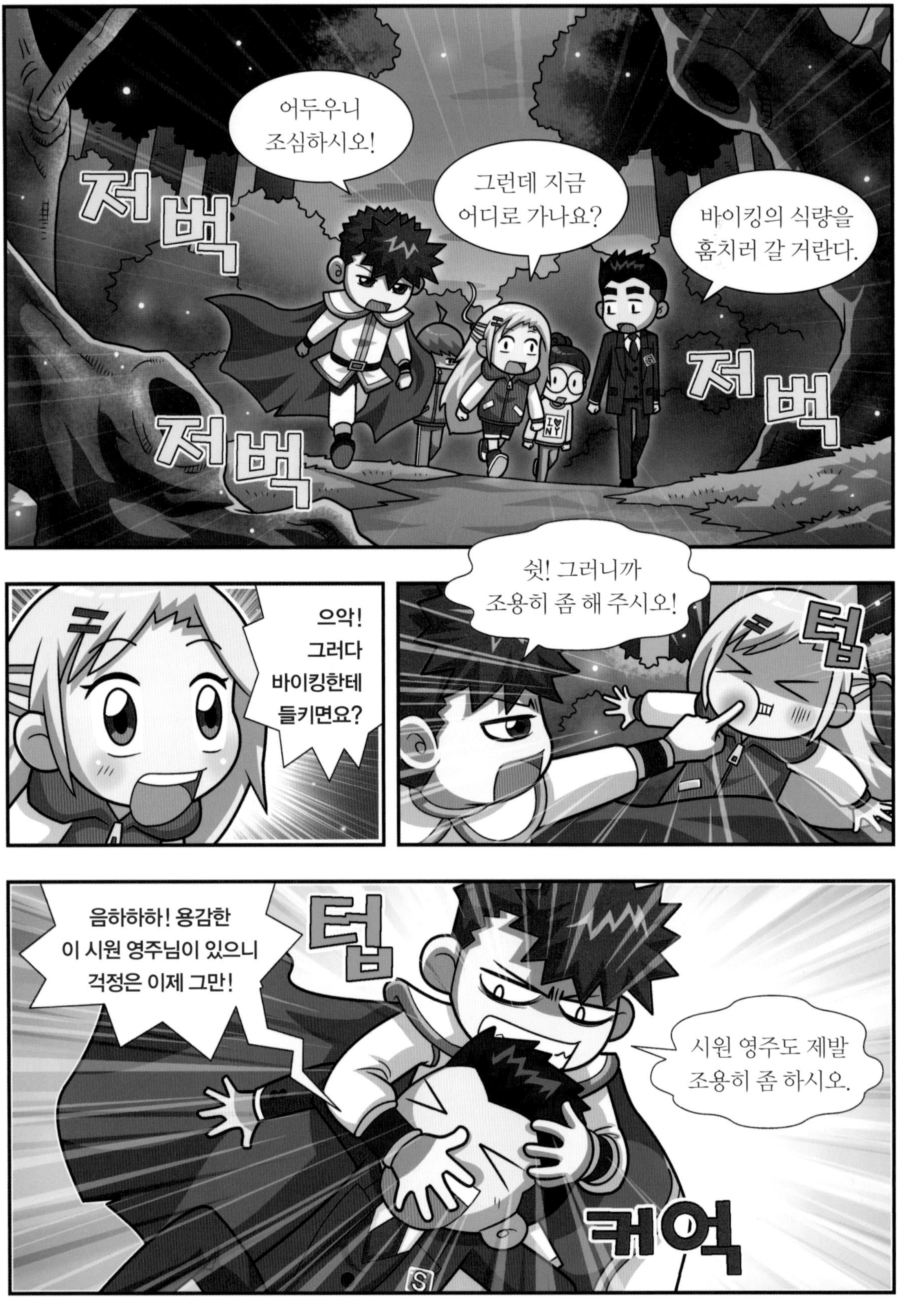

어두우니 조심하시오!
저벅
그런데 지금 어디로 가나요?
바이킹의 식량을 훔치러 갈 거란다.
저벅
저벅
저벅
으악! 그러다 바이킹한테 들키면요?
쉿! 그러니까 조용히 좀 해 주시오!
텁
음하하하! 용감한 이 시원 영주님이 있으니 걱정은 이제 그만!
텁
시원 영주도 제발 조용히 좀 하시오.
커억

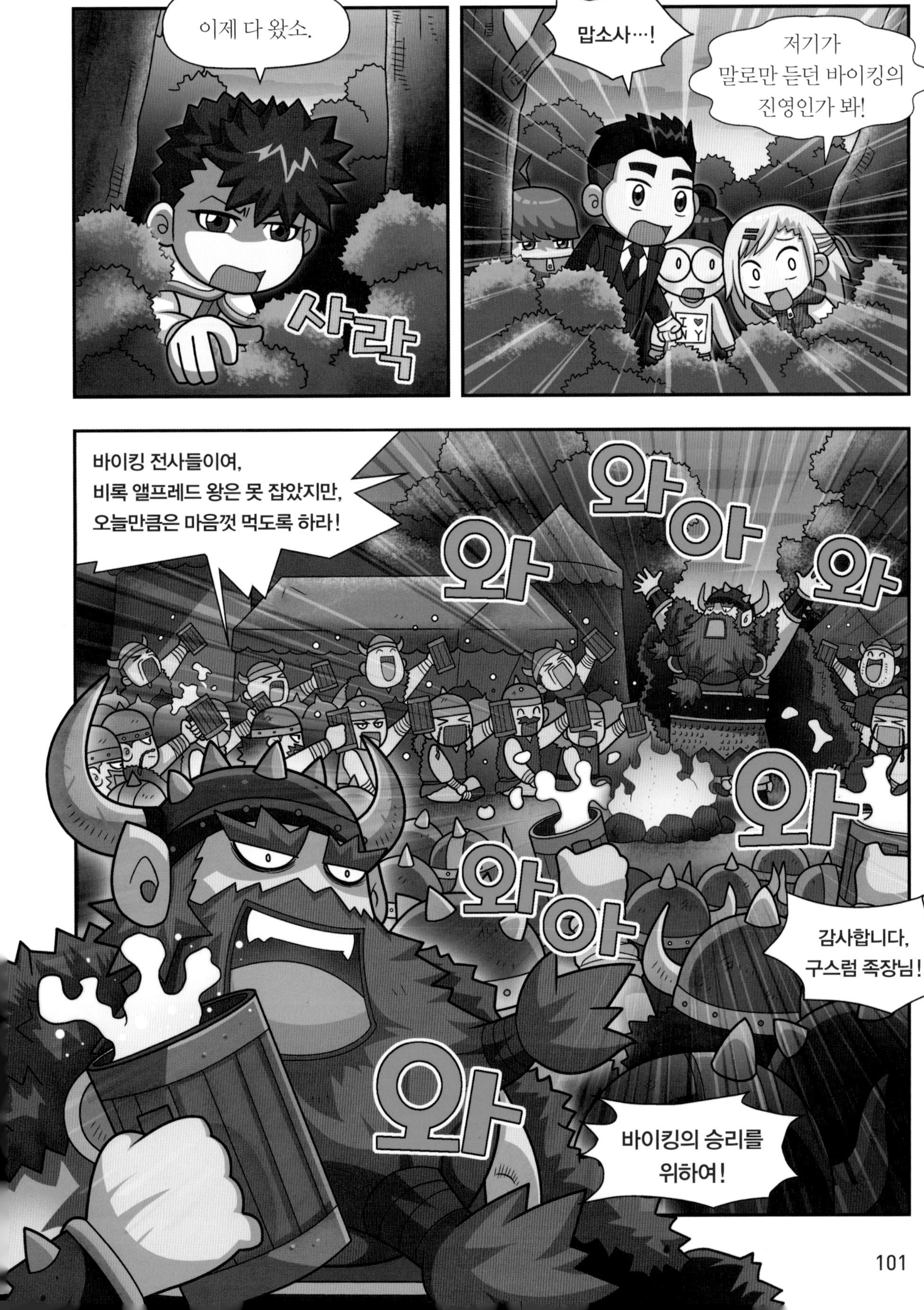
이제 다 왔소.
사락
맙소사…!
저기가 말로만 듣던 바이킹의 진영인가 봐!
I ♥ NY
바이킹 전사들이여, 비록 앨프레드 왕은 못 잡았지만, 오늘만큼은 마음껏 먹도록 하라!
와 와아 와
와
와아
감사합니다, 구스럼 족장님!
와
바이킹의 승리를 위하여!

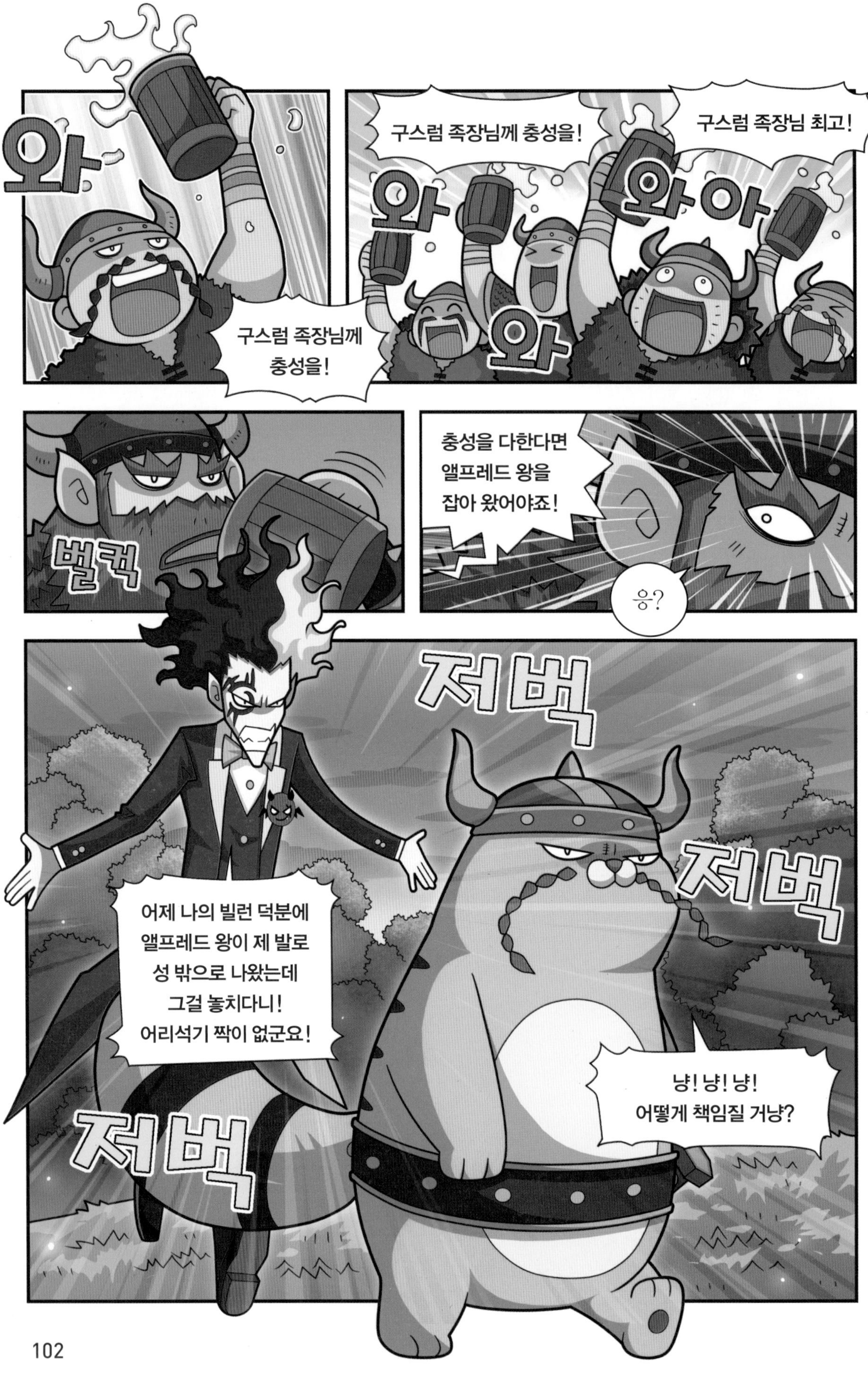
와
구스럼 족장님께 충성을!
와 와아
구스럼 족장님 최고!
구스럼 족장님께 충성을!
와
벌컥
충성을 다한다면 앨프레드 왕을 잡아 왔어야죠!
응?
저벅
저벅
어제 나의 빌런 덕분에 앨프레드 왕이 제 발로 성 밖으로 나왔는데 그걸 놓치다니! 어리석기 짝이 없군요!
냥! 냥! 냥! 어떻게 책임질 거냥?
저벅

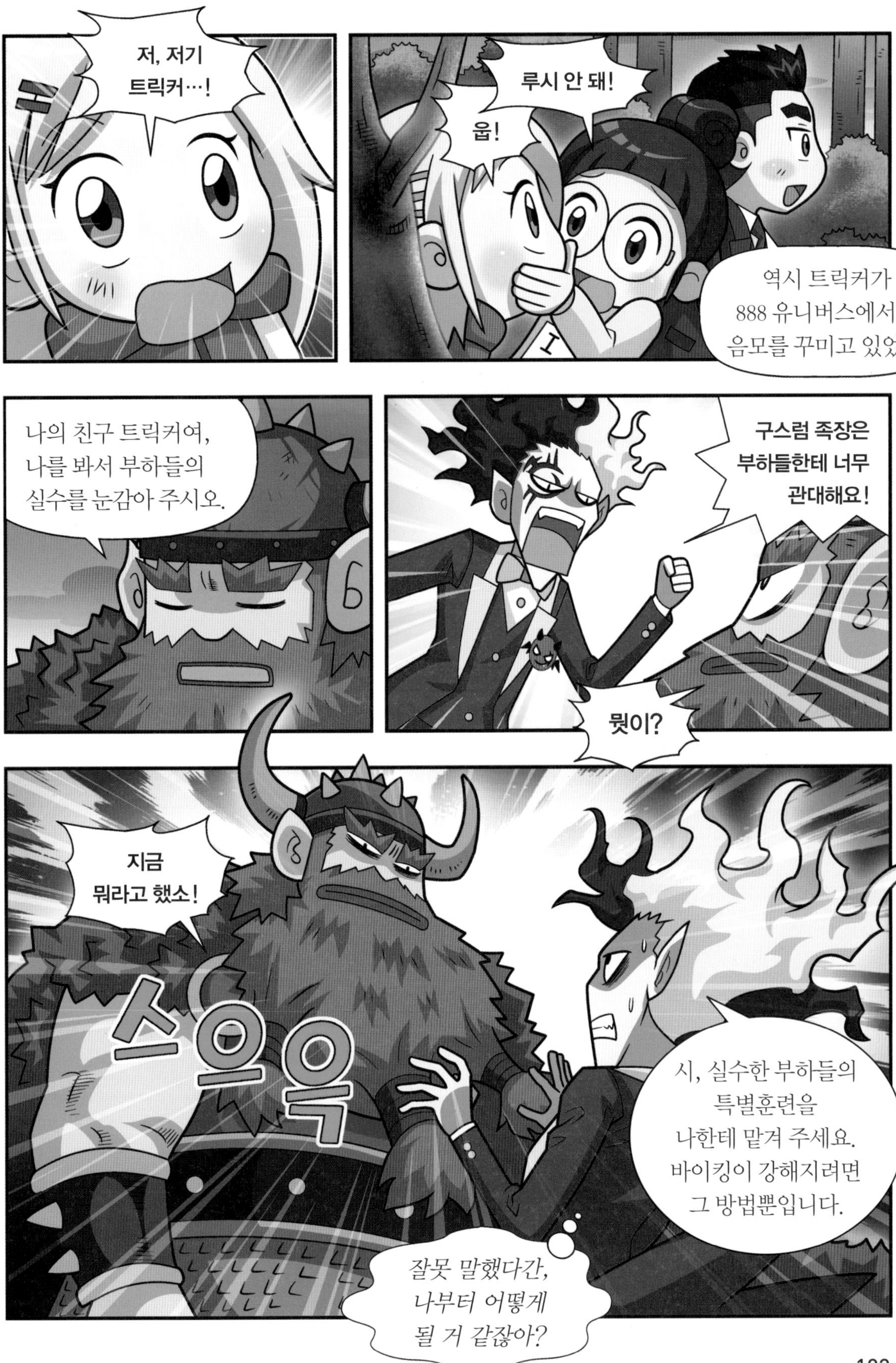

저, 저기
트릭커…!
루시 안 돼!
읍!
역시 트릭커가
888 유니버스에서도
음모를 꾸미고 있었군.
나의 친구 트릭커여,
나를 봐서 부하들의
실수를 눈감아 주시오.
구스럼 족장은
부하들한테 너무
관대해요!
뭣이?
지금
뭐라고 했소!
스으윽
시, 실수한 부하들의
특별훈련을
나한테 맡겨 주세요.
바이킹이 강해지려면
그 방법뿐입니다.
잘못 말했다간,
나부터 어떻게
될 거 같잖아?

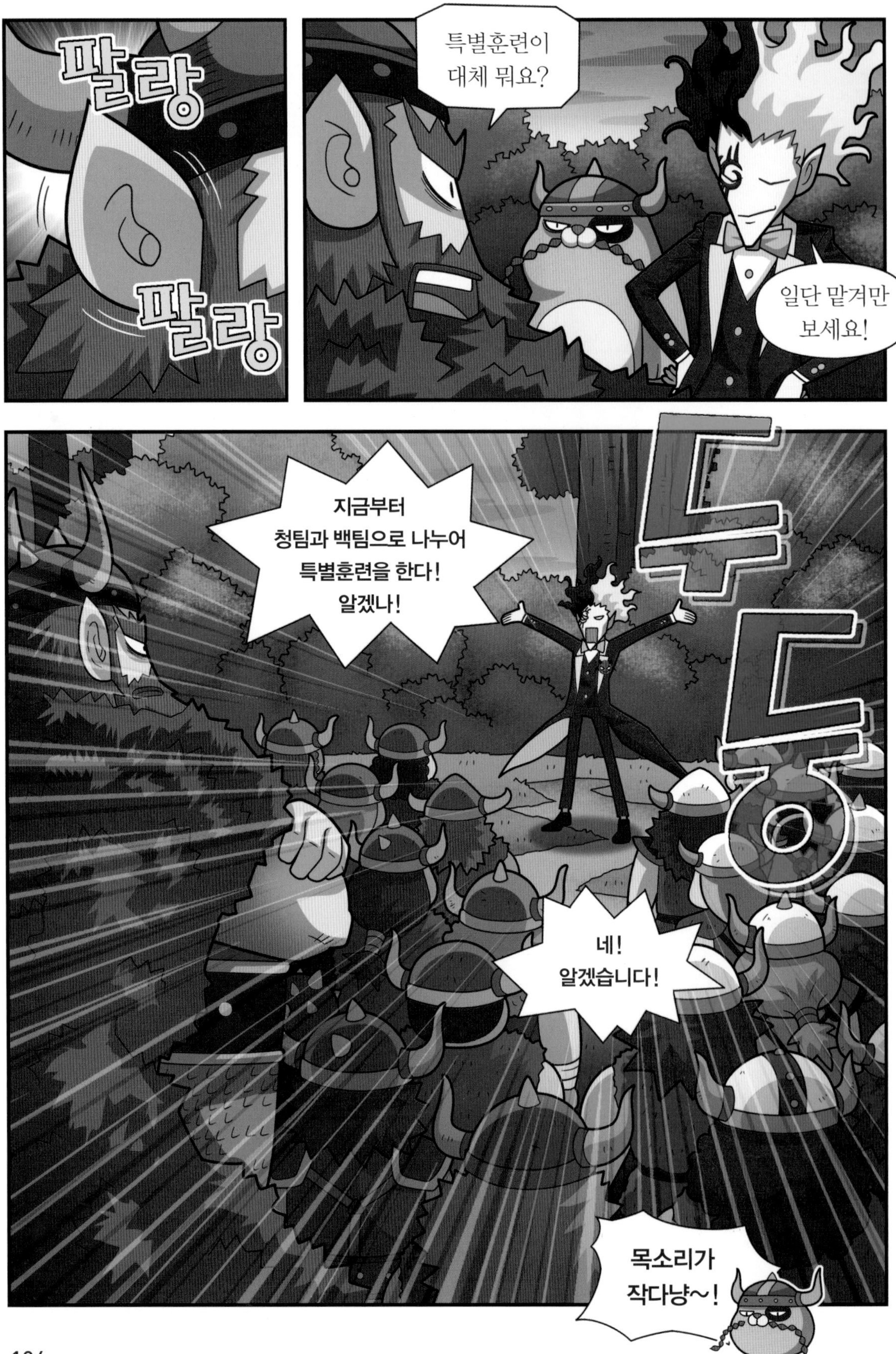

팔랑
팔랑
특별훈련이
대체 뭐요?
일단 맡겨만
보세요!
지금부터
청팀과 백팀으로 나누어
특별훈련을 한다!
알겠나!
두
둥
네!
알겠습니다!
목소리가
작다냥~!

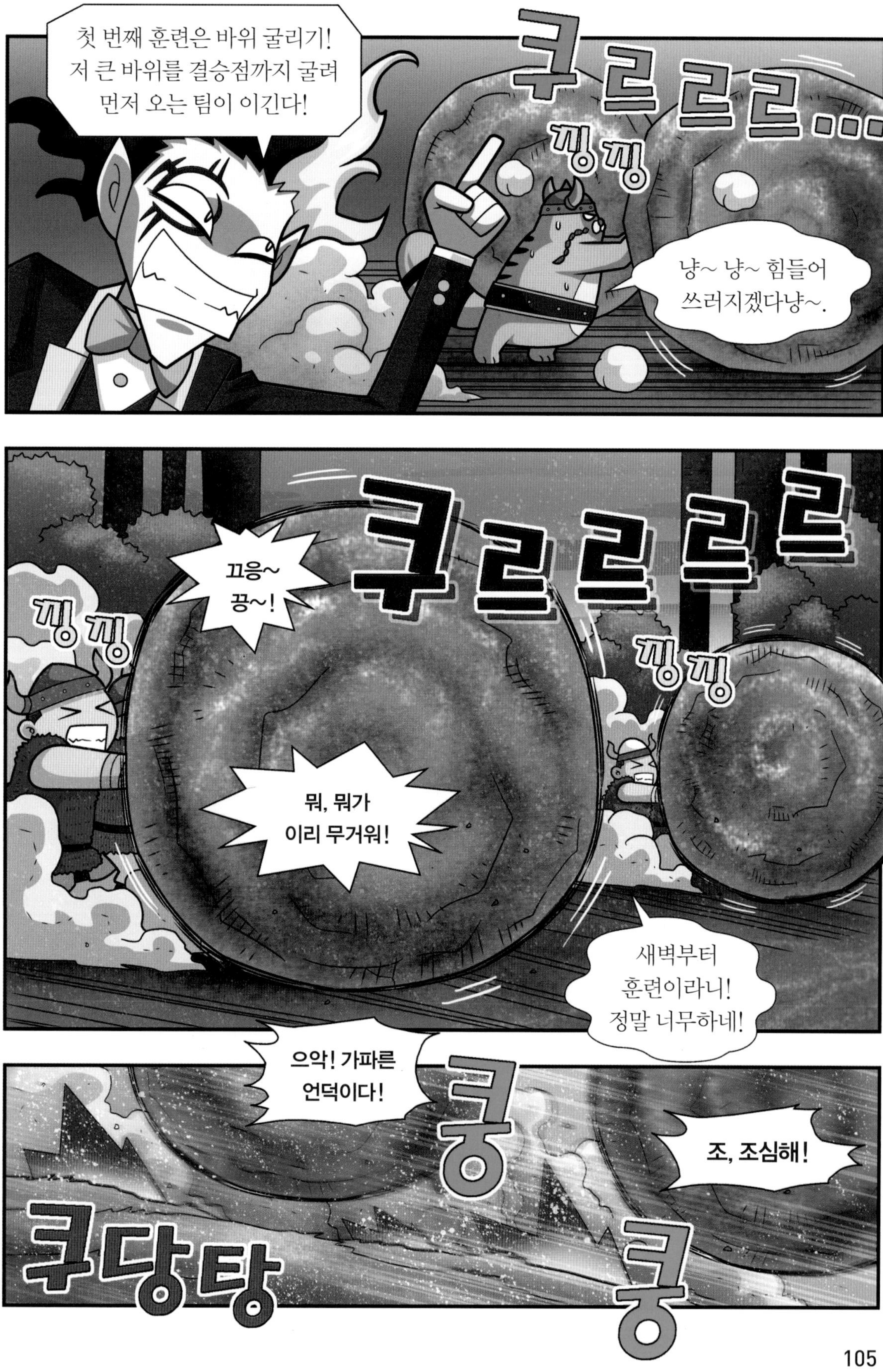
첫 번째 훈련은 바위 굴리기! 저 큰 바위를 결승점까지 굴려 먼저 오는 팀이 이긴다!
쿠르르르...
낑낑
냥~ 냥~ 힘들어 쓰러지겠다냥~.
쿠르르르르
끄응~ 끙~!
낑낑
낑낑
뭐, 뭐가 이리 무거워!
새벽부터 훈련이라니! 정말 너무하네!
으악! 가파른 언덕이다!
쿵
조, 조심해!
쿠당탕
쿵

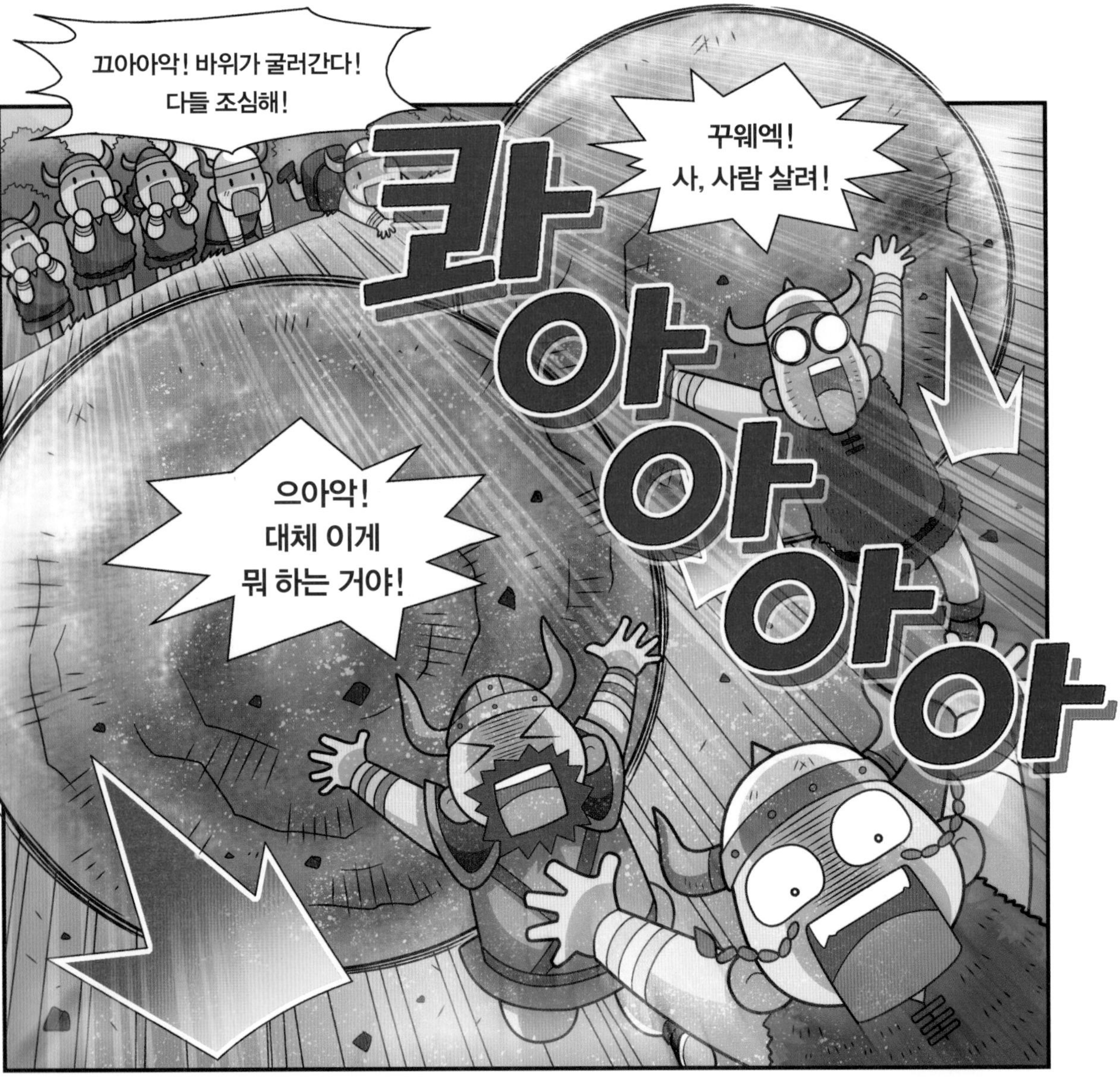
끄아아악! 바위가 굴러간다! 다들 조심해!
꾸웨엑! 사, 사람 살려!
콰아아아아아
으아악! 대체 이게 뭐 하는 거야!

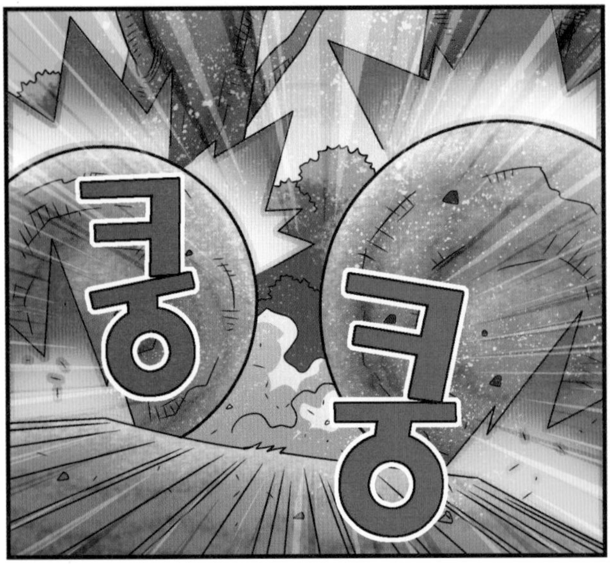
쿵쿵

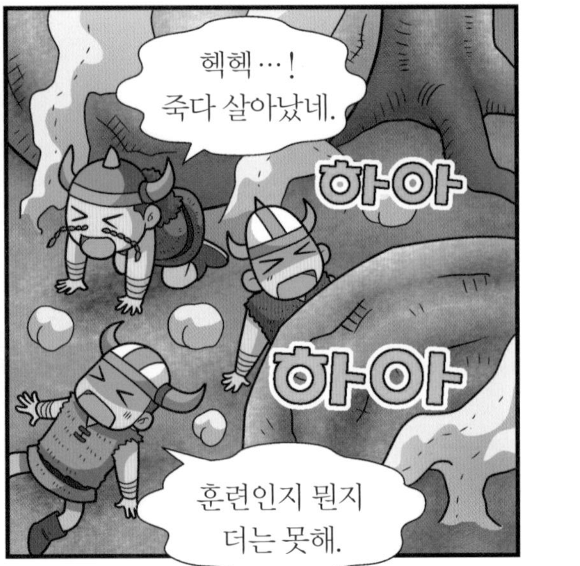
헥헥…! 죽다 살아났네.
하아
하아
훈련인지 뭔지 더는 못해.

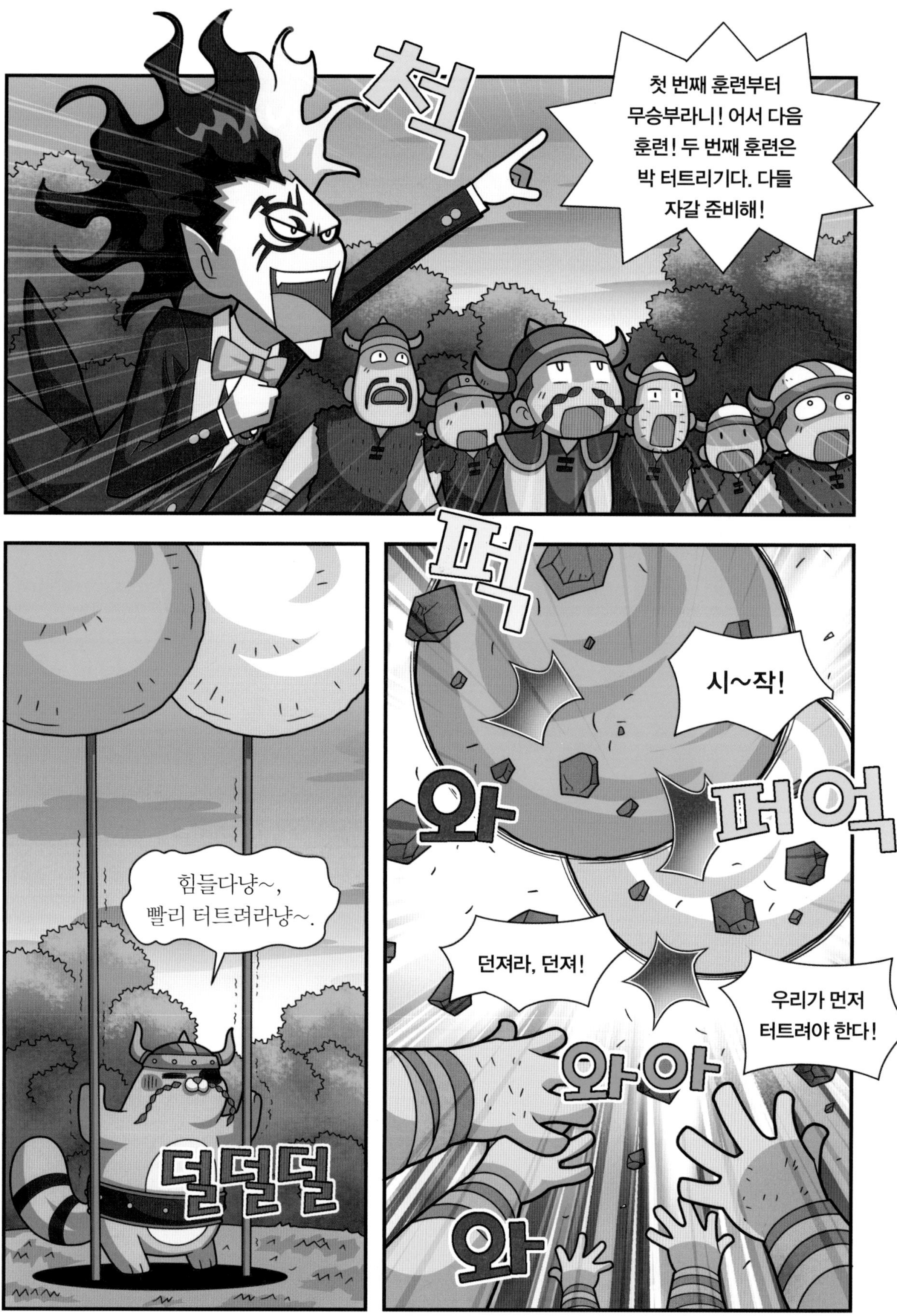

척
첫 번째 훈련부터 무승부라니! 어서 다음 훈련! 두 번째 훈련은 박 터트리기다. 다들 자갈 준비해!
힘들다냥~, 빨리 터트려라냥~.
덜덜덜
퍽
시~작!
와
퍼억
던져라, 던져!
우리가 먼저 터트려야 한다!
와아
와

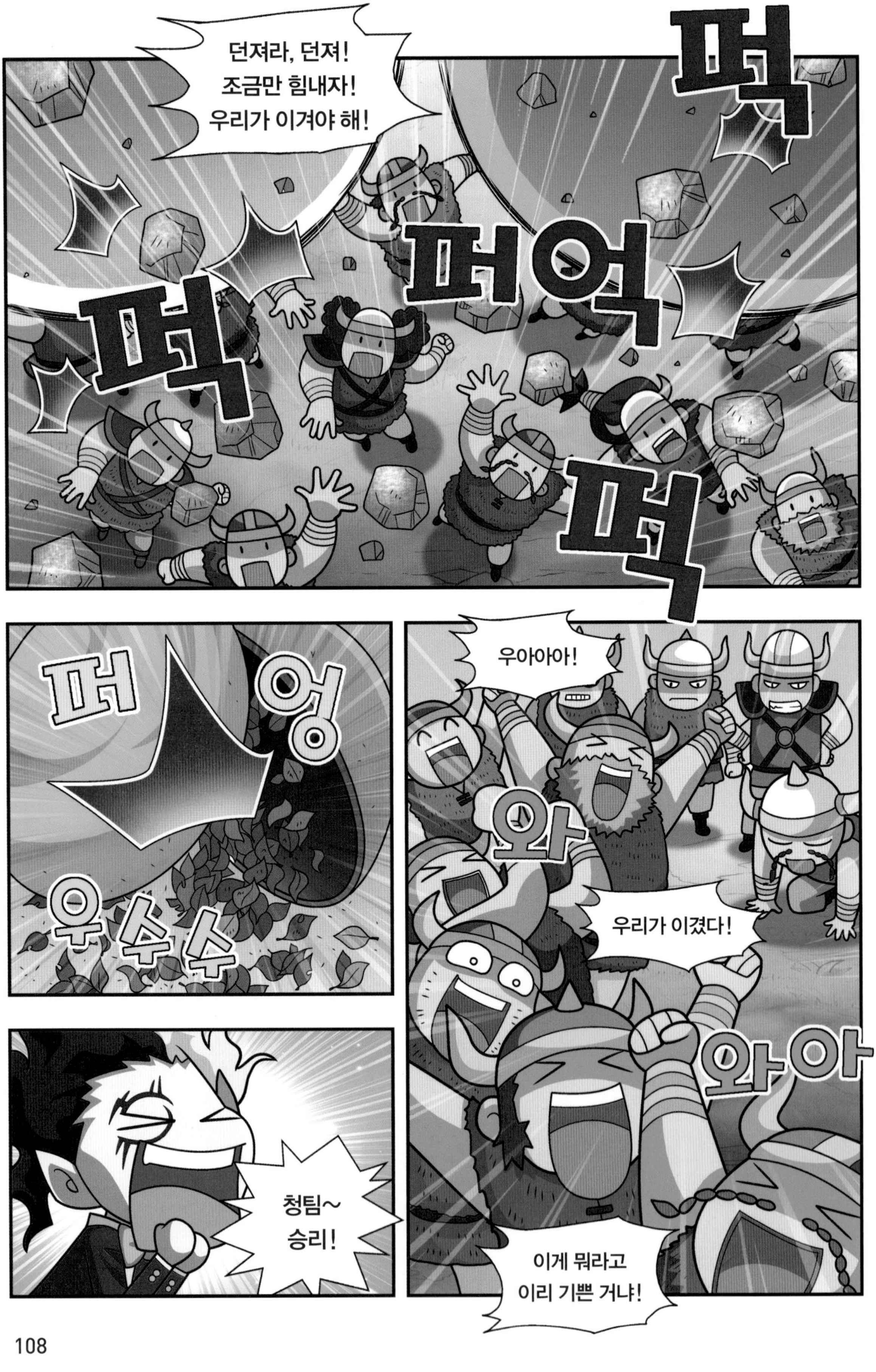

던져라, 던져!
조금만 힘내자!
우리가 이겨야 해!
퍽
퍼억
퍽
퍽
퍼엉
우수수
청팀~
승리!
우아아아!
와
우리가 이겼다!
와아
이게 뭐라고
이리 기쁜 거냐!

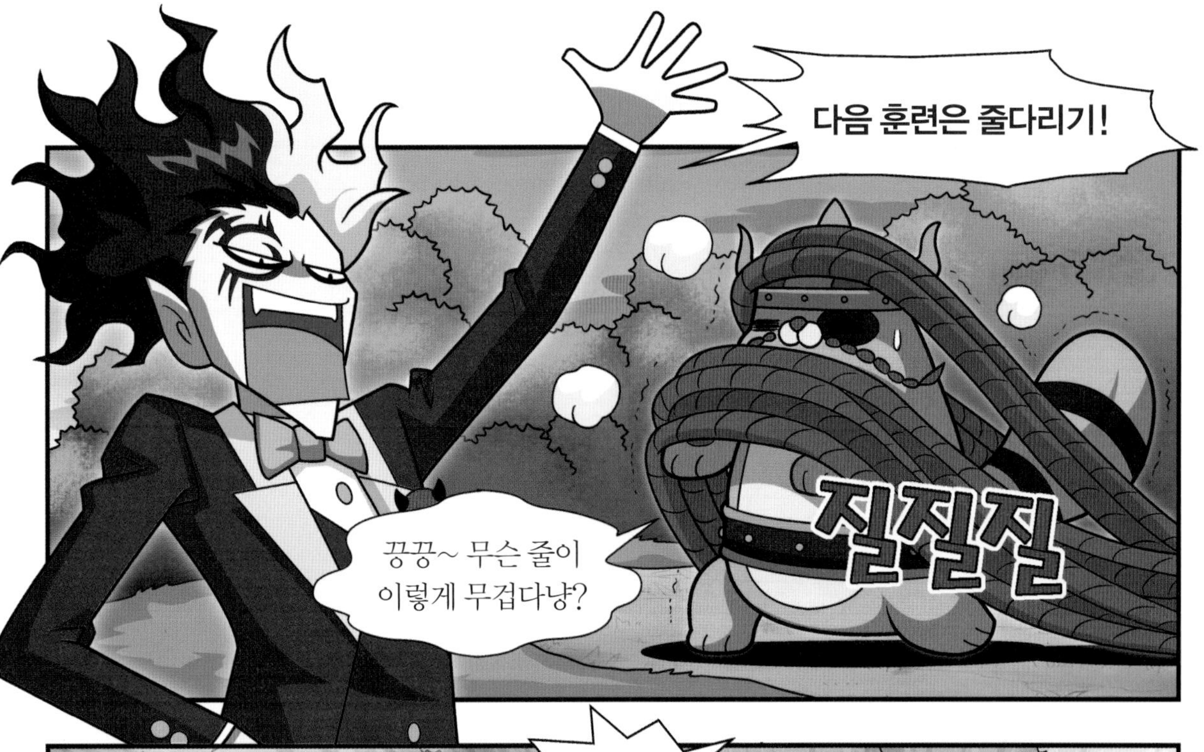
다음 훈련은 줄다리기!
끙끙~ 무슨 줄이
이렇게 무겁다냥?
질질질

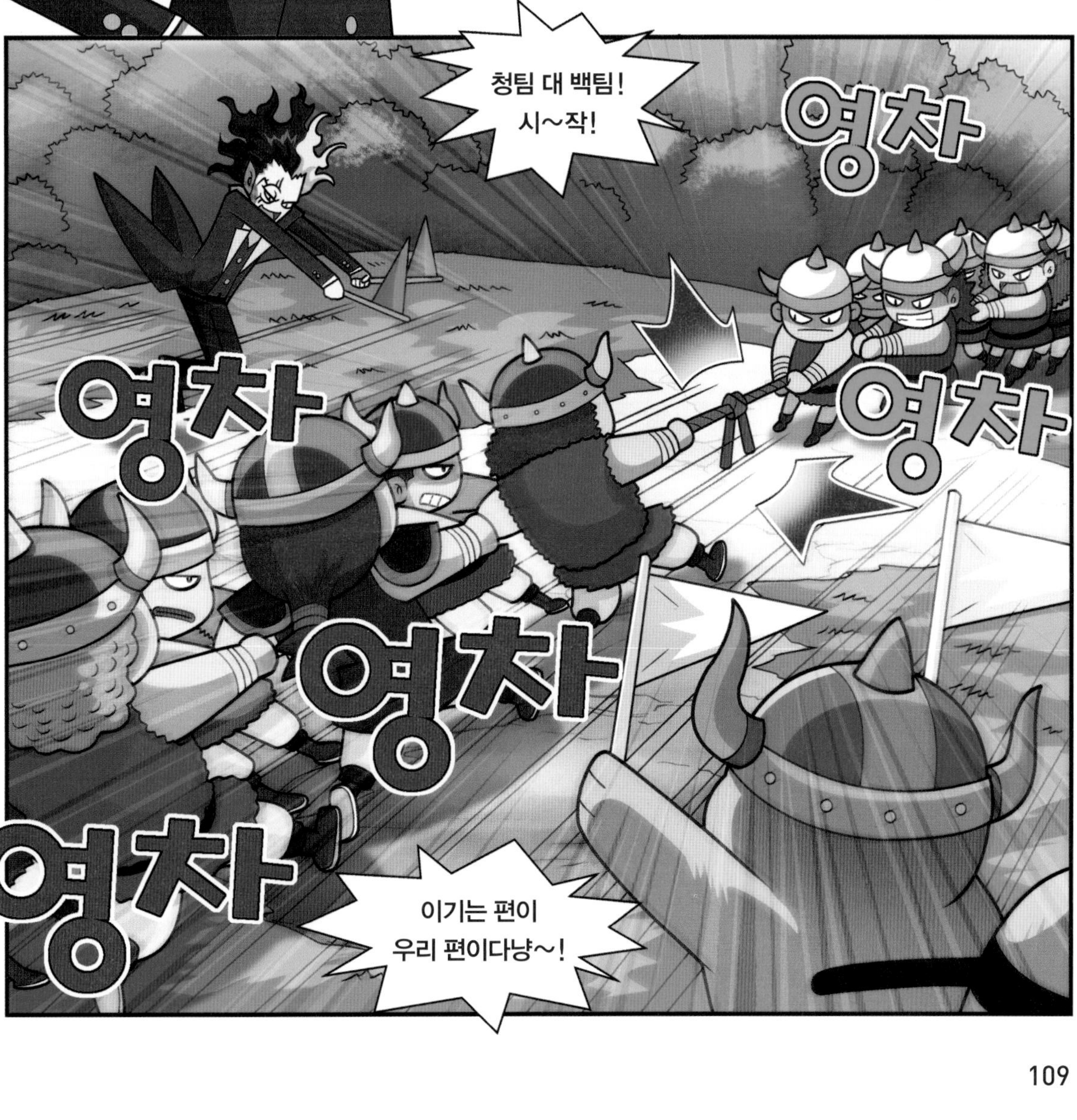
청팀 대 백팀!
시~작!
영차
영차
영차
영차
영차
이기는 편이
우리 편이다냥~!

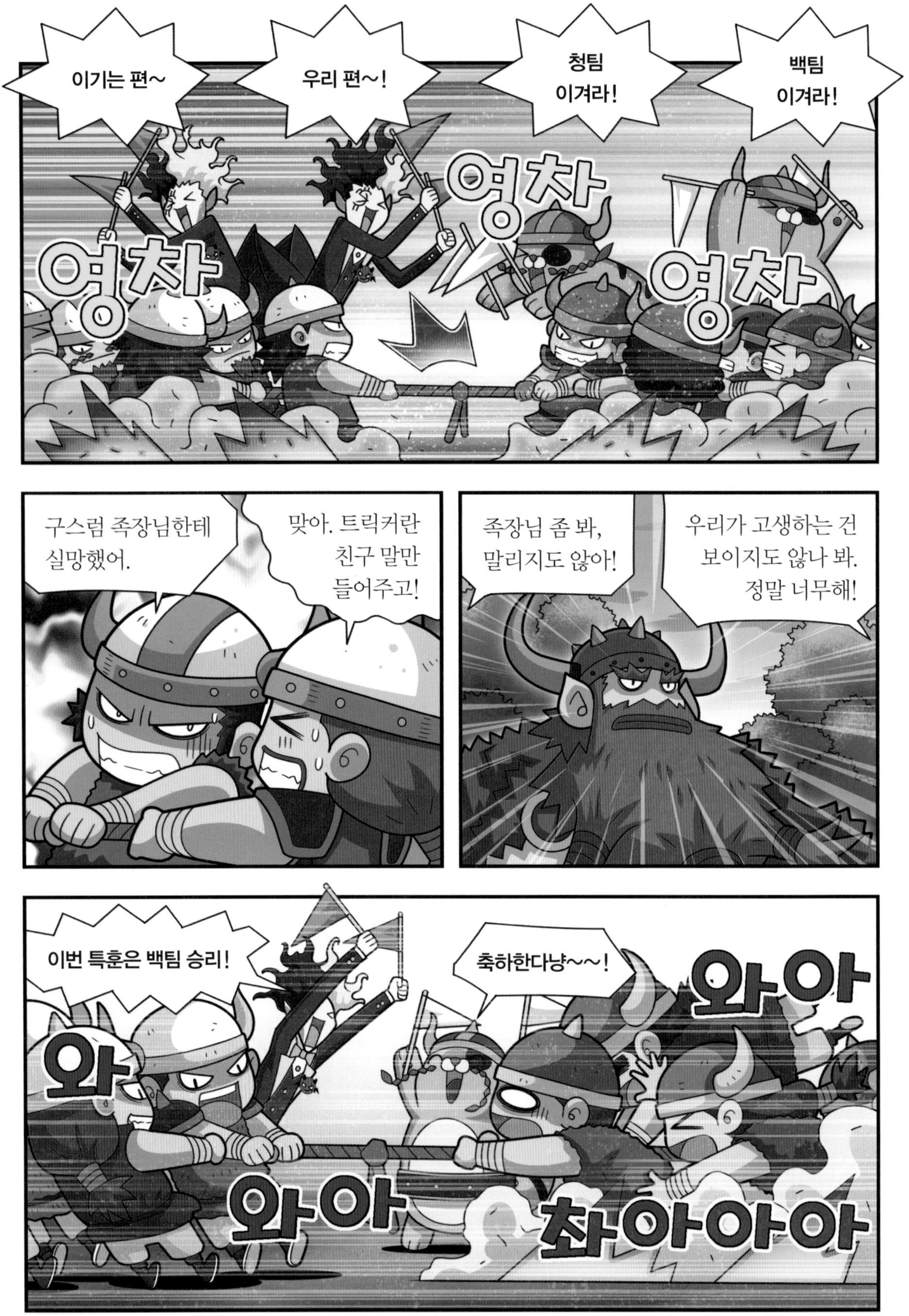

이기는 편~
우리 편~!
청팀 이겨라!
백팀 이겨라!
영차
영차
영차
구스럼 족장님한테 실망했어.
맞아. 트릭커란 친구 말만 들어주고!
족장님 좀 봐, 말리지도 않아!
우리가 고생하는 건 보이지도 않나 봐. 정말 너무해!
이번 특훈은 백팀 승리!
축하한다냥~~!
와아
와
와아
좌아아아

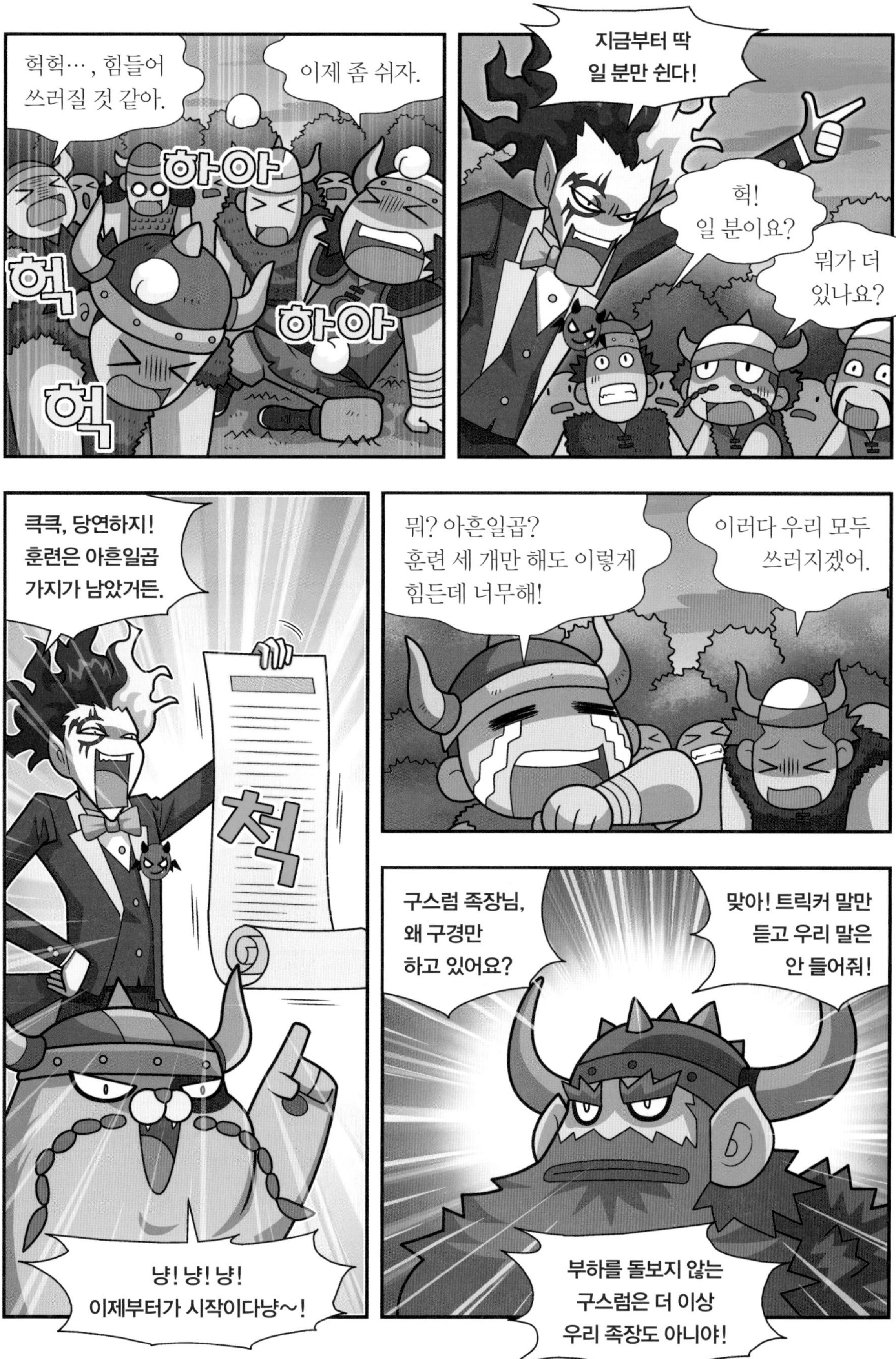
헉헉…, 힘들어 쓰러질 것 같아.
이제 좀 쉬자.
하아
헉
하아
헉
지금부터 딱 일 분만 쉰다!
헉! 일 분이요?
뭐가 더 있나요?
크크, 당연하지! 훈련은 아흔일곱 가지가 남았거든.
척
냥! 냥! 냥! 이제부터가 시작이다냥~!
뭐? 아흔일곱? 훈련 세 개만 해도 이렇게 힘든데 너무해!
이러다 우리 모두 쓰러지겠어.
구스럼 족장님, 왜 구경만 하고 있어요?
맞아! 트릭커 말만 듣고 우리 말은 안 들어줘!
부하를 돌보지 않는 구스럼은 더 이상 우리 족장도 아니야!

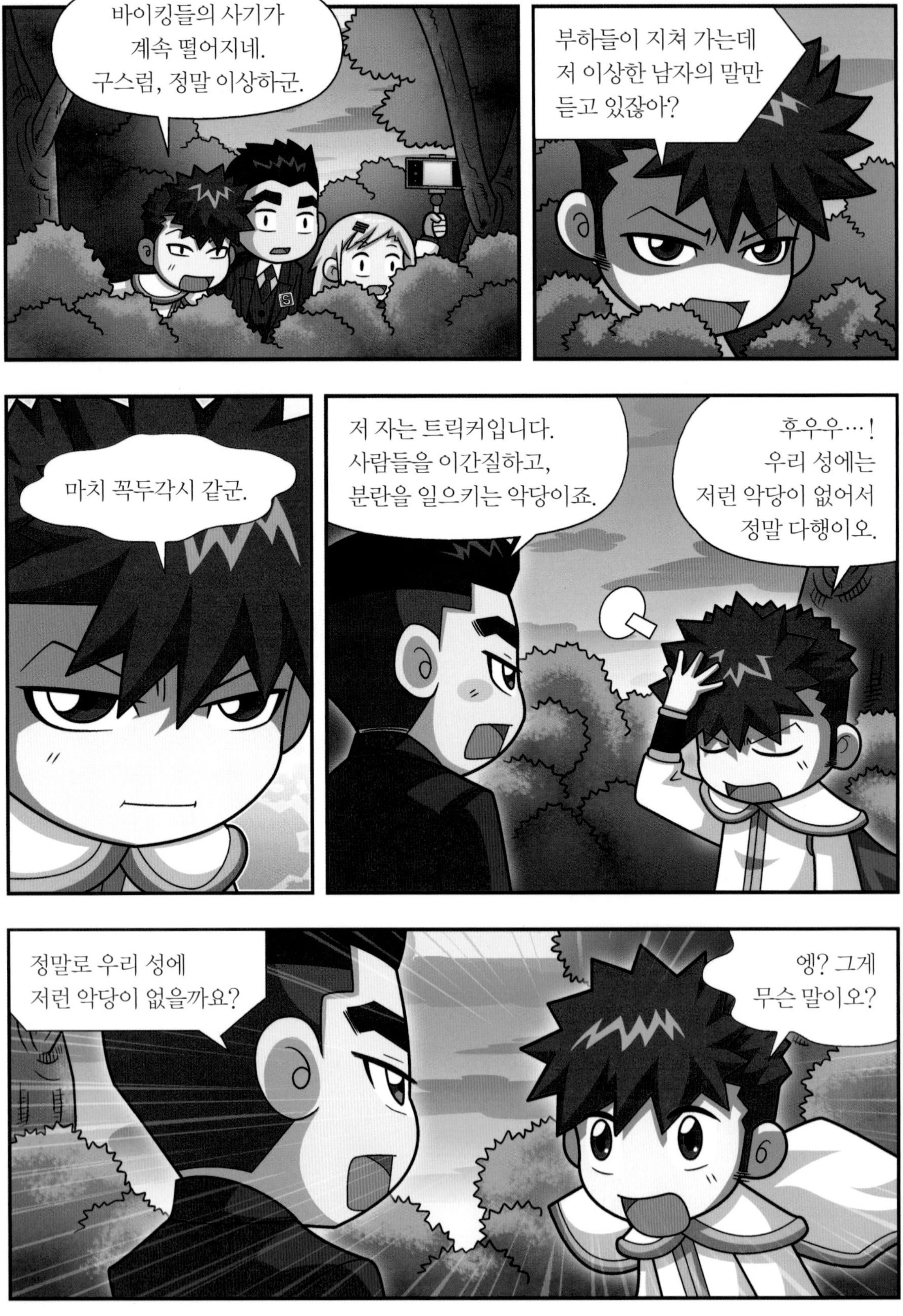

바이킹들의 사기가 계속 떨어지네. 구스럼, 정말 이상하군.
부하들이 지쳐 가는데 저 이상한 남자의 말만 듣고 있잖아?
마치 꼭두각시 같군.
저 자는 트릭커입니다. 사람들을 이간질하고, 분란을 일으키는 악당이죠.
후우우…! 우리 성에는 저런 악당이 없어서 정말 다행이오.
정말로 우리 성에 저런 악당이 없을까요?
엥? 그게 무슨 말이오?

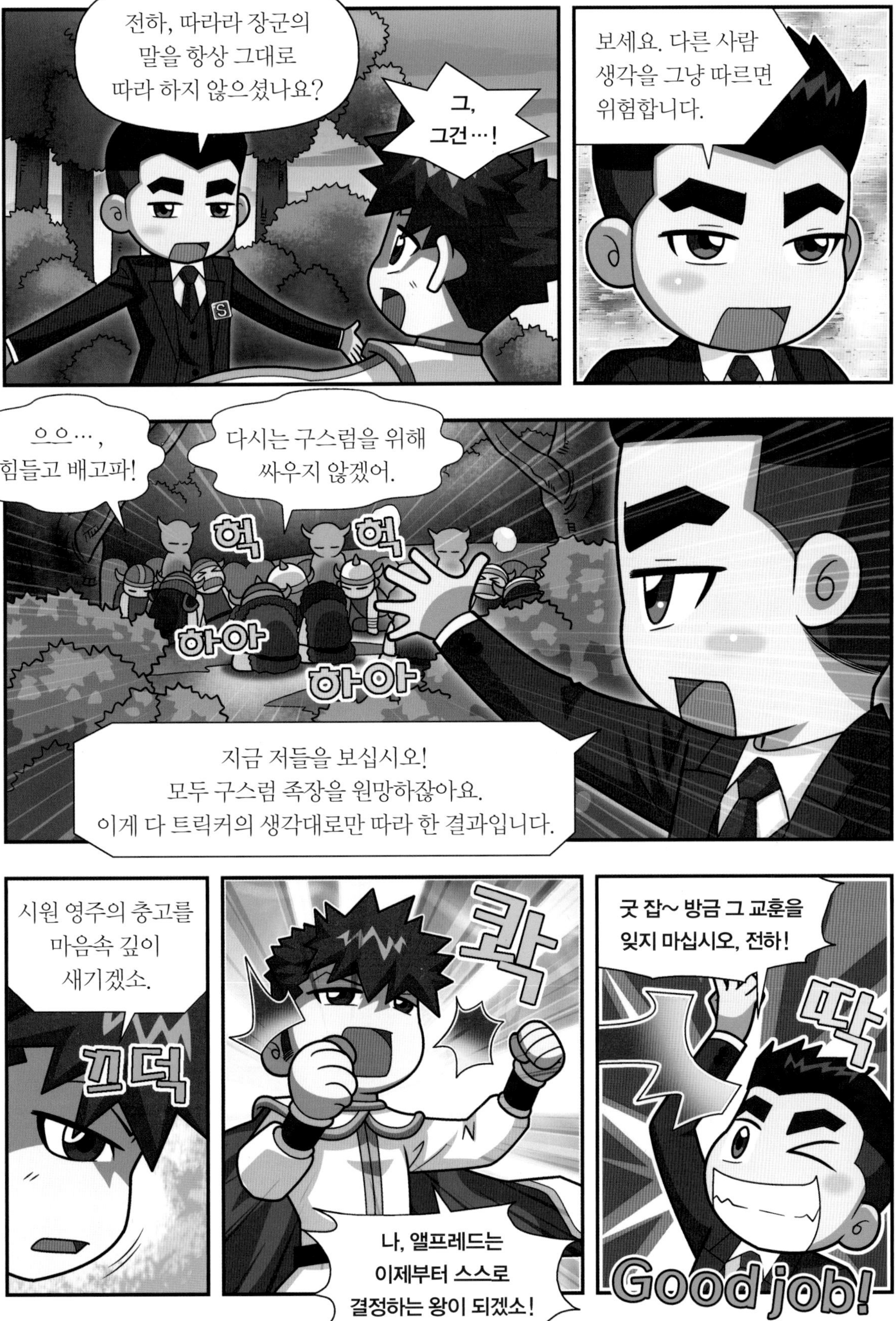

전하, 따라라 장군의 말을 항상 그대로 따라 하지 않으셨나요?
그, 그건…!
보세요. 다른 사람 생각을 그냥 따르면 위험합니다.
으으…, 힘들고 배고파!
다시는 구스럼을 위해 싸우지 않겠어.
헉 헉
하아 하아
지금 저들을 보십시오! 모두 구스럼 족장을 원망하잖아요. 이게 다 트릭커의 생각대로만 따라 한 결과입니다.
시원 영주의 충고를 마음속 깊이 새기겠소.
끄덕
콱
나, 앨프레드는 이제부터 스스로 결정하는 왕이 되겠소!
굿 잡~ 방금 그 교훈을 잊지 마십시오, 전하!
딱
Good job!

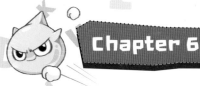

Chapter 6

진정한 왕의 탄생

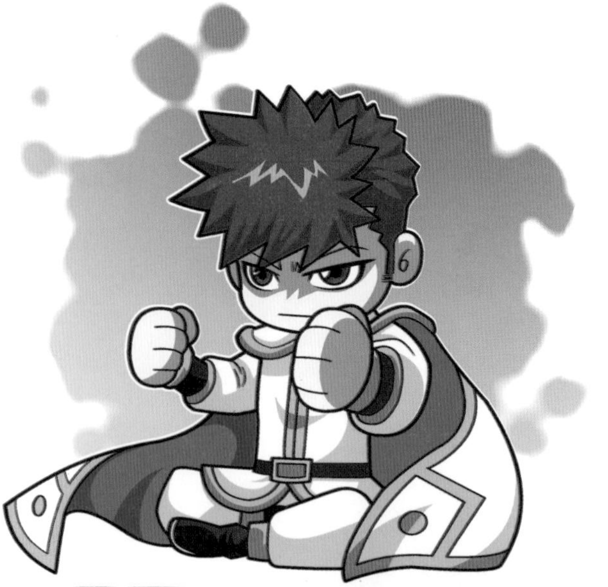

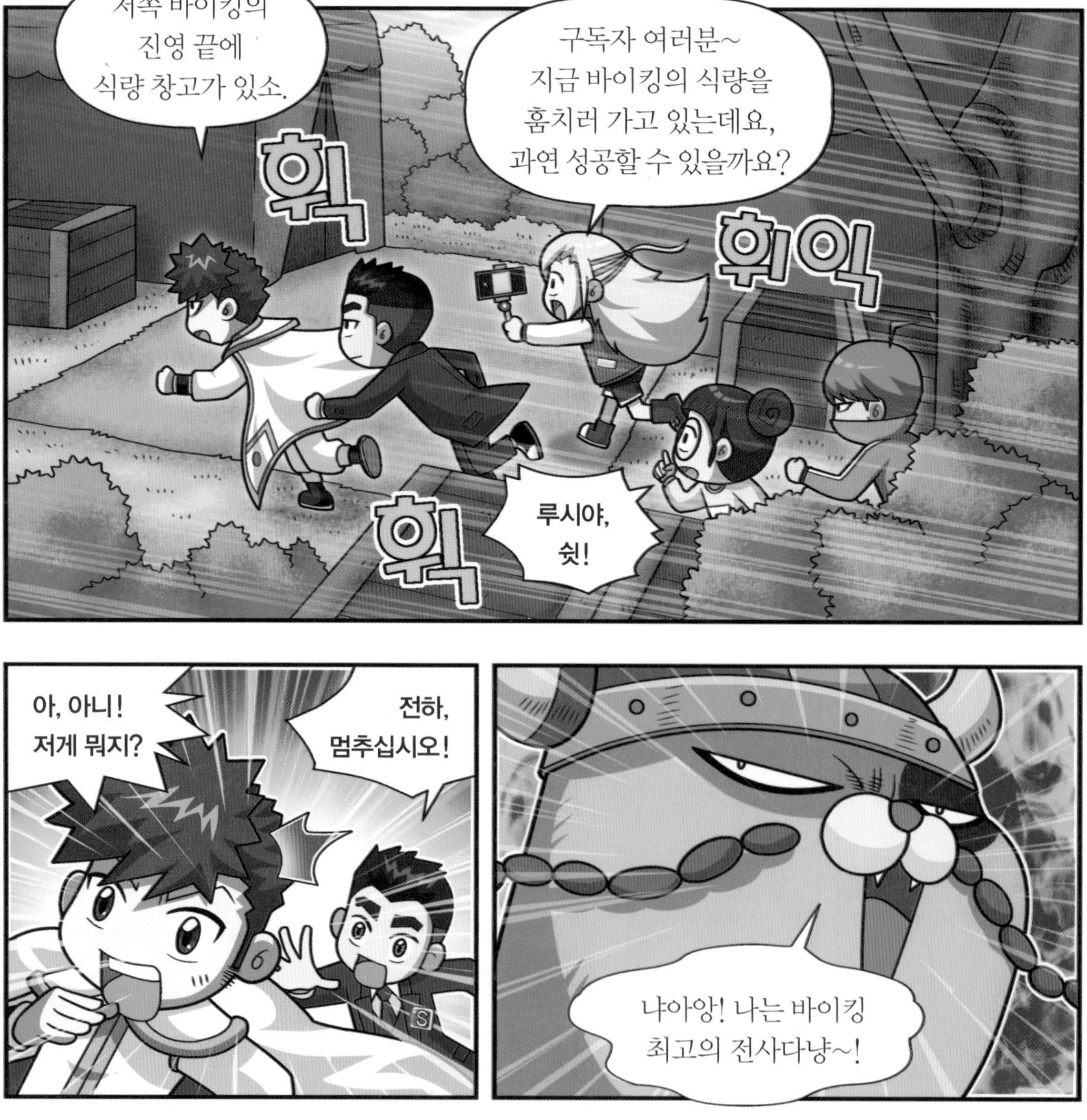
저쪽 바이킹의 진영 끝에 식량 창고가 있소.
훅
구독자 여러분~ 지금 바이킹의 식량을 훔치러 가고 있는데요, 과연 성공할 수 있을까요?
휘익
훅
루시아, 쉿!
아, 아니! 저게 뭐지?
전하, 멈추십시오!
냐아앙! 나는 바이킹 최고의 전사다냥~!

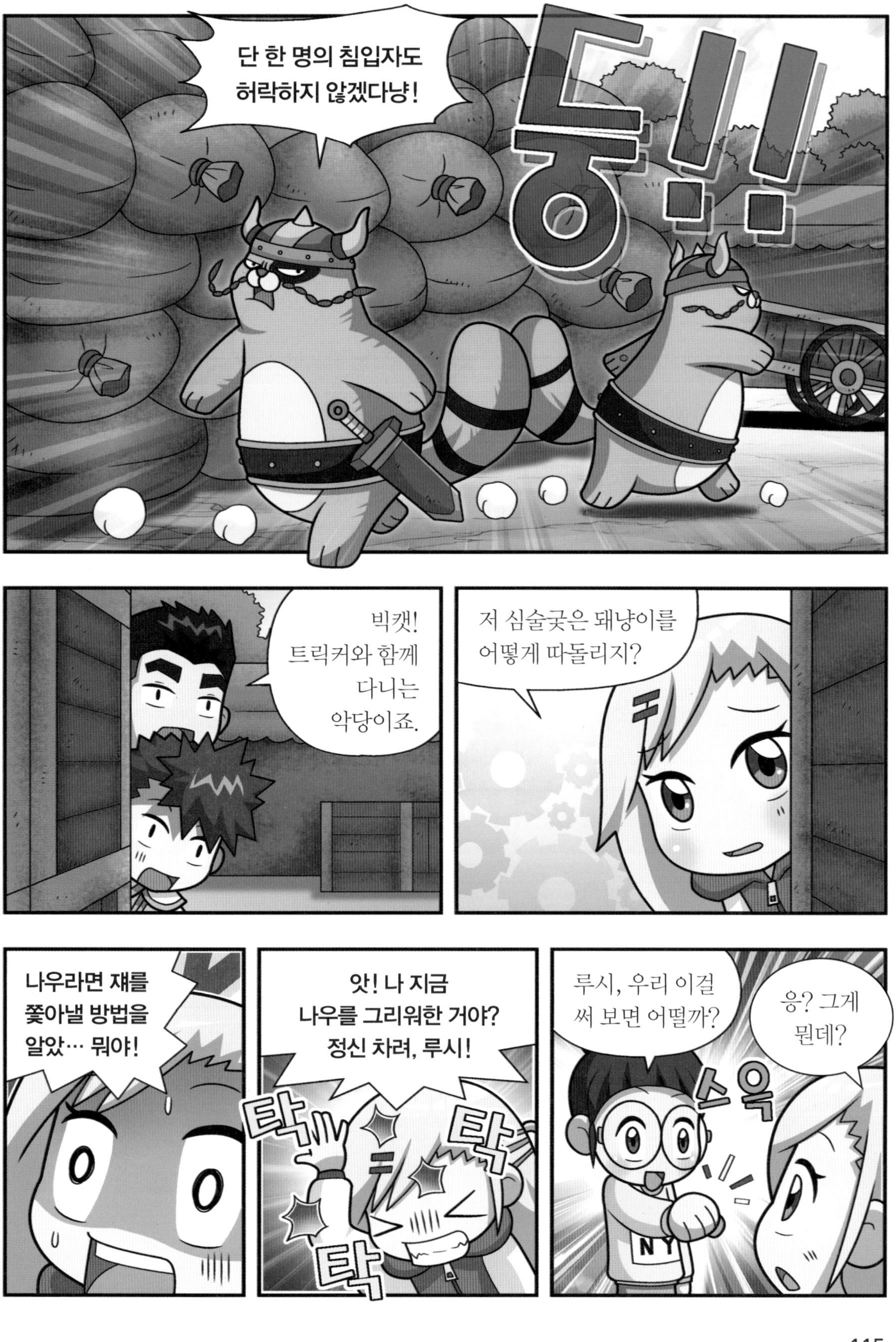
단 한 명의 침입자도 허락하지 않겠다냥!
둥!!
빅캣! 트릭커와 함께 다니는 악당이죠.
저 심술궂은 돼냥이를 어떻게 따돌리지?
나우라면 쟤를 쫓아낼 방법을 알았… 뭐야!
앗! 나 지금 나우를 그리워한 거야? 정신 차려, 루시!
탁 탁 탁
루시, 우리 이걸 써 보면 어떨까?
응? 그게 뭔데?
스윽
NY

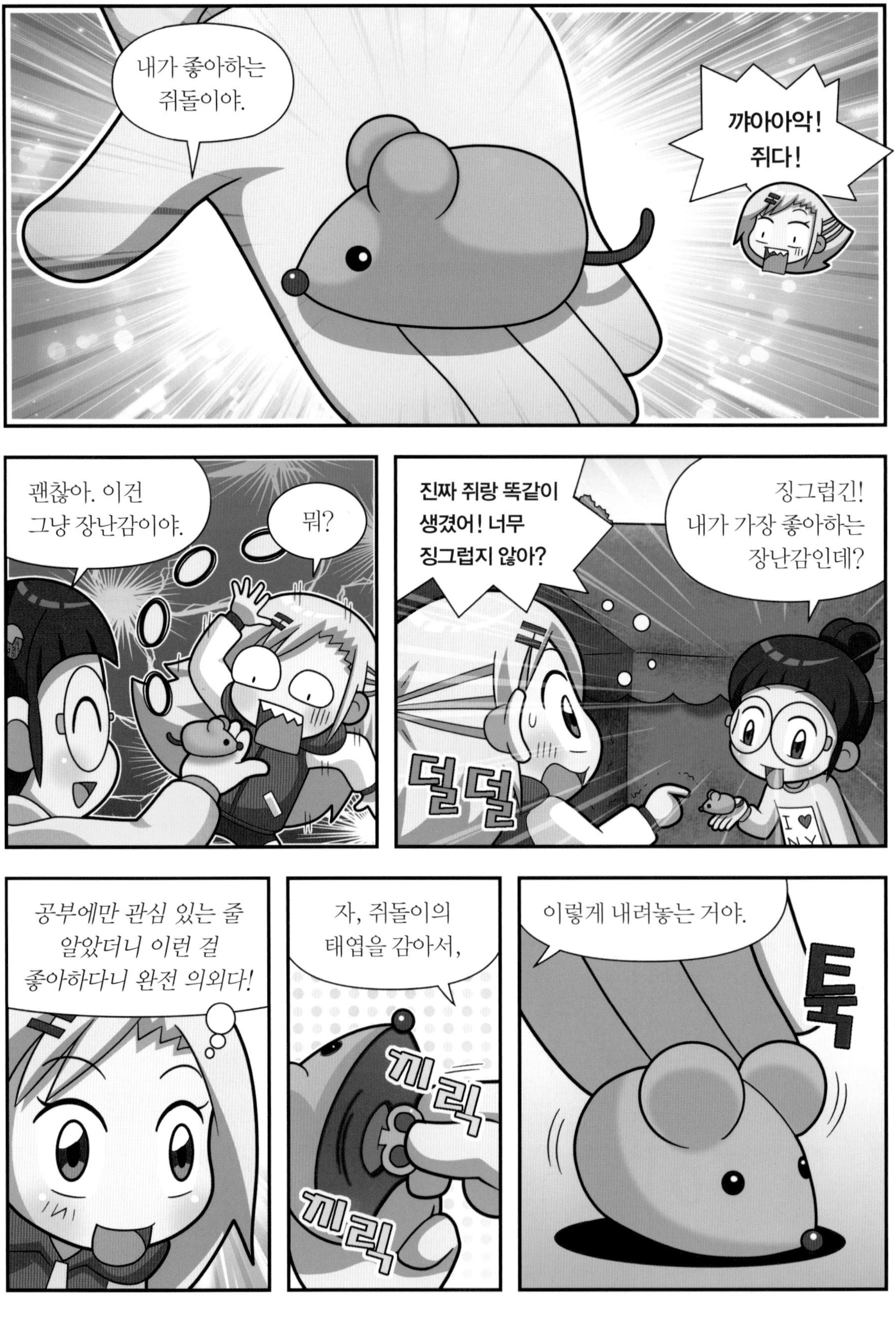
내가 좋아하는 쥐돌이야.
꺄아아악! 쥐다!
괜찮아. 이건 그냥 장난감이야.
뭐?
진짜 쥐랑 똑같이 생겼어! 너무 징그럽지 않아?
징그럽긴! 내가 가장 좋아하는 장난감인데?
덜덜
공부에만 관심 있는 줄 알았더니 이런 걸 좋아하다니 완전 의외다!
자, 쥐돌이의 태엽을 감아서,
끼릭
끼릭
이렇게 내려놓는 거야.
툭

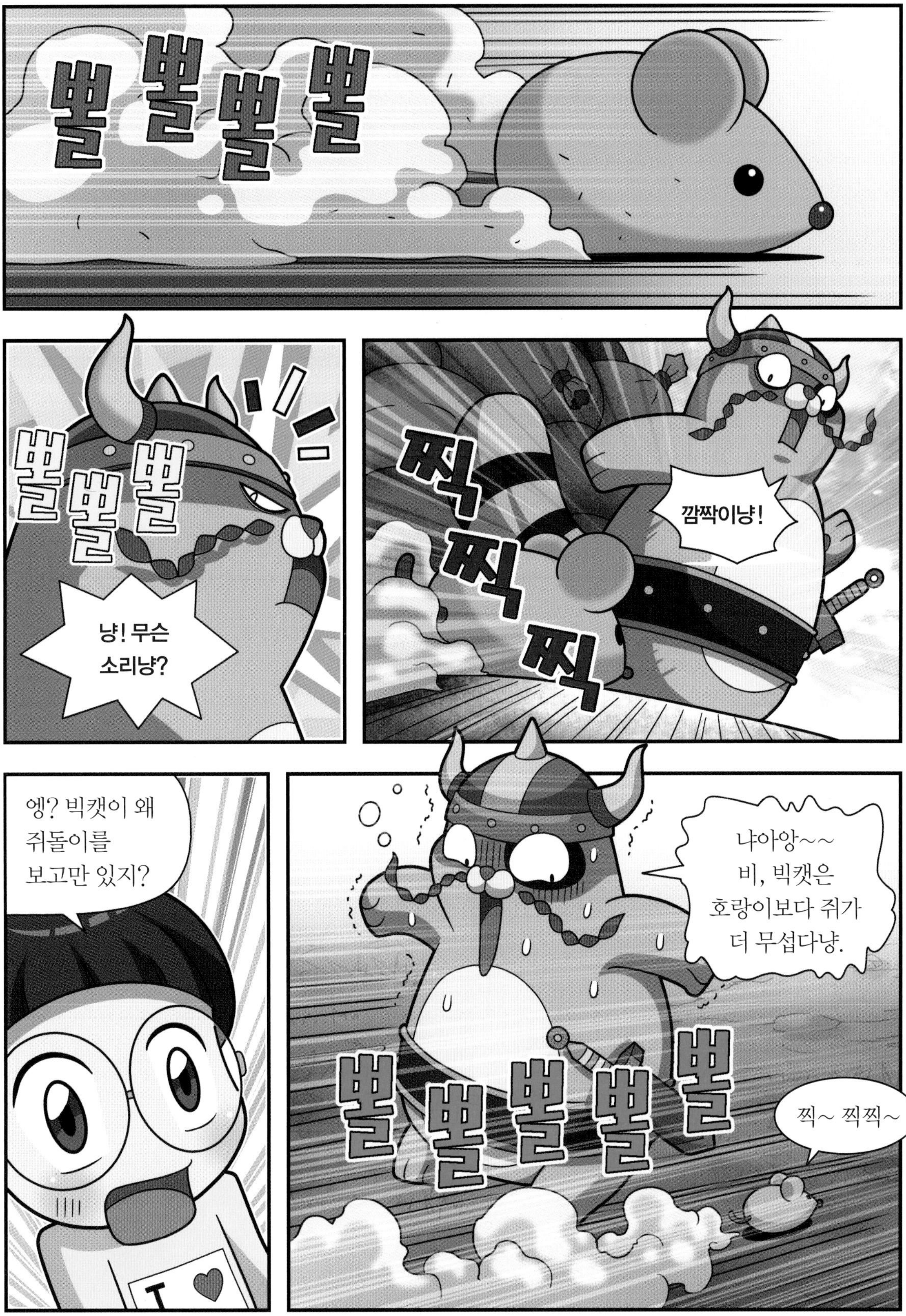

뽈뽈뽈뽈
뽈뽈뽈
냥! 무슨 소리냥?
찍찍찍
깜짝이냥!
엥? 빅캣이 왜 쥐돌이를 보고만 있지?
냐아앙~~ 비, 빅캣은 호랑이보다 쥐가 더 무섭다냥.
뽈뽈뽈뽈
찍~ 찍찍~

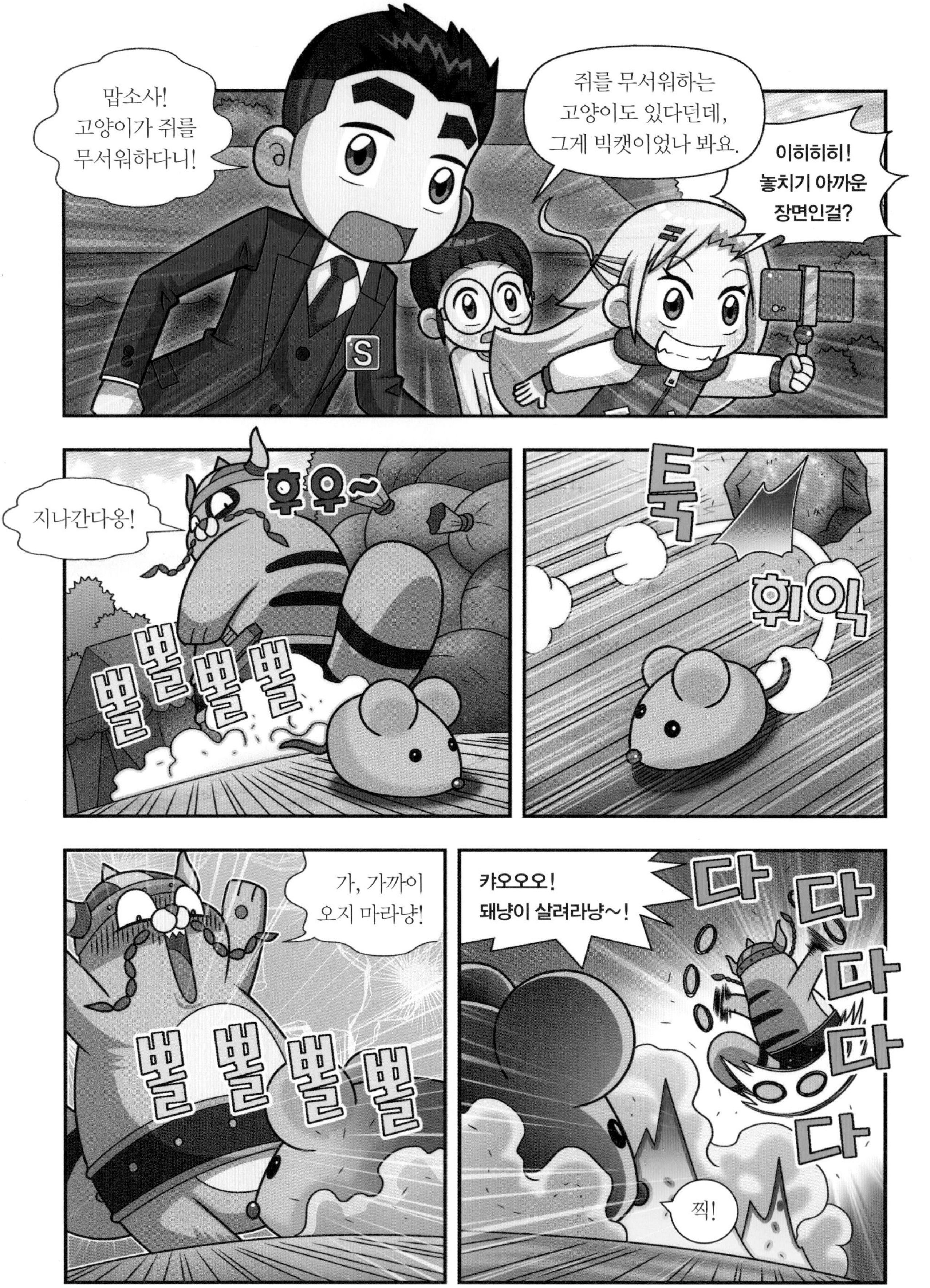

맙소사!
고양이가 쥐를
무서워하다니!
쥐를 무서워하는
고양이도 있다던데,
그게 빅캣이었나 봐요.
이히히히!
놓치기 아까운
장면인걸?
지나간다옹!
후우~
뽈뽈뽈뽈
툭
휘익
가, 가까이
오지 마라냥!
뽈뽈뽈뽈
캬오오오!
돼냥이 살려라냥~!
다다다다다
찍!

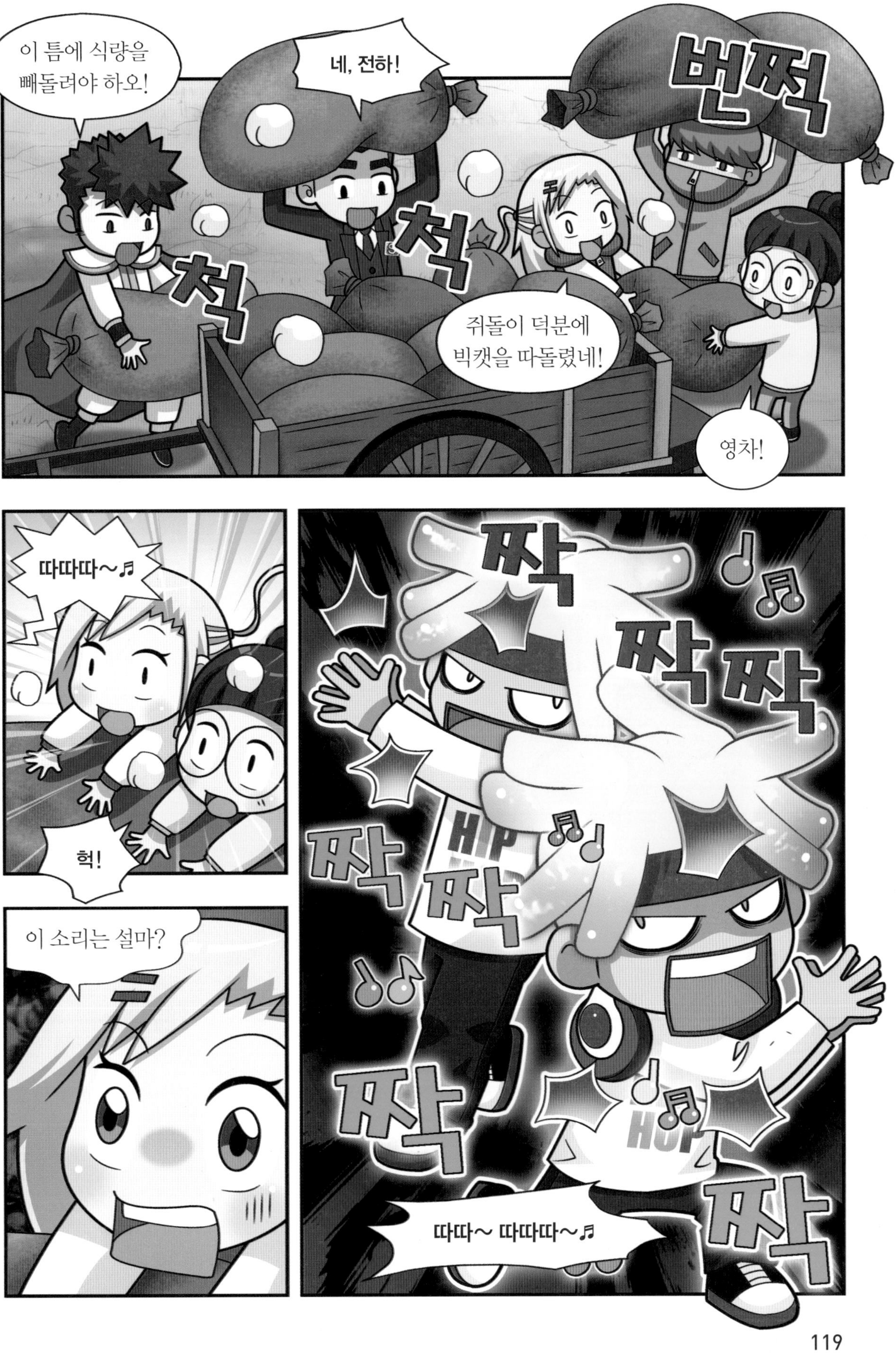
이 틈에 식량을
빼돌려야 하오!
네, 전하!
번쩍
척
척
쥐돌이 덕분에
빅캣을 따돌렸네!
영차!
따따따~♬
헉!
이 소리는 설마?
짝
짝짝
짝
짝
짝
짝
HIP
HOP
따따~ 따따따~♬

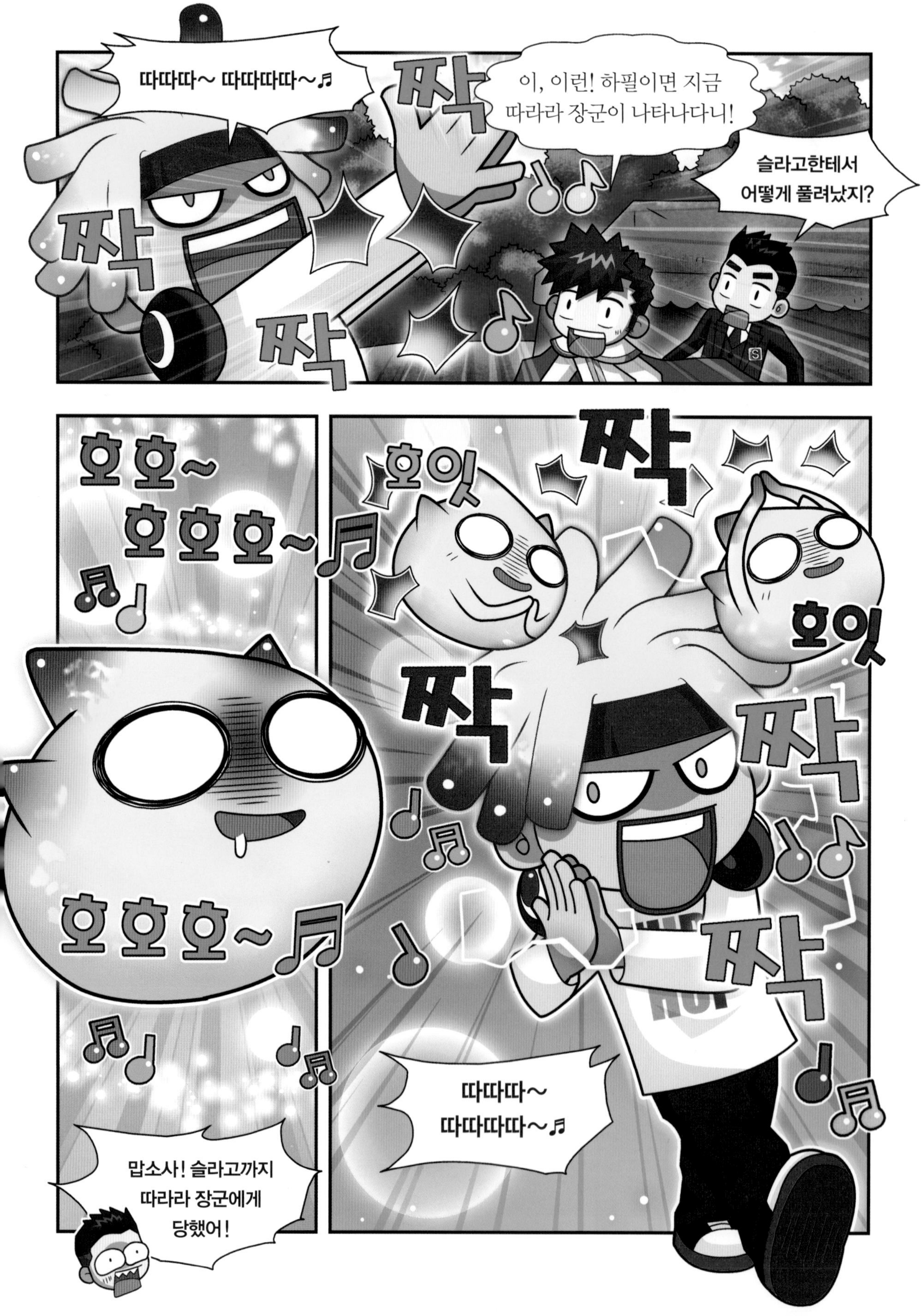

따따따~ 따따따따따~♬
짝
이, 이런! 하필이면 지금
따라라 장군이 나타나다니!
슬라고한테서
어떻게 풀려났지?
짝
짝
호호~
호호호~♬
호호호~♬
짝
호잇
호잇
짝
짝
짝
따따따~
따따따따따~♬
맙소사! 슬라고까지
따라라 장군에게
당했어!

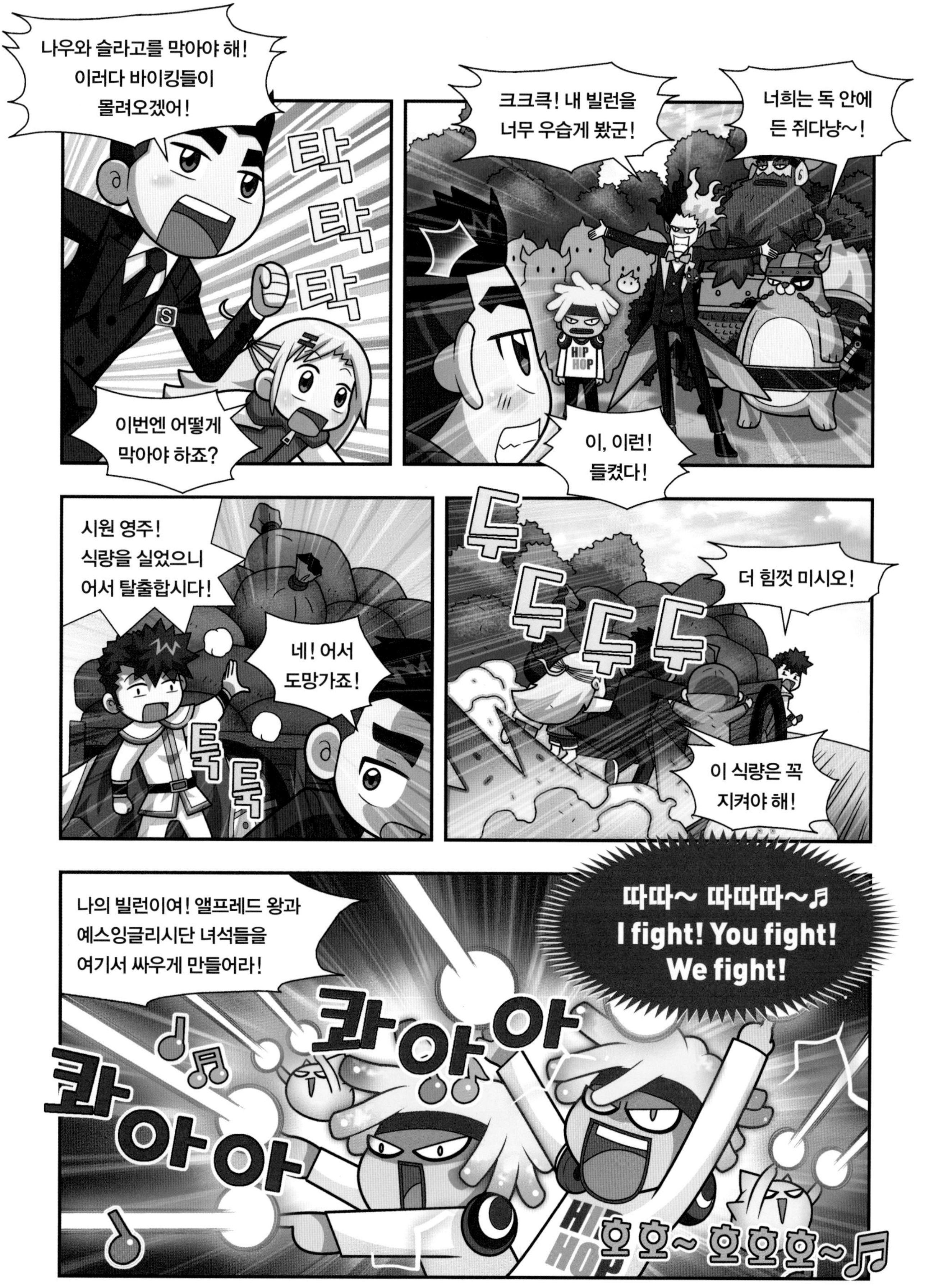

나우와 슬라고를 막아야 해! 이러다 바이킹들이 몰려오겠어!
탁 탁 탁
이번엔 어떻게 막아야 하죠?
크크킄! 내 빌런을 너무 우습게 봤군!
너희는 독 안에 든 쥐다냥~!
HIP HOP
이, 이런! 들켰다!
시원 영주! 식량을 실었으니 어서 탈출합시다!
네! 어서 도망가죠!
툭 툭
두 두 두 두
더 힘껏 미시오!
이 식량은 꼭 지켜야 해!
나의 빌런이여! 앨프레드 왕과 예스잉글리시단 녀석들을 여기서 싸우게 만들어라!
따따~ 따따따~♬
I fight! You fight! We fight!
콰아아
콰아아
호호~ 호호호~♬

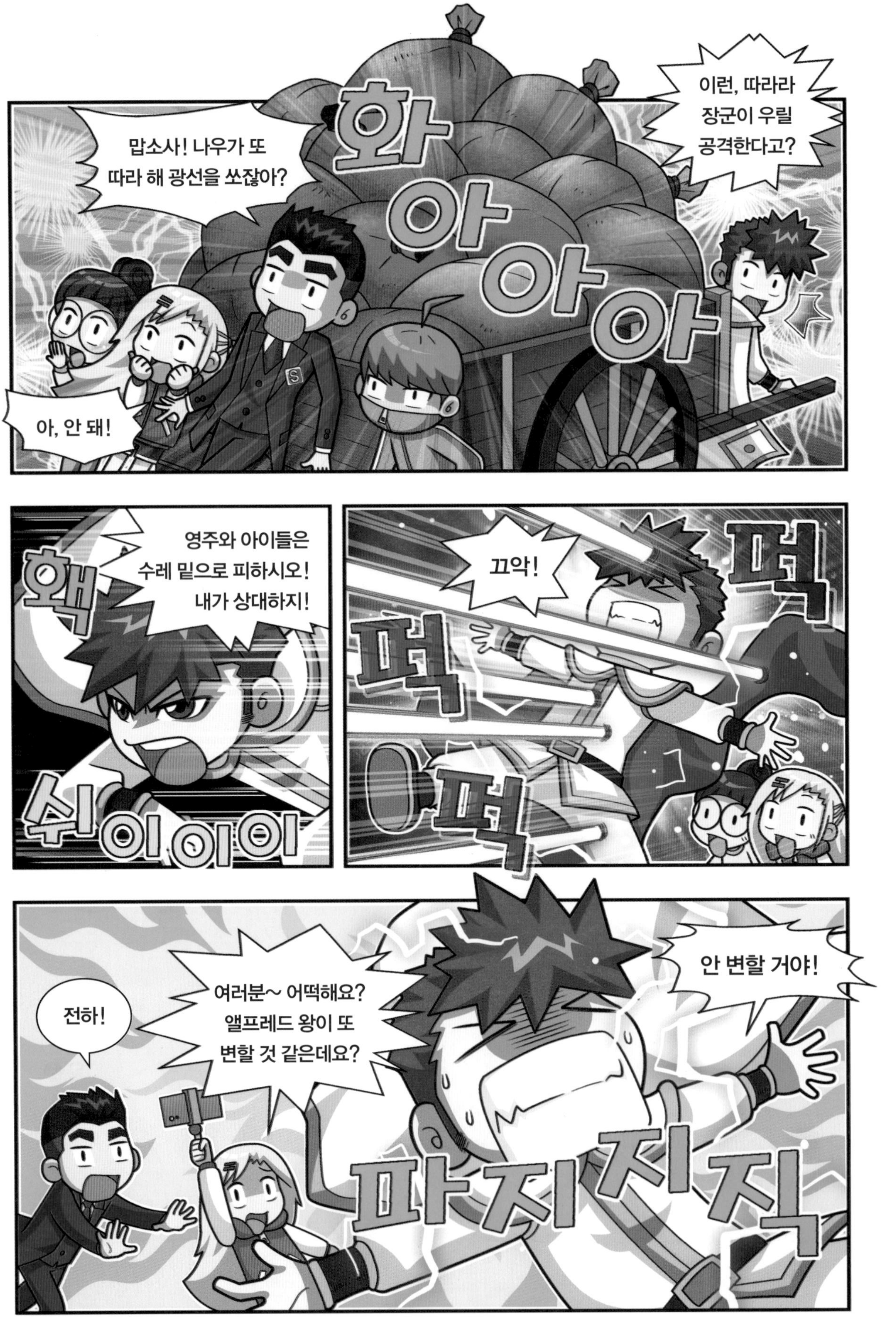
맙소사! 나우가 또 따라 해 광선을 쏘잖아?
화아아아
이런, 따라라 장군이 우릴 공격한다고?
아, 안 돼!
홱
영주와 아이들은 수레 밑으로 피하시오! 내가 상대하지!
쉬이이이이
끄악!
퍽
퍽
퍽
전하!
여러분~ 어떡해요? 앨프레드 왕이 또 변할 것 같은데요?
안 변할 거야!
파지지직

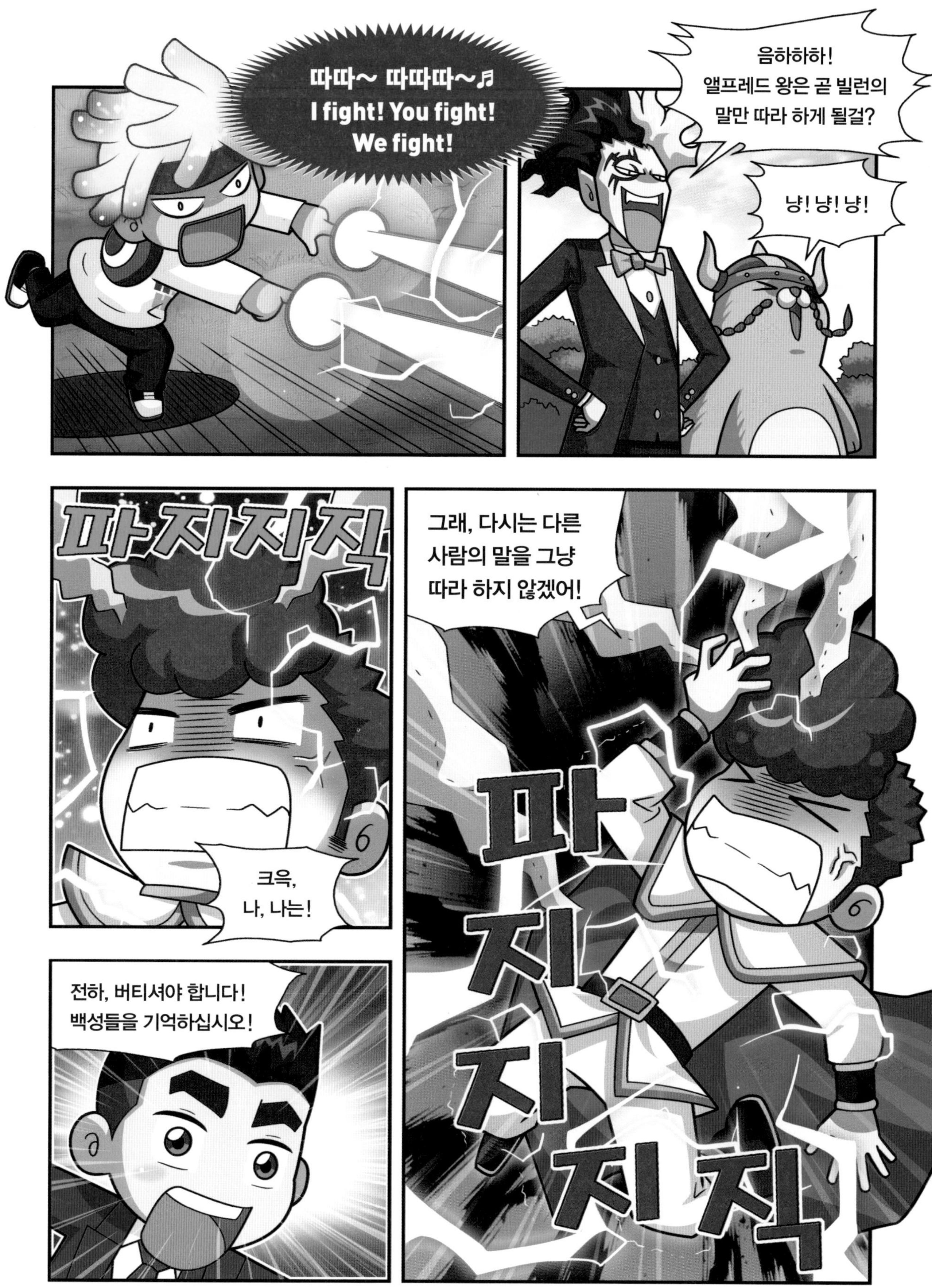

따따~ 따따따~♬
I fight! You fight!
We fight!
음하하하!
앨프레드 왕은 곧 빌런의
말만 따라 하게 될걸?
냥! 냥! 냥!
파지지직
크윽,
나, 나는!
전하, 버티셔야 합니다!
백성들을 기억하십시오!
그래, 다시는 다른
사람의 말을 그냥
따라 하지 않겠어!
파
지
지
지직

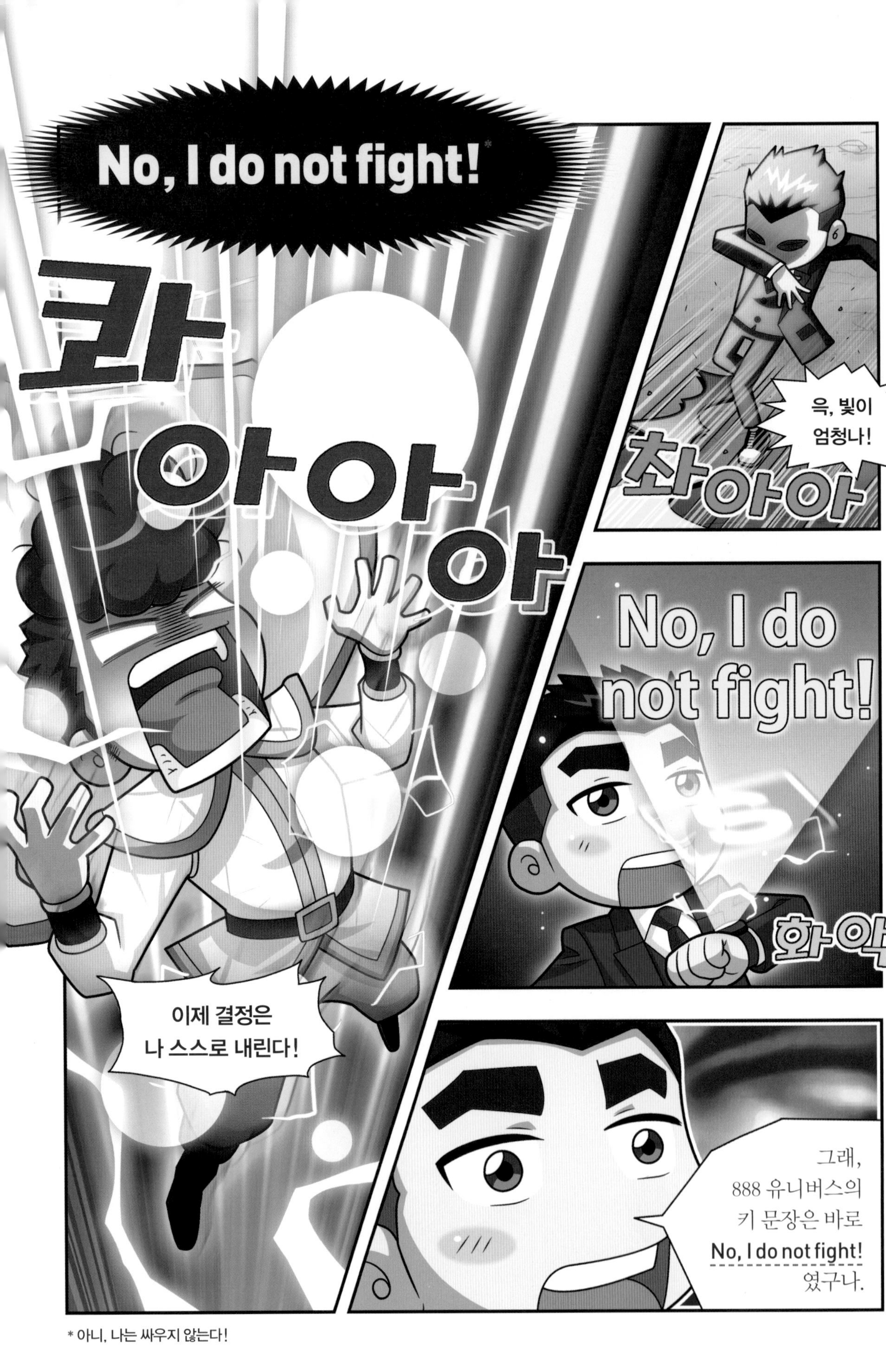
No, I do not fight!*
콰아아아
윽, 빛이 엄청나!
촤아아
No, I do not fight!
화악
이제 결정은 나 스스로 내린다!
그래, 888 유니버스의 키 문장은 바로 No, I do not fight! 였구나.

* 아니, 나는 싸우지 않는다!

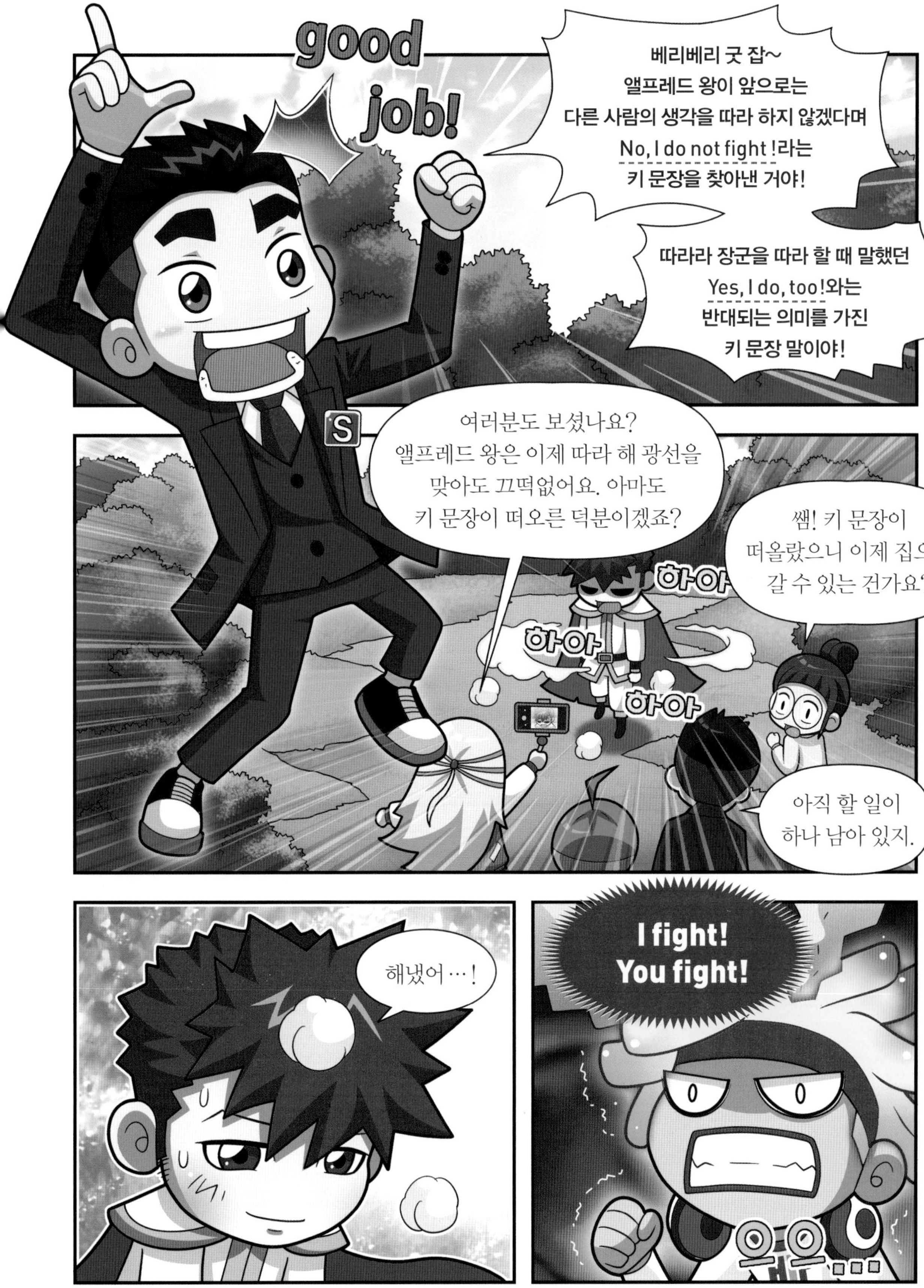
good job!
베리베리 굿 잡~ 앨프레드 왕이 앞으로는 다른 사람의 생각을 따라 하지 않겠다며 No, I do not fight !라는 키 문장을 찾아낸 거야!
따라라 장군을 따라 할 때 말했던 Yes, I do, too!와는 반대되는 의미를 가진 키 문장 말이야!
여러분도 보셨나요? 앨프레드 왕은 이제 따라 해 광선을 맞아도 끄떡없어요. 아마도 키 문장이 떠오른 덕분이겠죠?
하아
하아
하아
쌤! 키 문장이 떠올랐으니 이제 집으로 갈 수 있는 건가요?
아직 할 일이 하나 남아 있지.
해냈어…!
I fight! You fight!
으으…

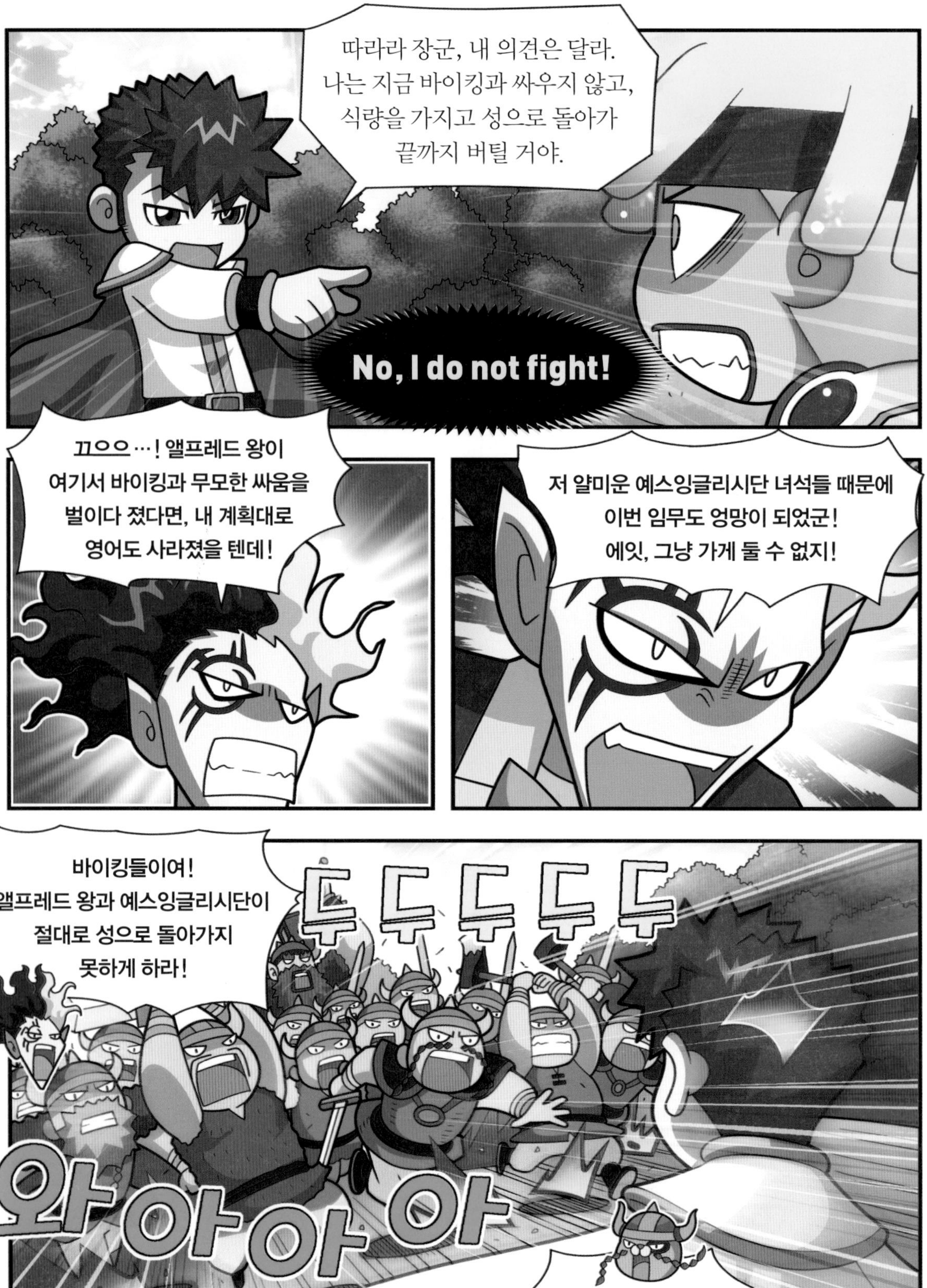

따라라 장군, 내 의견은 달라.
나는 지금 바이킹과 싸우지 않고,
식량을 가지고 성으로 돌아가
끝까지 버틸 거야.
No, I do not fight!
끄으으…! 앨프레드 왕이
여기서 바이킹과 무모한 싸움을
벌이다 졌다면, 내 계획대로
영어도 사라졌을 텐데!
저 얄미운 예스잉글리시단 녀석들 때문에
이번 임무도 엉망이 되었군!
에잇, 그냥 가게 둘 수 없지!
바이킹들이여!
앨프레드 왕과 예스잉글리시단이
절대로 성으로 돌아가지
못하게 하라!
두두두두두
와아아아
꼭 잡아야 한다냥!

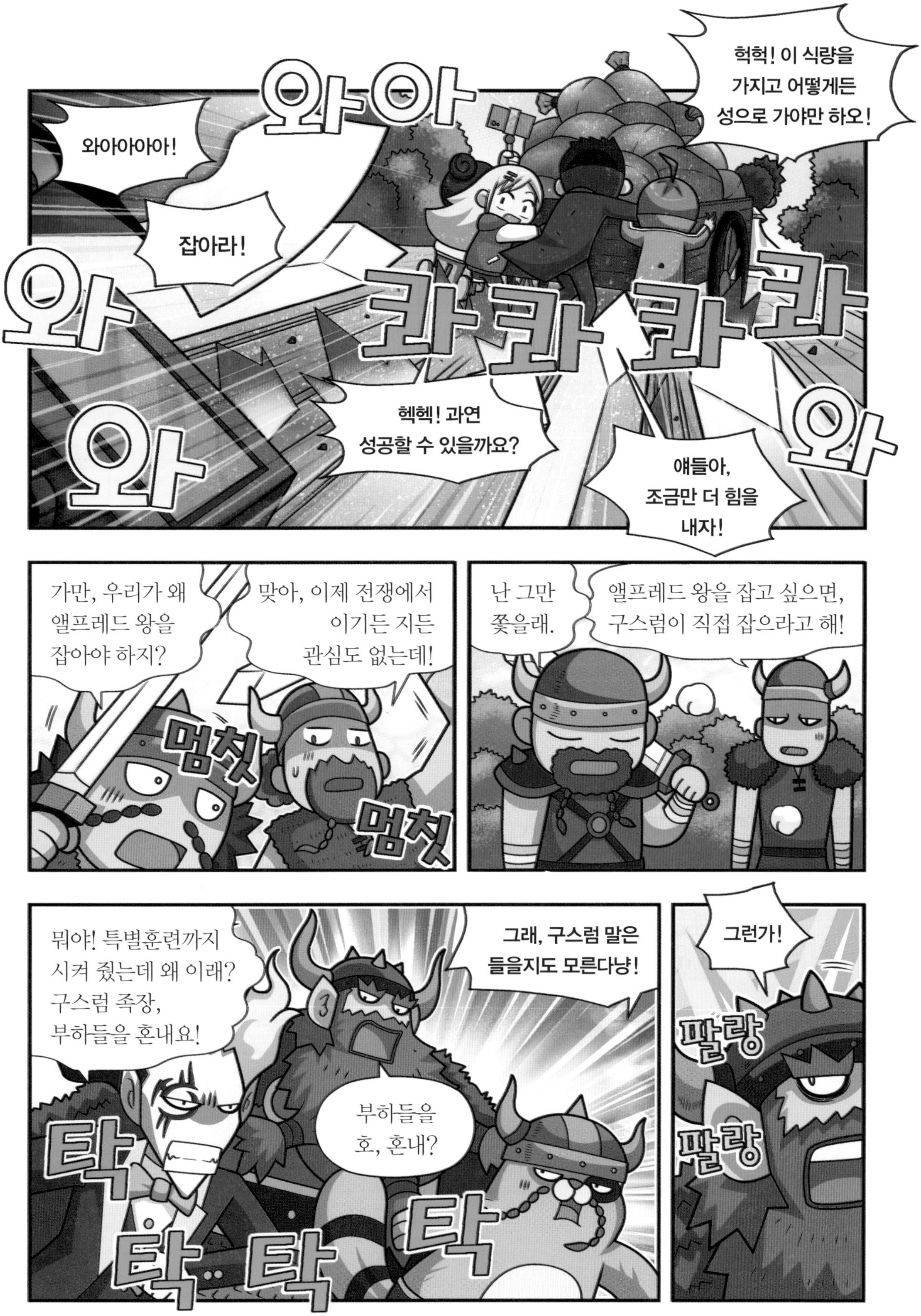

와아
헉헉! 이 식량을 가지고 어떻게든 성으로 가야만 하오!
와아아아아!
잡아라!
와
콰콰콰콰
와
헥헥! 과연 성공할 수 있을까요?
와
얘들아, 조금만 더 힘을 내자!
가만, 우리가 왜 앨프레드 왕을 잡아야 하지?
맞아, 이제 전쟁에서 이기든 지든 관심도 없는데!
멈칫
멈칫
난 그만 쫓을래.
앨프레드 왕을 잡고 싶으면, 구스럼이 직접 잡으라고 해!
뭐야! 특별훈련까지 시켜 줬는데 왜 이래? 구스럼 족장, 부하들을 혼내요!
그래, 구스럼 말은 들을지도 모른다냥!
부하들을 호, 혼내?
탁
탁
탁
탁
그런가!
팔랑
팔랑

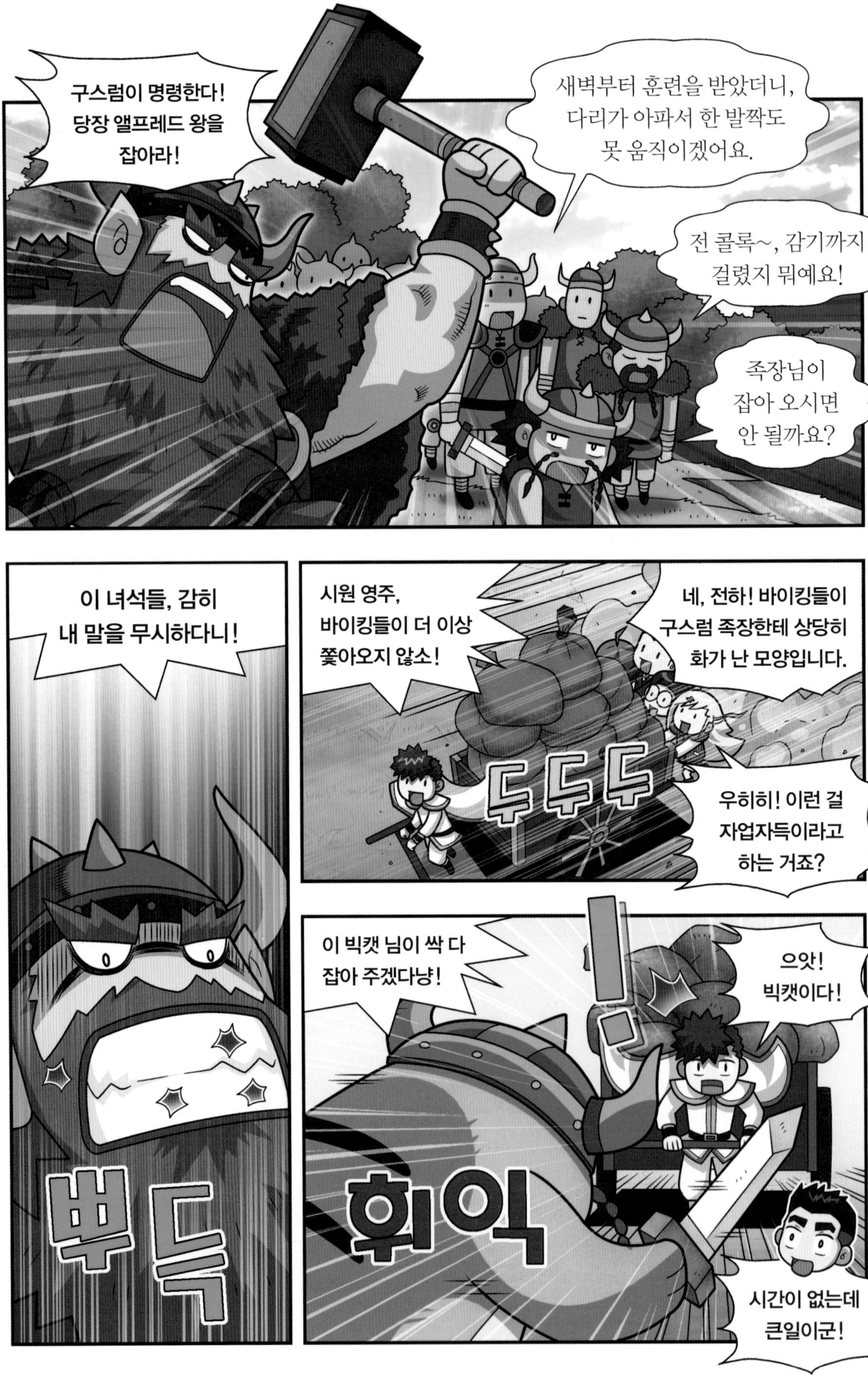

구스럼이 명령한다! 당장 앨프레드 왕을 잡아라!
새벽부터 훈련을 받았더니, 다리가 아파서 한 발짝도 못 움직이겠어요.
전 콜록~, 감기까지 걸렸지 뭐예요!
족장님이 잡아 오시면 안 될까요?
이 녀석들, 감히 내 말을 무시하다니!
뿌드득
시원 영주, 바이킹들이 더 이상 쫓아오지 않소!
네, 전하! 바이킹들이 구스럼 족장한테 상당히 화가 난 모양입니다.
두두두
우히히! 이런 걸 자업자득이라고 하는 거죠?
이 빅캣 님이 싹 다 잡아 주겠다냥!
으앗! 빅캣이다!
휘익
시간이 없는데 큰일이군!

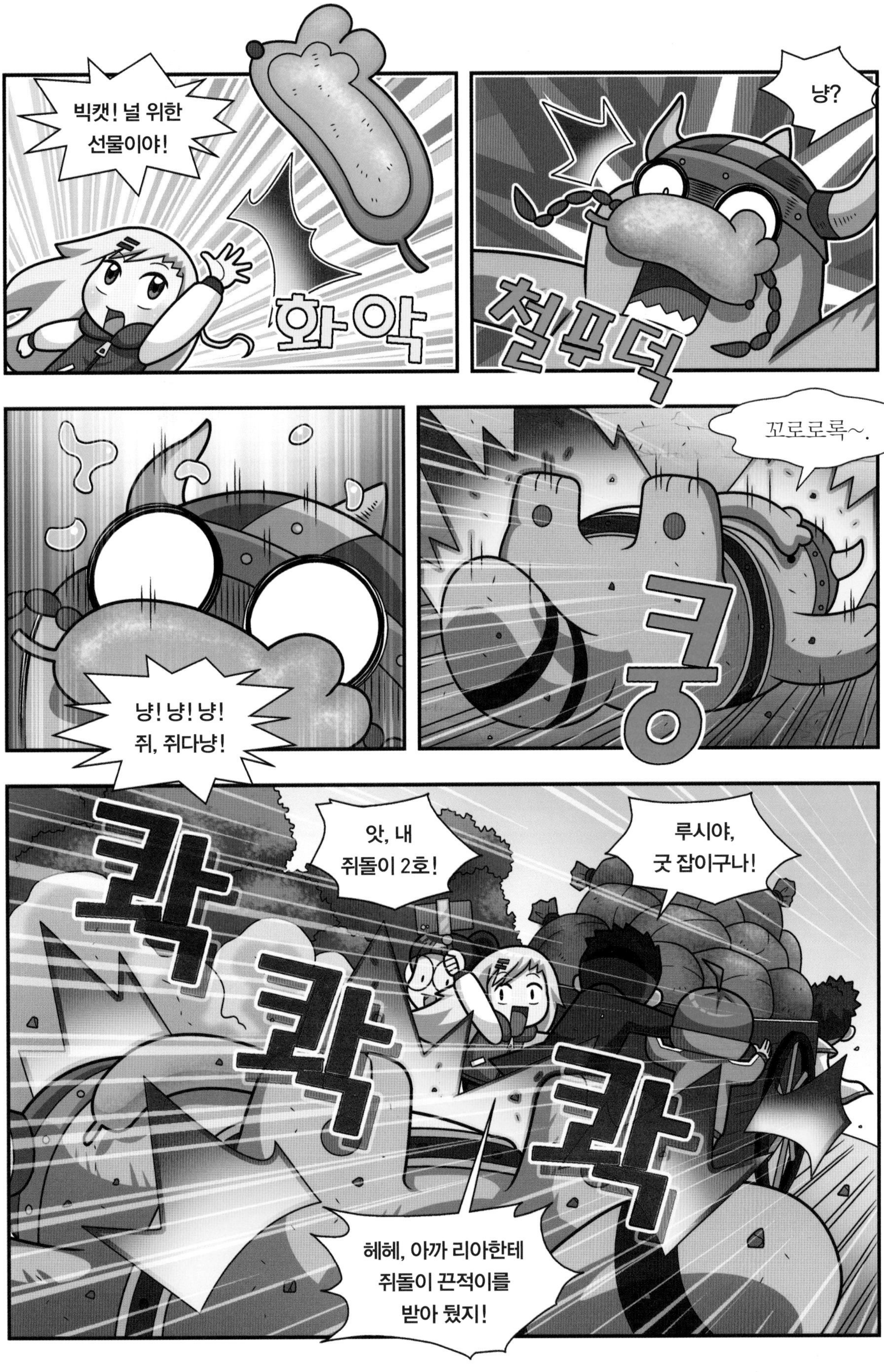

빅캣! 널 위한 선물이야!
화악
냥?
철푸덕
냥! 냥! 냥! 쥐, 쥐다냥!
꼬로로록~.
쿵
앗, 내 쥐돌이 2호!
루시야, 굿 잡이구나!
콰콰콰
헤헤, 아까 리아한테 쥐돌이 끈적이를 받아 뒀지!

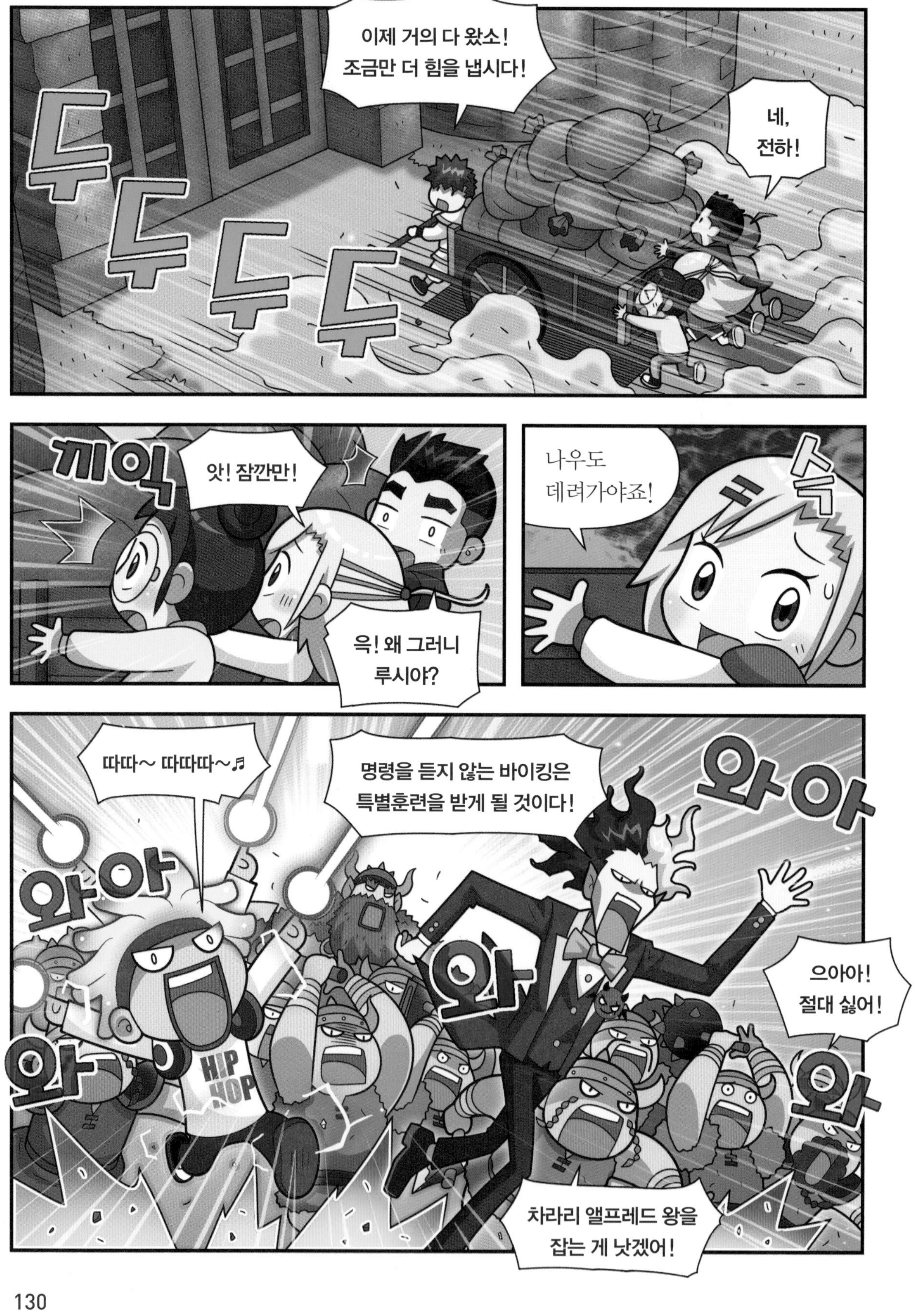
이제 거의 다 왔소!
조금만 더 힘을 냅시다!
네,
전하!
두두두두
끼익
앗! 잠깐만!
윽! 왜 그러니
루시야?
쑥
나우도
데려가야죠!
따따~ 따따따~♬
명령을 듣지 않는 바이킹은
특별훈련을 받게 될 것이다!
와아
와아
와
와
HIP HOP
으아아!
절대 싫어!
와
차라리 앨프레드 왕을
잡는 게 낫겠어!

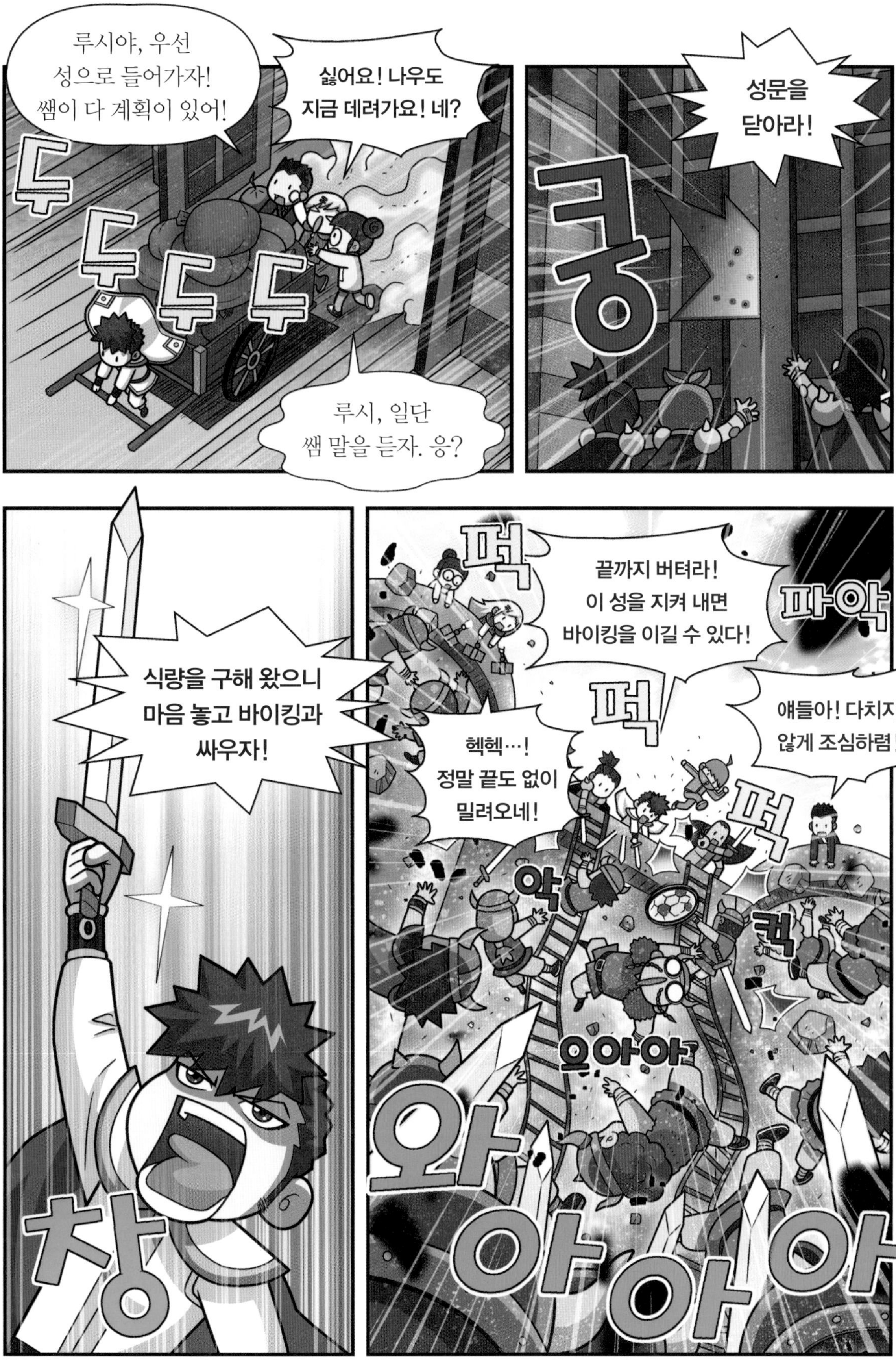
루시야, 우선 성으로 들어가자! 쌤이 다 계획이 있어!
싫어요! 나우도 지금 데려가요! 네?
두두두두
루시, 일단 쌤 말을 듣자. 응?
성문을 닫아라!
쿵
식량을 구해 왔으니 마음 놓고 바이킹과 싸우자!
창
펑
끝까지 버텨라! 이 성을 지켜 내면 바이킹을 이길 수 있다!
파악
펑
헥헥…! 정말 끝도 없이 밀려오네!
얘들아! 다치지 않게 조심하렴!
펑
악
컥
으아아
와아아아

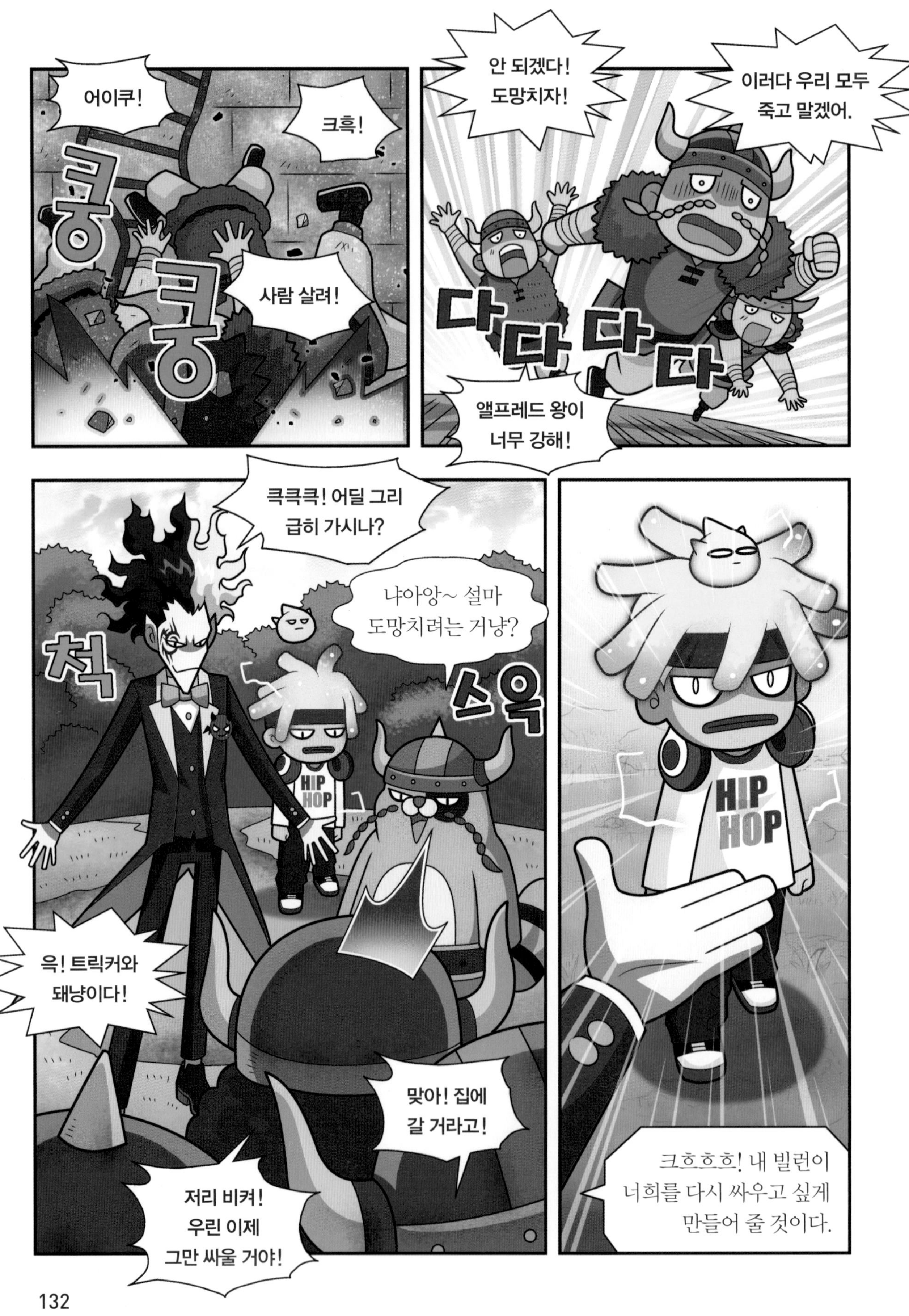
어이쿠!
크흑!
쿵
쿵
사람 살려!
안 되겠다! 도망치자!
이러다 우리 모두 죽고 말겠어.
다다다다
앨프레드 왕이 너무 강해!
큭큭큭! 어딜 그리 급히 가시나?
냐아앙~ 설마 도망치려는 거냥?
척
스윽
윽! 트릭커와 돼냥이다!
맞아! 집에 갈 거라고!
저리 비켜! 우린 이제 그만 싸울 거야!
크흐흐흐! 내 빌런이 너희를 다시 싸우고 싶게 만들어 줄 것이다.

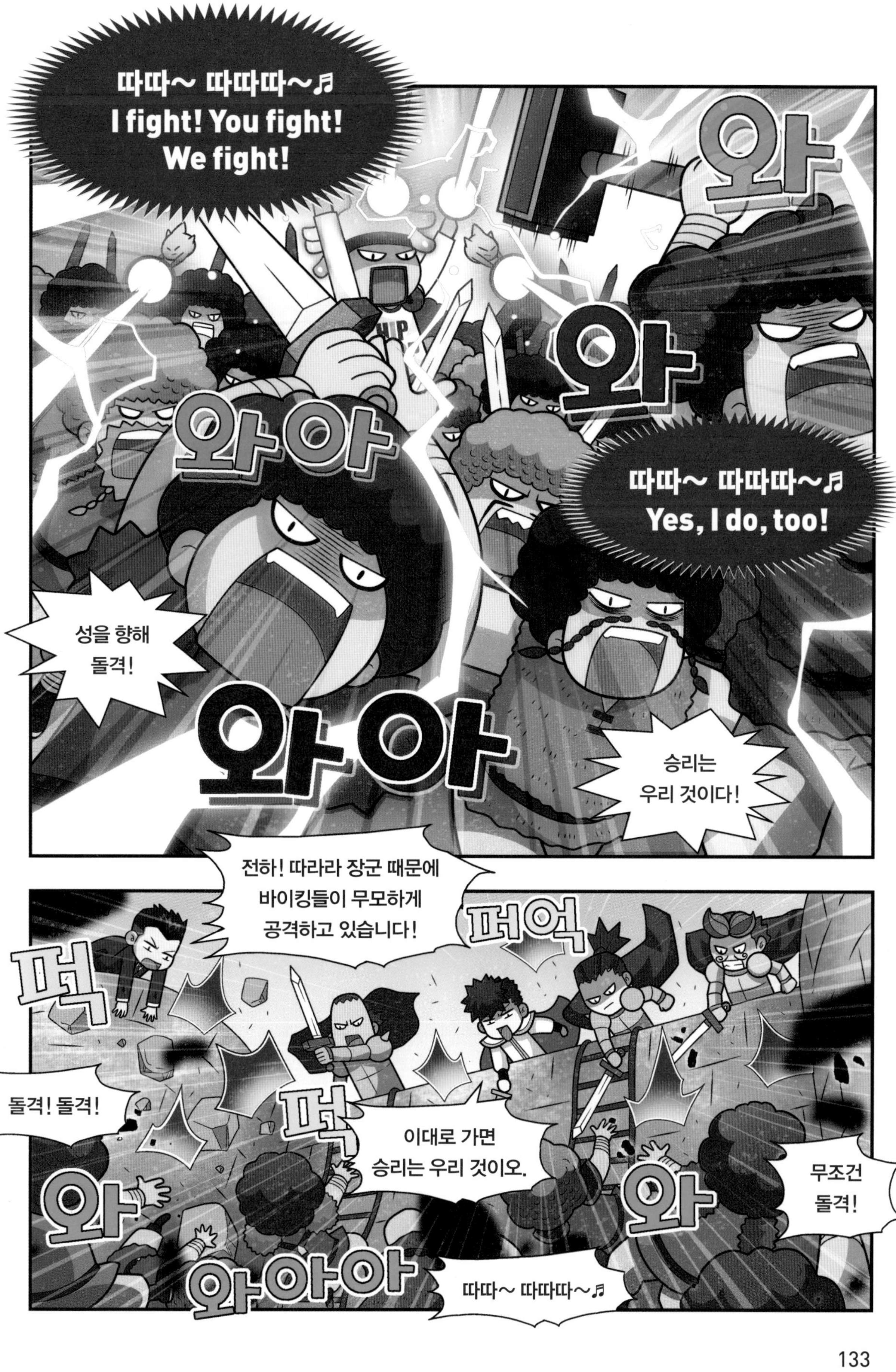
따따~ 따따따~♬
I fight! You fight!
We fight!
와
와
와아
따따~ 따따따~♬
Yes, I do, too!
성을 향해 돌격!
와아
승리는 우리 것이다!
전하! 따라라 장군 때문에 바이킹들이 무모하게 공격하고 있습니다!
퍽
퍼억
돌격! 돌격!
퍽
이대로 가면 승리는 우리 것이오.
와
와
무조건 돌격!
와아아
따따~ 따따따~♬

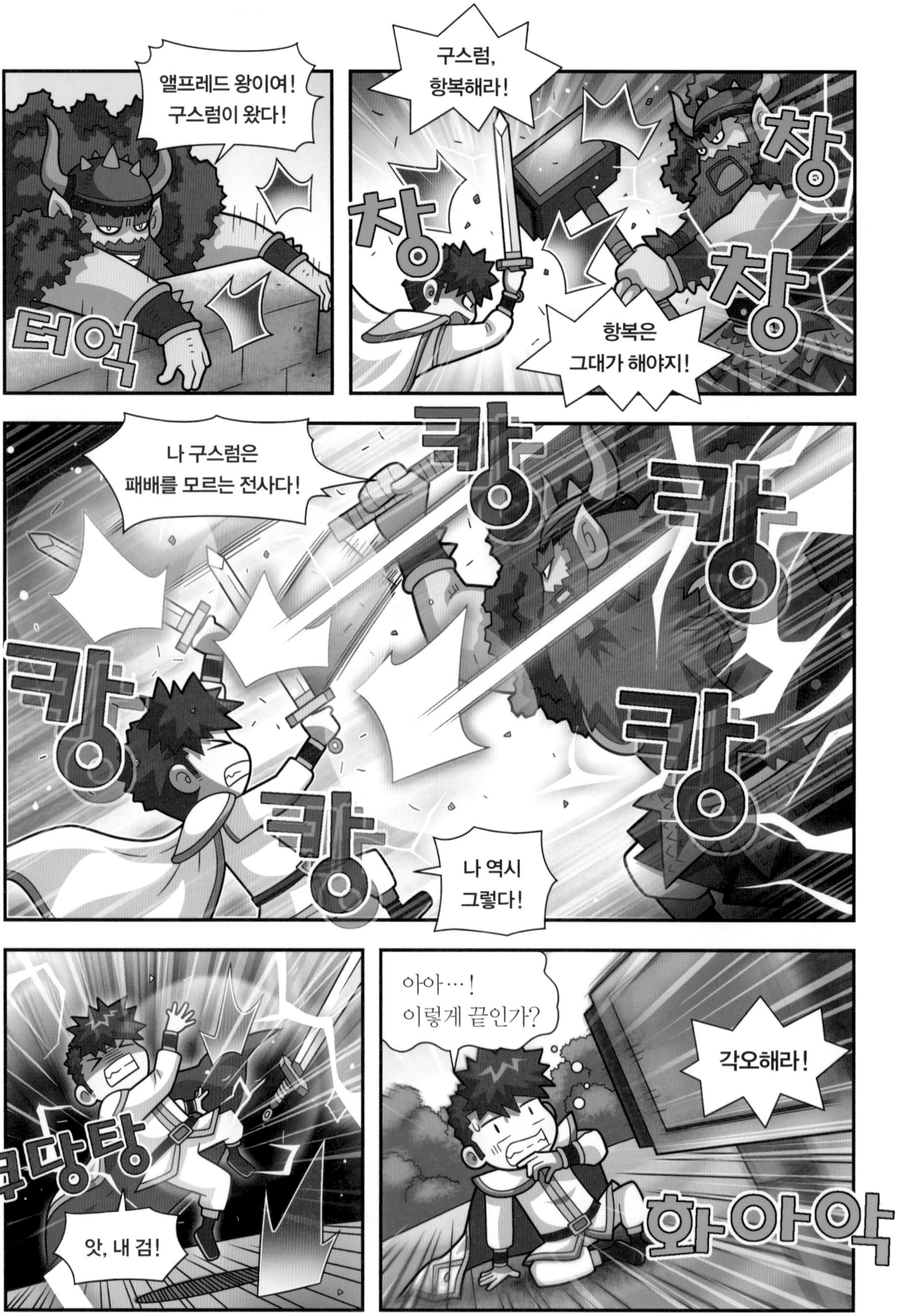

앨프레드 왕이여! 구스럼이 왔다!
터억
구스럼, 항복해라!
창
창
창
항복은 그대가 해야지!
나 구스럼은 패배를 모르는 전사다!
캉
캉
캉
캉
캉
나 역시 그렇다!
쿠당탕
앗, 내 검!
아아…! 이렇게 끝인가?
각오해라!
화아악

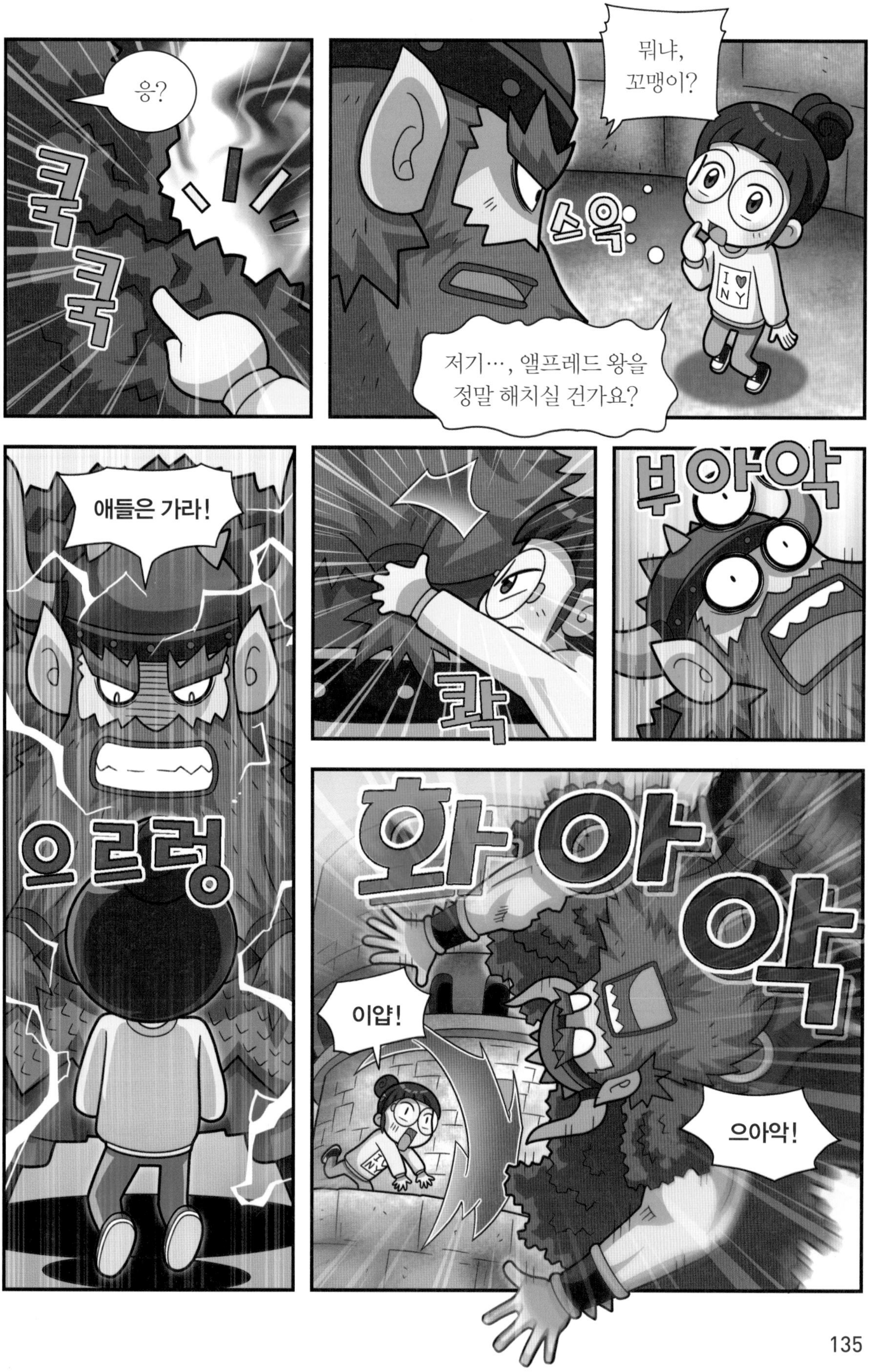
응?
쿡
쿡
뭐냐,
꼬맹이?
스윽
저기…, 앨프레드 왕을
정말 해치실 건가요?
애들은 가라!
으르렁
콱
부아악
화아악
이얍!
으아악!

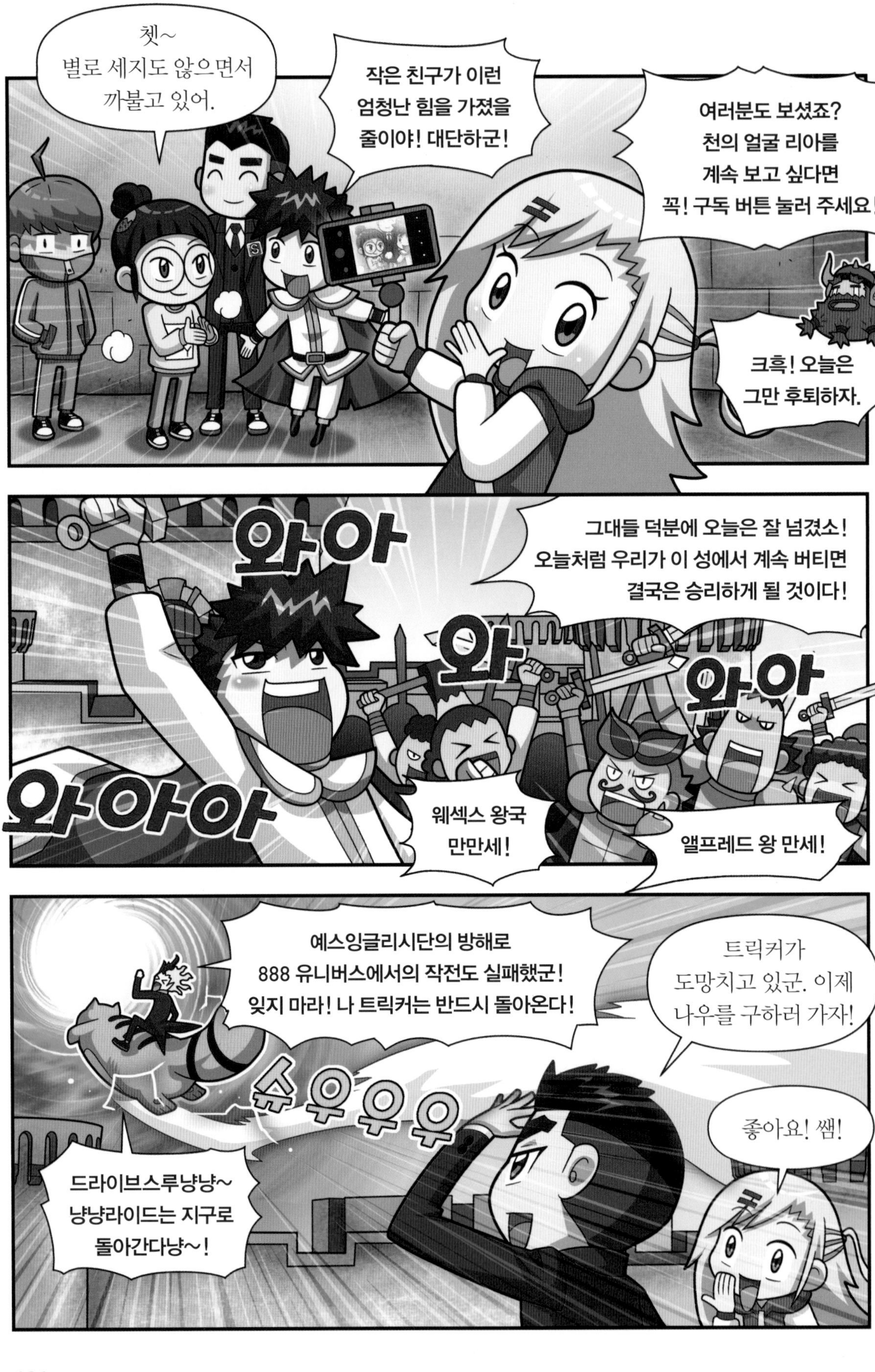

쳇~ 별로 세지도 않으면서 까불고 있어.
작은 친구가 이런 엄청난 힘을 가졌을 줄이야! 대단하군!
여러분도 보셨죠? 천의 얼굴 리아를 계속 보고 싶다면 꼭! 구독 버튼 눌러 주세요!
크흑! 오늘은 그만 후퇴하자.
그대들 덕분에 오늘은 잘 넘겼소! 오늘처럼 우리가 이 성에서 계속 버티면 결국은 승리하게 될 것이다!
와아
와
와아
와아아
웨섹스 왕국 만만세!
앨프레드 왕 만세!
예스잉글리시단의 방해로 888 유니버스에서의 작전도 실패했군! 잊지 마라! 나 트릭커는 반드시 돌아온다!
트릭커가 도망치고 있군. 이제 나우를 구하러 가자!
슈우우우
좋아요! 쌤!
드라이브스루냥냥~ 냥냥라이드는 지구로 돌아간다냥~!

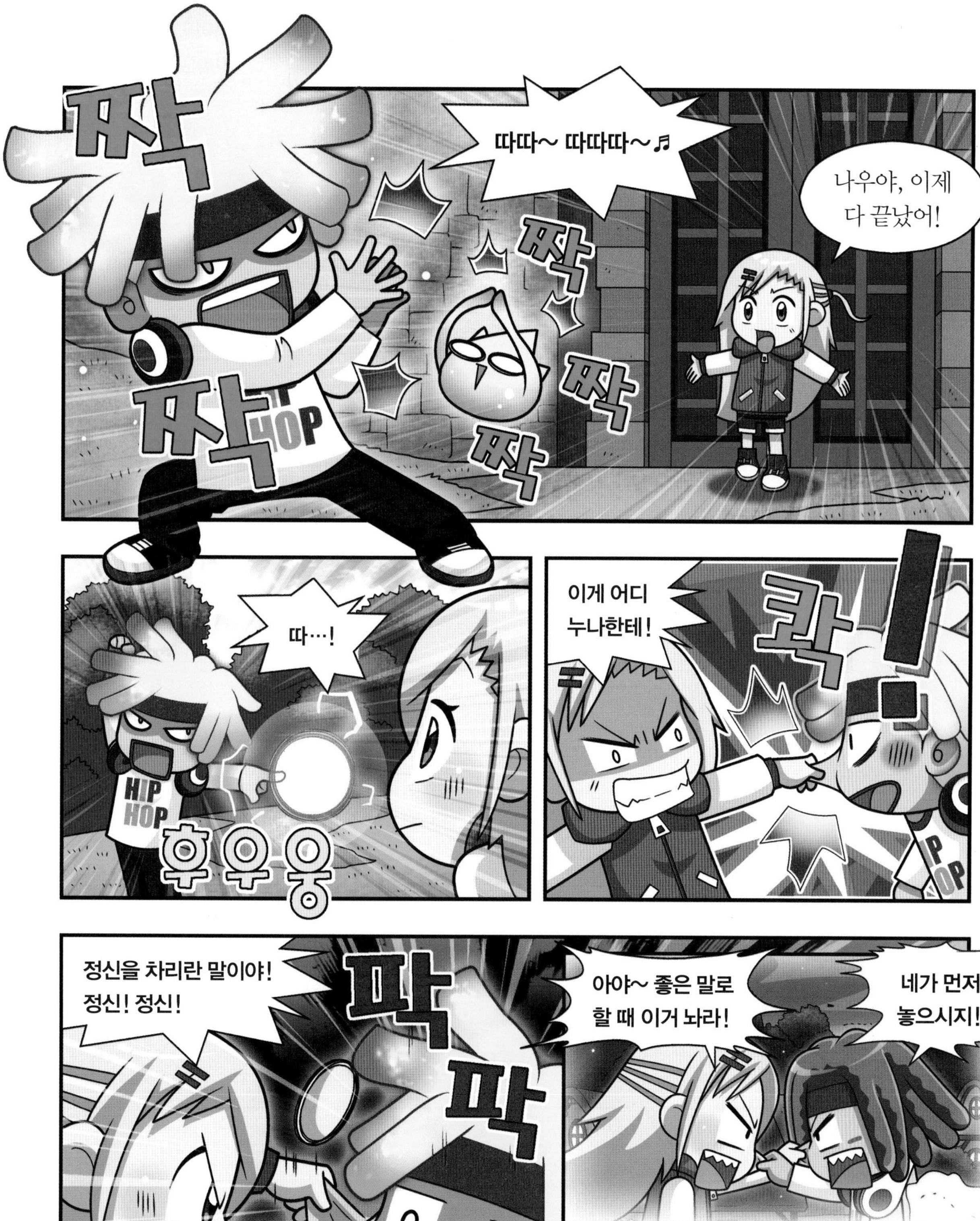
짝
따따~ 따따따~♬
나우야, 이제 다 끝났어!
짝
짝
짝
짝
HIP HOP
따…!
후우웅
이게 어디 누나한테!
콱
정신을 차리란 말이야! 정신! 정신!
팍
팍
아야~ 좋은 말로 할 때 이거 놔라!
네가 먼저 놓으시지!
팍
팍
따?

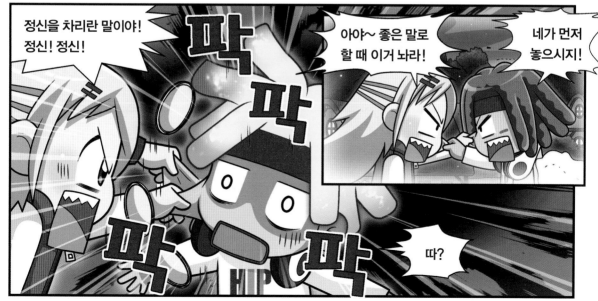

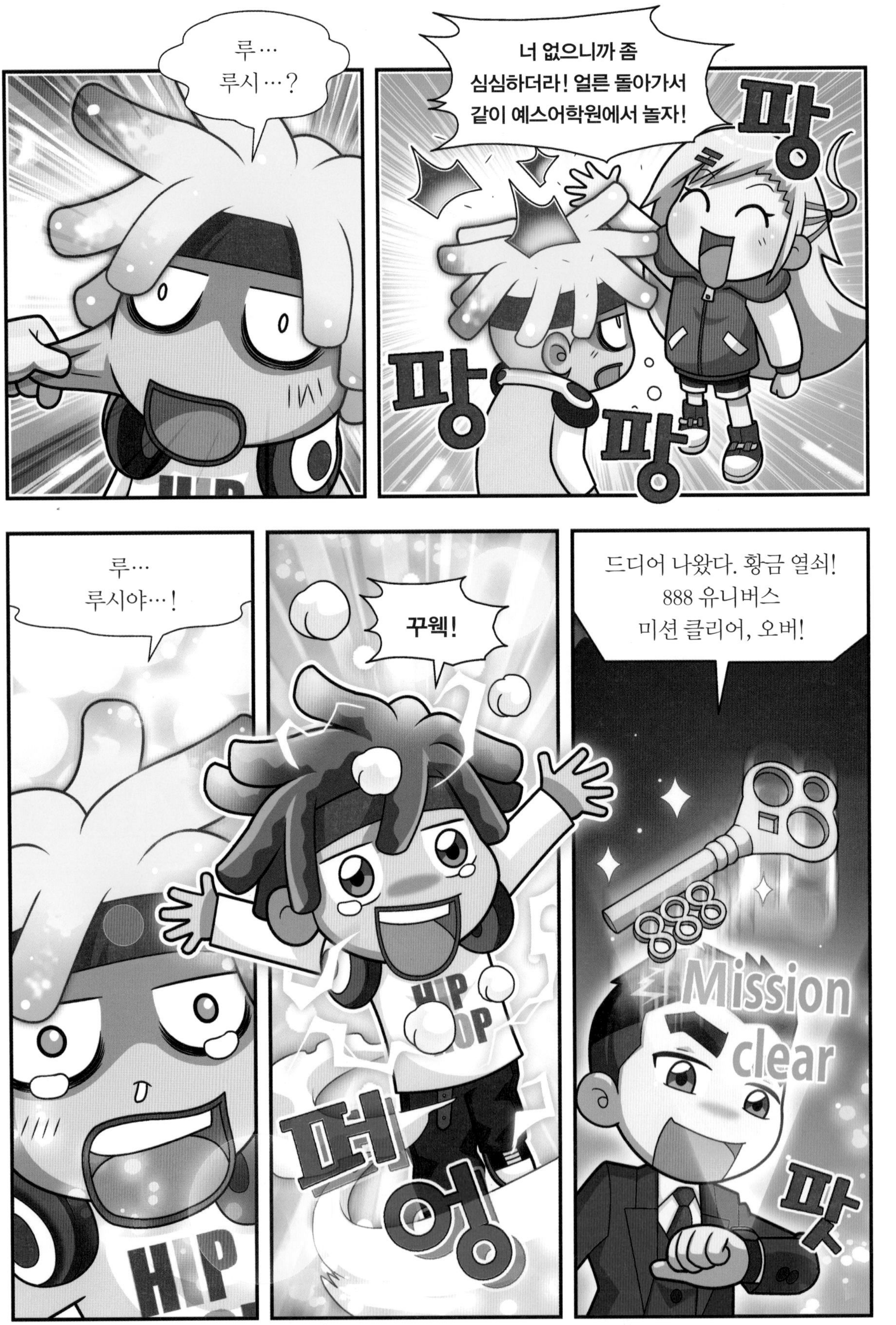
루…
루시…?
너 없으니까 좀
심심하더라! 얼른 돌아가서
같이 예스어학원에서 놀자!
팡
팡
팡
루…
루시야…!
꾸웩!
펑
드디어 나왔다. 황금 열쇠!
888 유니버스
미션 클리어, 오버!
Mission
clear
팍

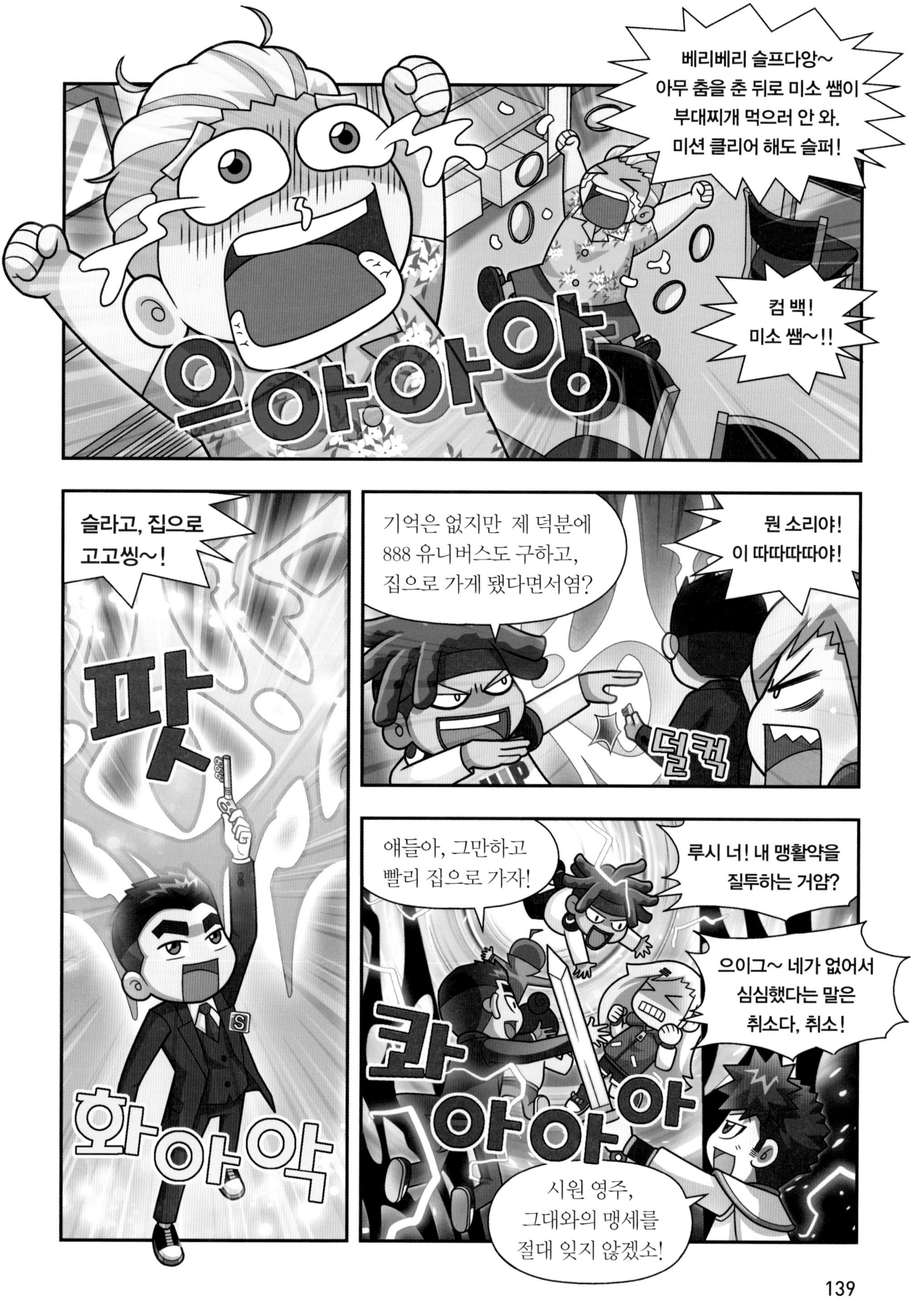

베리베리 슬프다앙~
아무 춤을 춘 뒤로 미소 쌤이
부대찌개 먹으러 안 와.
미션 클리어 해도 슬퍼!
으아아앙
컴 백!
미소 쌤~!!
슬라고, 집으로
고고씽~!
파
화아악
기억은 없지만 제 덕분에
888 유니버스도 구하고,
집으로 가게 됐다면서염?
뭔 소리야!
이 따따따따야!
덜컥
애들아, 그만하고
빨리 집으로 가자!
루시 너! 내 맹활약을
질투하는 거얌?
으이그~ 네가 없어서
심심했다는 말은
취소다, 취소!
콰아아아
시원 영주,
그대와의 맹세를
절대 잊지 않겠소!

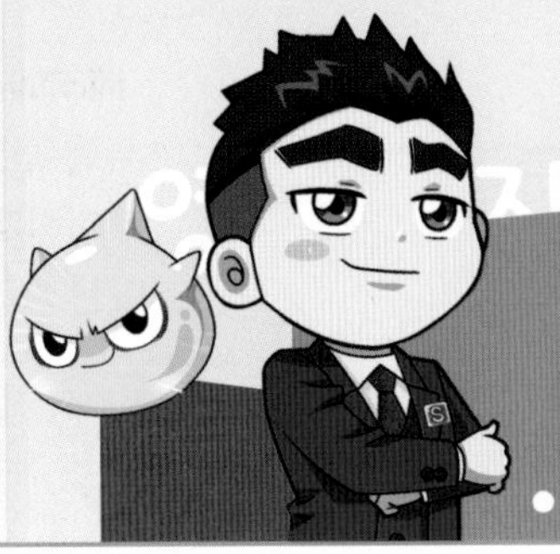

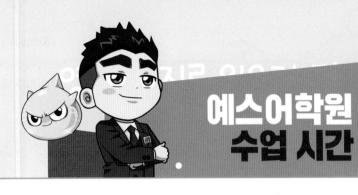

예스어학원 수업 시간

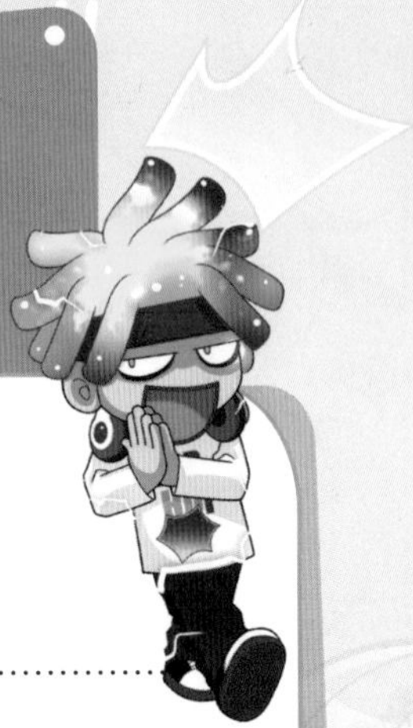

- 1교시 · **단어** Vocabulary
- 2교시 · **문법 1, 2, 3** Grammar 1,2,3
- 3교시 · **게임** Recess

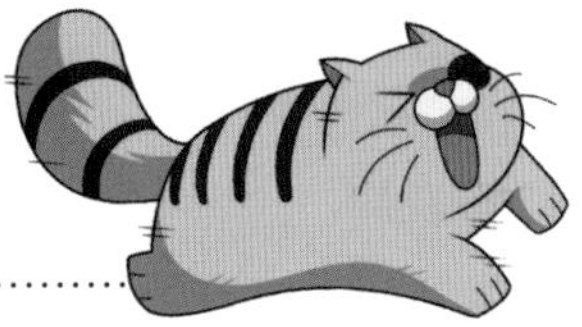

- 4교시 · **읽고 쓰기** Reading & Writing
- 5교시 · **유니버스 이야기** Story

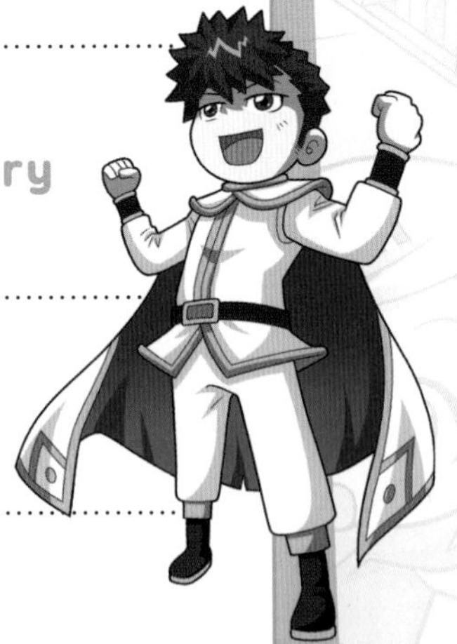

- 6교시 · **말하기** Speaking
- 7교시 · **쪽지 시험** Quiz

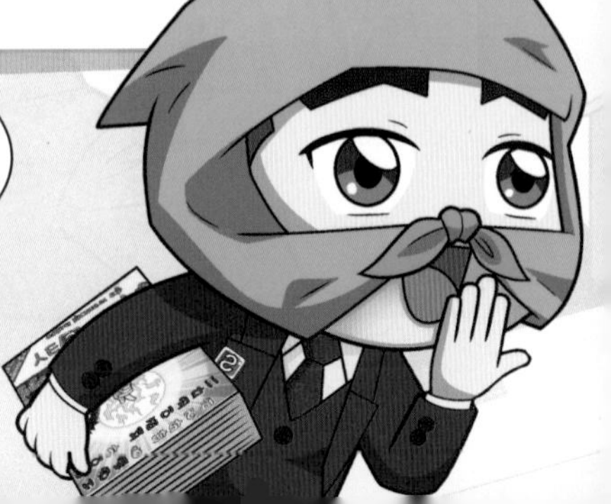
예스어학원의 수업 시간표야!
공부를 시작하기 전에
시간표 정도는 봐 둬야겠지?

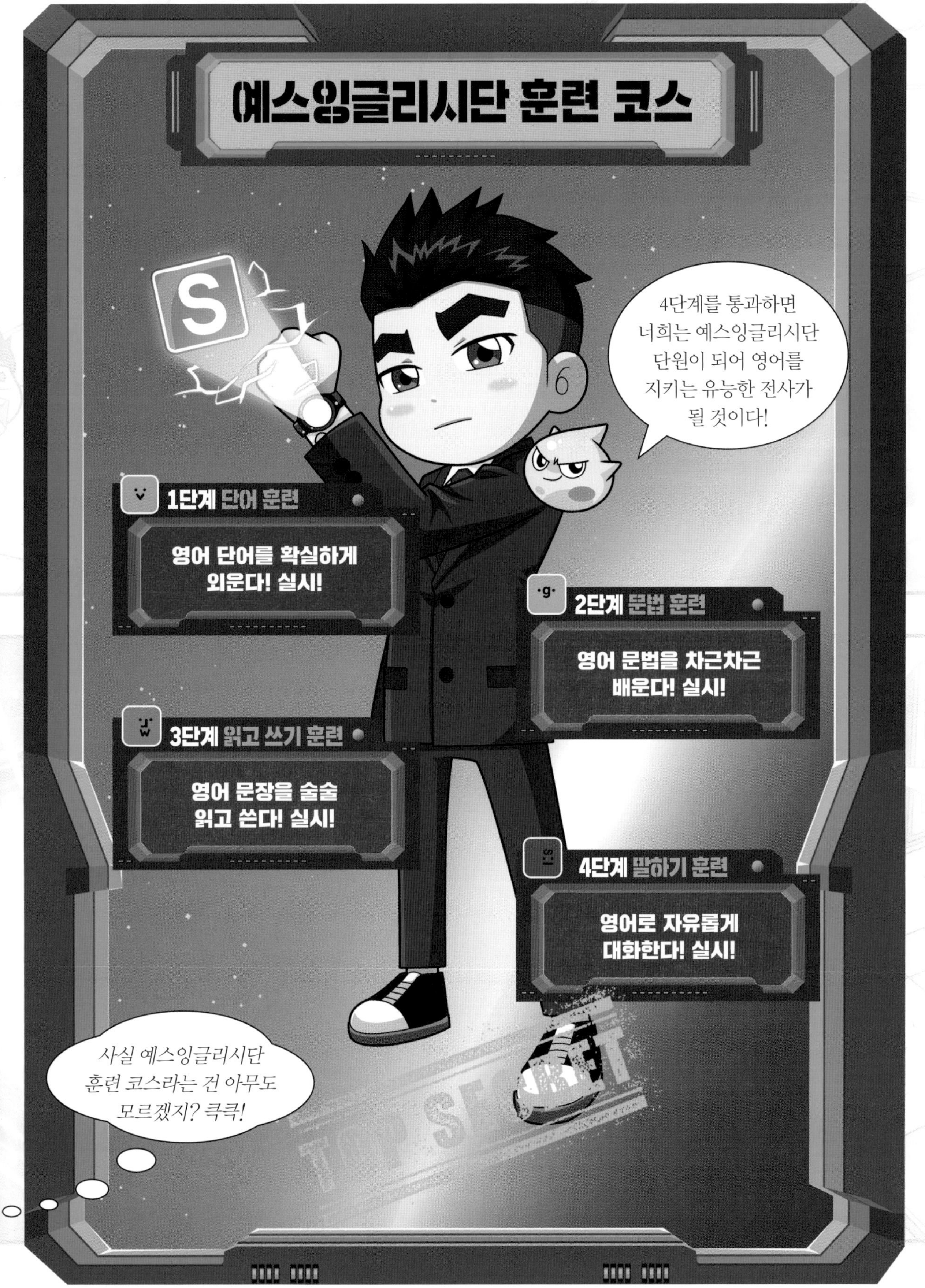
예스잉글리시단 훈련 코스
4단계를 통과하면 너희는 예스잉글리시단 단원이 되어 영어를 지키는 유능한 전사가 될 것이다!
1단계 단어 훈련
영어 단어를 확실하게 외운다! 실시!
2단계 문법 훈련
영어 문법을 차근차근 배운다! 실시!
3단계 읽고 쓰기 훈련
영어 문장을 술술 읽고 쓴다! 실시!
4단계 말하기 훈련
영어로 자유롭게 대화한다! 실시!
사실 예스잉글리시단 훈련 코스라는 건 아무도 모르겠지? 큭큭!

1교시 ☺ 단어 • Vocabulary

step 1. 단어 강의

영어의 첫걸음은 단어를 외우는 것에서부터 시작된단다. 단어를 많이 알아야
영어를 잘할 수 있어. 그럼 3권의 필수 단어를 한번 외워 볼까?

No.	일상생활	Daily Life	No.	동작	Movement
1	원하다	want	11	가다	go
2	생각하다	think	12	춤추다	dance
3	공부하다	study	13	싸우다	fight
4	먹다	eat	14	놀다	play
5	열다	open	15	걷다	walk
6	하다	do	16	보다	watch
7	(이 등을) 닦다	brush	17	수영하다	swim
8	가지다	have	18	달리다	run
9	일어나다	get up	19	노래하다	sing
10	읽다	read	20	점프하다	jump

위의 단어처럼
'~다'로 끝나는 말이
동사인 거 맞죠?
히힛!

그렇단다.
사람이나 사물의 움직임을
나타내는 말을 '동사'라고 하지.
여기에서는 '일반 동사'를
소개하고 있어.

원어민 발음 듣기
QR코드를 찍어 봐!

No.	장소	Place
21	아파트	apartment
22	피시방	Internet cafe
23	슈퍼마켓	supermarket
24	놀이터	playground
25	체육관	gym

No.	장소	Place
26	공원	park
27	학교	school
28	도서관	library
29	집	home
30	성	castle

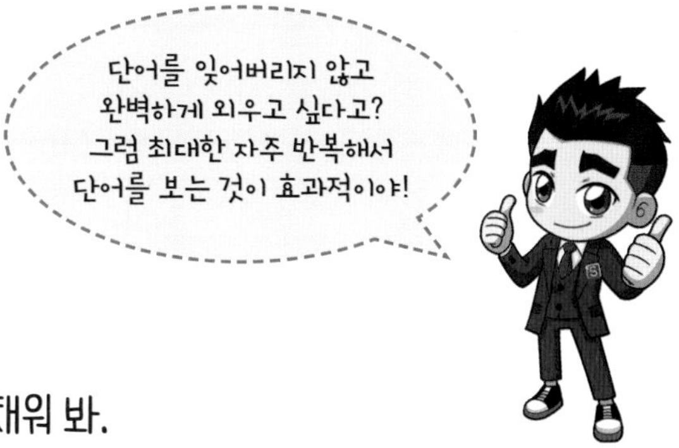
단어를 잊어버리지 않고
완벽하게 외우고 싶다고?
그럼 최대한 자주 반복해서
단어를 보는 것이 효과적이야!

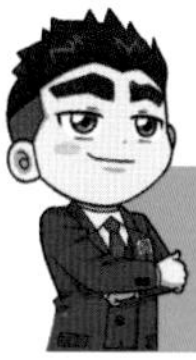

step 2. 단어 시험

단어를 확실하게 외웠는지 한번 볼까? 빈칸을 채워 봐.

- 원하다 ______________________
- 공원 ______________________
- 생각하다 ______________________
- 학교 ______________________
- 먹다 ______________________
- 도서관 ______________________
- 걷다 ______________________
- 놀이터 ______________________
- 싸우다 ______________________
- 집 ______________________

* 정답은 162~163쪽에 있습니다.

2교시 ·g· 문법 1 • Grammar 1

step 1. 문법 강의

일반 동사는 주체의 행동이나 움직임을 나타내는 동사를 말해. 영어에서 가장 기본이 되는 문장은 '주체 + 행동'으로 되어 있는데, 이 중 행동을 뜻하는 단어들이 일반 동사야. 일반 동사를 쓸 때 가장 주의해야 할 점은 주어 자리에 대명사 he, she, it이나 사람, 사물의 이름과 같은 3인칭 단수가 오면 일반 동사 뒤에 s를 붙여야 한다는 거야!

인칭에 따른 일반 동사의 사용 규칙		
주어	1·2인칭 또는 복수일 때	3인칭 단수일 때
	I / you / we / they	he / she / it
일반 동사	walk	walks

그런데 주어가 3인칭 단수일 때 일반 동사 뒤에 s가 아닌 es를 붙여야 하는 경우도 있어.

🔑 시원 쌤표 영어 구구단

o로 끝나는 일반 동사	go 가다 ⋯▸ goes	s로 끝나는 일반 동사	pass 지나가다 ⋯▸ passes
sh로 끝나는 일반 동사	wash 씻다 ⋯▸ washes	x로 끝나는 일반 동사	fix 고치다 ⋯▸ fixes
ch로 끝나는 일반 동사	watch 보다 ⋯▸ watches	z로 끝나는 일반 동사	quiz 질문을 하다 ⋯▸ quizzes

우리가 잘 아는 have는 아예 has로 모양이 바뀌지. 특이한 경우니까 꼭 기억해 둬.

참! y로 끝나는 일반 동사는 y를 i로 바꾸고 뒤에 es를 붙이기도 해. 이를 테면, study는 studies로 바뀌지.

z로 끝나는 일반 동사 quiz는 뒤에 z를 한 번 더 쓰고 es를 붙여야 해요!

동영상 강의 보기
QR코드를 찍어 봐!

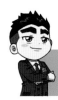

step 2. 문법 정리

인칭에 따라 일반 동사가 어떻게 달라지는지 확인해 봐!

주어가 1·2인칭 또는 복수일 때		주어가 3인칭 단수일 때	
나는 먹는다.	**I** eat.	그녀는 먹는다.	**She** eats.
너는 춤춘다.	**You** dance.	그는 춤춘다.	**He** dances.
우리는 생각한다.	**We** think.	그는 생각한다.	**He** thinks.
그들은 논다.	**They** play.	그녀는 논다.	**She** plays.
나는 간다.	**I** go.	시원이 간다.	**Siwon** goes.
너는 씻는다.	**You** wash.	그는 씻는다.	**He** washes.
우리는 본다.	**We** watch.	그녀는 본다.	**She** watches.
그들은 지나간다.	**They** pass.	루시가 지나간다.	**Lucy** passes.

step 3. 문법 대화

일반 동사가 나온 대화를 한번 들어 봐!

We dance.
He dances.
HIP HOP

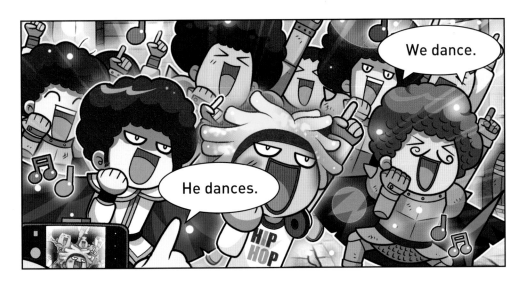

2교시 ·g· 문법 2 · Grammar 2

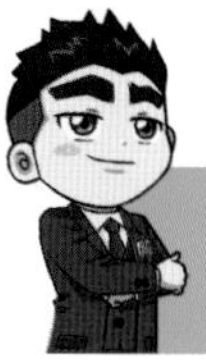

step 1. 문법 강의

일반 동사의 의문문은 '주체 + 행동' 앞에 Do나 Does를 붙여 주면 돼.
'~하니?'라고 물어보려면 다음의 규칙을 지켜야 해.

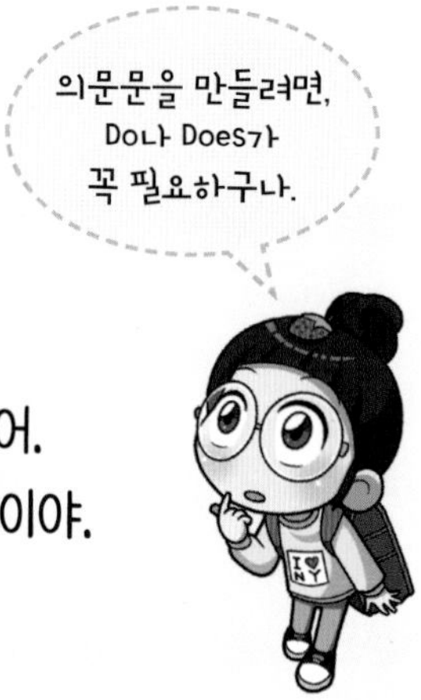

의문문을 만들려면,
Do나 Does가
꼭 필요하구나.

① 문장 앞에 Do 또는 Does를 써 줘.
주어가 3인칭 단수이면 Does를 쓰고, 그 외에는 Do를 써 줘.

② 동사는 기본형을 써 줘. 동사 뒤에는 s나 es를 붙일 필요가 없어.
앞에 Do나 Does에 이미 인칭에 대한 정보가 들어갔기 때문이야.

③ 문장의 맨 뒤에 꼭 물음표를 넣어 줘.

주어가 1·2인칭 또는 복수일 때 의문문

Do	주체 I / you / we / they	행동? walk?

주어가 3인칭 단수일 때 의문문

Does	주체 he / she / it / Siwon	행동? walk?

일반 동사 의문문에 대한 답

	긍정	부정
주어가 1·2인칭 또는 복수일 때	Yes, 주체 + do.	No, 주체 + don't.
주어가 3인칭 단수일 때	Yes, 주체 + does.	No, 주체 + doesn't.

Yes나 No 뒤에 '주체 + 행동'으로 답해도 돼. 단, 인칭에 따라 일반 동사 모양을 바꿔야 해!

동영상 강의 보기
QR코드를 찍어 봐!

step 2. 문법 정리

일반 동사의 의문문을 살펴볼까?

주어가 1·2인칭 또는 복수일 때		주어가 3인칭 단수일 때	
나는 먹니?	**Do I eat?**	그녀는 먹니?	**Does she eat?**
너는 춤추니?	**Do you dance?**	그는 춤추니?	**Does he dance?**
우리는 생각하니?	**Do we think?**	그는 생각하니?	**Does he think?**
그들은 노니?	**Do they play?**	그녀는 노니?	**Does she play?**
나는 가니?	**Do I go?**	루시가 가니?	**Does Lucy go?**
너는 씻니?	**Do you wash?**	그는 씻니?	**Does he wash?**
우리는 보니?	**Do we watch?**	그녀는 보니?	**Does she watch?**
그들은 노래하니?	**Do they sing?**	시원은 노래하니?	**Does Siwon sing?**

step 3. 문법 대화

일반 동사의 의문문이 나온 대화를 한번 들어 봐!

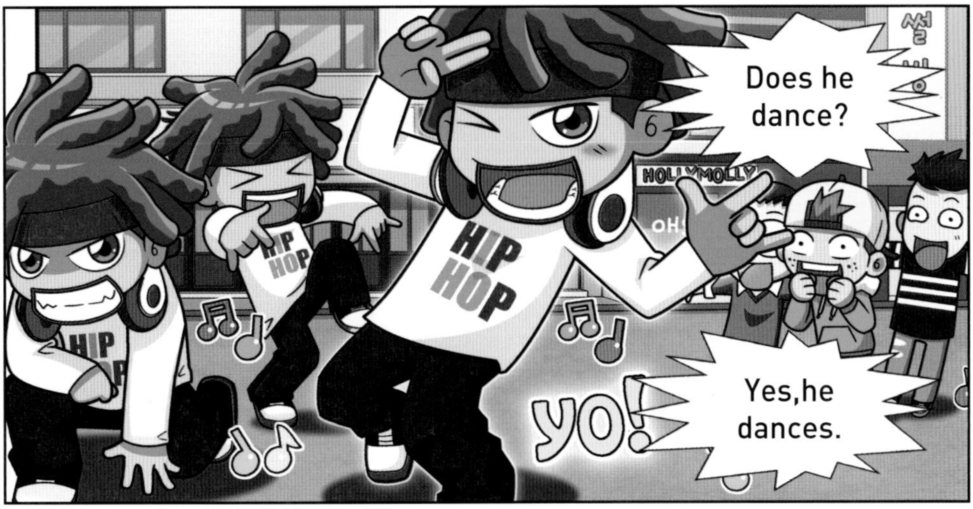
Does he dance?
Yes,he dances.
YO!
HIP HOP
HOLLYMOLLY

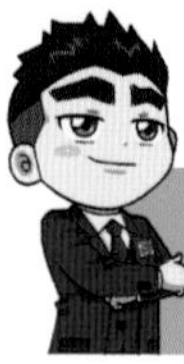

step 1. 문법 강의

일반 동사의 부정문에서는 do not 또는 does not을 일반 동사 앞에 붙여 주면 돼.
'~하지 않아'라고 말하려면 다음의 규칙을 지켜야 해.

① 일반 동사 앞에 do not 또는 does not을 붙여 주면 돼.
주어가 3인칭 단수이면 does not을 쓰고, 그 외에는 do not을 써 줘.

② 동사는 기본형을 써 줘. 동사 뒤에는 s나 es를 붙일 필요가 없어.
앞에 do나 does에 이미 인칭에 대한 정보가 들어갔기 때문이야.

③ do not과 does not은 don't와 doesn't로 줄여서 쓸 수도 있어.
일반적으로는 대부분 줄여 쓴단다. 우리도 앞으로는 이렇게 말해 보자!

일반 동사 부정문의 사용 규칙		
I / You / We / They	do not (don't)	study English.
He / She / It	does not (doesn't)	

그리고 영어는 우리말과 다르게 '누가 무엇을 어찌하다'가 아니라
'누가 어찌하다 무엇을'의 순서로 말을 해. 이 '무엇을'을 '목적어'라고 한단다.
그래서 아래처럼 English를 동사 뒤에 쓰는 거지.

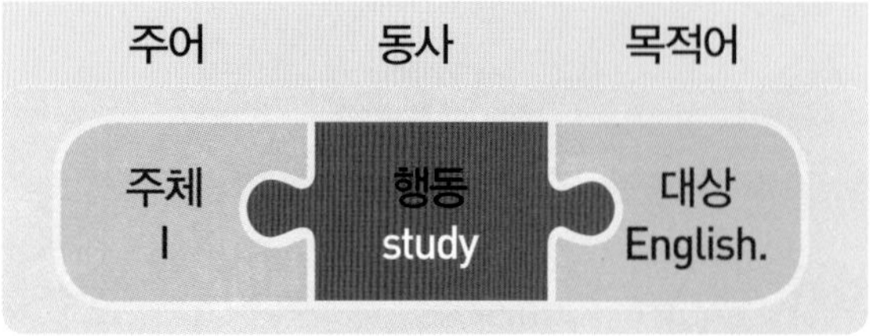
주어
동사
목적어
주체
I
행동
study
대상
English.

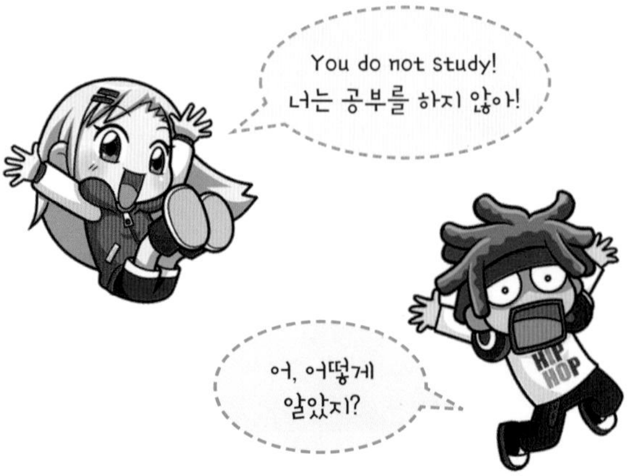
You do not study!
너는 공부를 하지 않아!
HIP HOP
어, 어떻게
알았지?

동영상 강의 보기
QR코드를 찍어 봐!

step 2. 문법 정리

일반 동사의 부정문과 목적어가 있는 문장을 살펴볼까?

주어가 1·2인칭 또는 복수일 때		주어가 3인칭 단수일 때	
나는 싸우지 않는다.	**I don't fight.**	그녀는 싸우지 않는다.	**She doesn't fight.**
너는 먹지 않는다.	**You don't eat.**	그는 먹지 않는다.	**He doesn't eat.**
우리는 놀지 않는다.	**We don't play.**	그녀는 놀지 않는다.	**She doesn't play.**

목적어가 있을 때			
나는 이를 닦는다.	**I brush my teeth.**	그녀는 문을 연다.	**She opens the door.**
너는 수학을 공부한다.	**You study math.**	그는 책을 읽는다.	**He reads books.**
우리는 사과를 먹는다.	**We eat apples.**	그들은 햄버거를 원한다.	**They want hamburgers.**

step 3. 문법 대화

일반 동사의 부정문이 나온 대화를 한번 들어 봐!

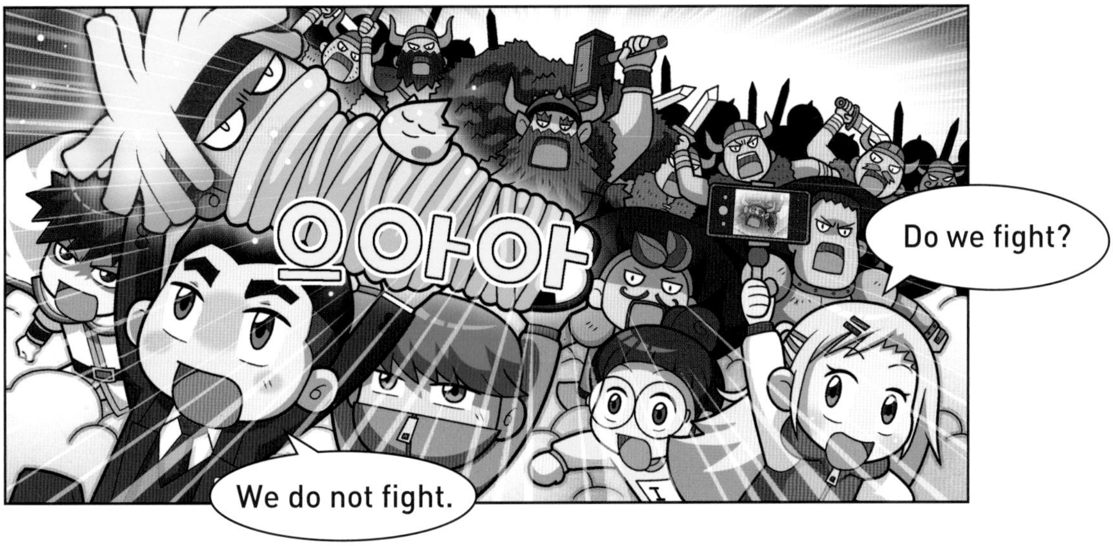
으아아
Do we fight?
We do not fight.

시원 쌤은 모르는 채팅방(4)

우리 이번 쉬는 시간에는 끝말잇기나 해 볼까?

 좋아! 재밌겠다.

 훗! 끝말잇기 하면 바로 나우 님이지. 들어는 봤나, 나끝말이라고~!

훗, 과연 그럴까? 나끝말 씨! 이 끝말잇기 판을 먼저 채우는 사람이 이기는 거야!

 헹, 이번에는 반드시 이겨서 나에게 형님이라고 부르게 해 주겠어!

 나우야, 형님이 아니라 오빠라고 부르는 게 맞지 않을까?

START

① p – – s
지나가다

② s – – g
노래하다

③ – –
가다

④ o _ _ n
열다

⑤ need
필요하다

⑥ drink
마시다

⑦ know
알다

⑧ w _ _ t
원하다

⑨ t _ _ _ k
생각하다

⑩ keep
유지하다

⑪ paint
페인트를 칠하다

⑫ teach
가르치다

FINISH

* 정답은 162~163쪽에 있습니다.

4교시 읽고 쓰기 • Reading & Writing

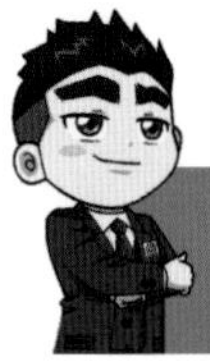

step 1. 읽기

자유자재로 영어를 읽고, 쓰고, 말하고 싶다면 문장 만들기 연습을 반복해야 하지.
먼저 다음 문장들이 익숙해질 때까지 읽어 볼까?

• 나는 먹는다.	**I eat.**
• 너는 춤춘다.	**You dance.**
• 우리는 생각한다.	**We think.**
• 그들은 논다.	**They play.**
• 그녀는 먹는다.	**She eats.**
• 그는 춤춘다.	**He dances.**
• 그는 생각한다.	**He thinks.**
• 그녀는 논다.	**She plays.**
• 나는 싸우지 않는다.	**I don't fight.**
• 너는 먹지 않는다.	**You don't eat.**
• 우리는 놀지 않는다.	**We don't play.**
• 그녀는 싸우지 않는다.	**She doesn't fight.**
• 그는 먹지 않는다.	**He doesn't eat.**
• 그녀는 놀지 않는다.	**She doesn't play.**

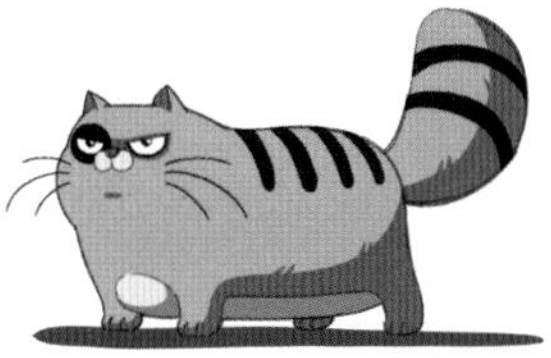

• 나는 먹니?	**Do I eat?**
• 너는 춤추니?	**Do you dance?**
• 우리는 생각하니?	**Do we think?**
• 그들은 노니?	**Do they play?**
• 그녀는 먹니?	**Does she eat?**
• 그는 춤추니?	**Does he dance?**
• 그는 생각하니?	**Does he think?**
• 그녀는 노니?	**Does she play?**
• 나는 이를 닦는다.	**I brush my teeth.**
• 너는 수학을 공부한다.	**You study math.**
• 우리는 사과를 먹는다.	**We eat apples.**
• 그들은 햄버거를 원한다.	**They want hamburgers.**
• 그녀는 문을 연다.	**She opens the door.**
• 그는 책을 읽는다.	**He reads books.**
• 너는 문을 여니?	**Do you open the door?**
• 그녀는 사과를 먹니?	**Does she eat apples?**

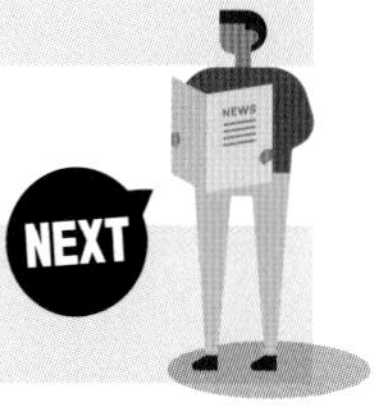
NEXT

step 2. 쓰기

익숙해진 문장들을 이제 한번 써 볼까? 괄호 안의 단어를 보고, 순서에 맞게 문장을 만들어 보자.

❶ 너는 춤춘다. _____ (dance, You)

❷ 그들은 논다. _____ (They, play)

❸ 그는 춤춘다. _____ (dances, He)

❹ 나는 싸우지 않는다. _____ (I, fight, don't)

❺ 우리는 놀지 않는다. _____ (don't, play, We)

❻ 그는 먹지 않는다. _____ (doesn't, He, eat)

❼ 너는 수학을 공부한다. _____ (study, You, math)

❽ 우리는 사과를 먹는다. _____ (eat, We, apples)

❾ 그녀는 문을 연다. _____ (She, the, opens, door)

❿ 그는 책을 읽는다. _____ (He, books, reads)

이제 의문문을 영어로 써 볼까? 영작을 하다 보면 실력이 훨씬 늘 거야. 잘 모르겠으면,
아래에 있는 WORD BOX를 참고해!

❶ 나는 먹니? _____ ?

❷ 너는 춤추니? _____ ?

❸ 우리는 생각하니? _____ ?

❹ 그들은 노니? _____ ?

❺ 그녀는 먹니? _____ ?

❻ 그는 춤추니? _____ ?

❼ 너는 수학을 공부하니? _____ ?

❽ 그녀는 문을 여니? _____ ?

WORD BOX

• Do	• eat	• I	• you	• dance
• think	• we	• they	• play	• study
• the	• Does	• she	• door	• open
• math	• he			

* 정답은 162~163쪽에 있습니다.

5교시 유니버스 이야기 • Story

우리가 세 번째로 다녀온 곳은 바로 888 유니버스란다. 앵글로색슨족이 만든 일곱 왕국이 있는 곳이지. 바이킹에 맞서 왕국을 지키려는 앨프레드 왕이 있는 유니버스이자, 일반 동사의 유니버스이기도 해. 어떤 곳인지 좀 더 자세히 알아볼까?

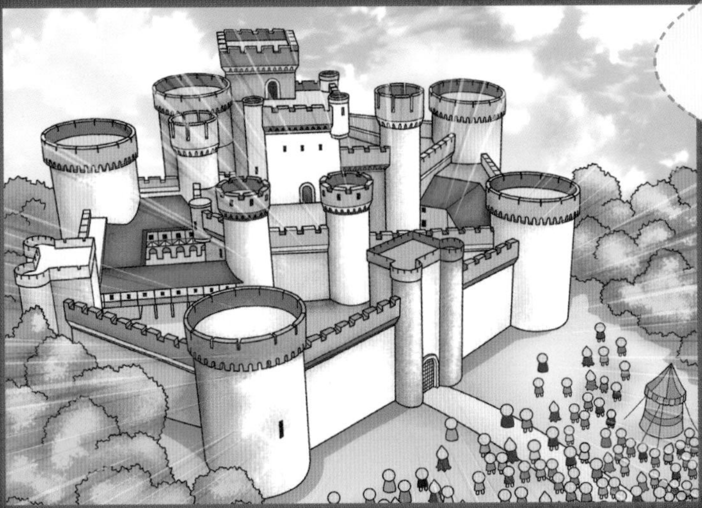

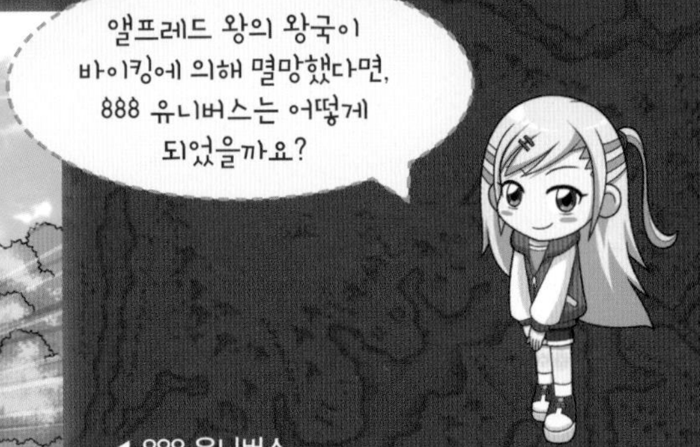
앨프레드 왕의 왕국이 바이킹에 의해 멸망했다면, 888 유니버스는 어떻게 되었을까요?

◀ 888 유니버스

위치 영어의 시작점에서 그리 멀지 않은 곳

상황 앵글로색슨족이 만든 일곱 왕국 가운데 웨섹스 왕국이 바이킹의 공격을 받아 위태로움

키 문장 No, I do not fight!

888 유니버스 이야기: 일반 동사의 변형과 의문문, 부정문

888 유니버스는 일반 동사와 관련이 있는 영어 유니버스예요. 이곳에는 앵글로색슨족이 만든 일곱 왕국이 있지요. 그 가운데 앨프레드 왕이 이끄는 웨섹스 왕국은 바이킹의 공격에 내몰려 서머싯 지역의 작은 성에 갇히게 되고 말아요.

앨프레드 왕은 성을 지키려고 성문을 꼭꼭 걸어 잠그고 바이킹에 대항했지요. 그런데 어느 날, 앨프레드 왕은 따라라 장군을 따라 성 밖으로 나가려고 해요. 따라라 장군이 외치는 일반 동사마다 앨프레드 왕은 그대로 따라 하며 행동하지요. 하지만 앨프레드 왕은 따라라 장군을 따라 해서는 안 된다는 깨달음을 얻고 동사의 부정문을 외치며 성을 지킬 수 있었답니다. 888 유니버스의 키 문장인 "No, I do not fight!"는 따라라 장군을 따라 하지 않고 자신의 생각대로 행동하겠다는 앨프레드 왕의 멋진 말이지요!

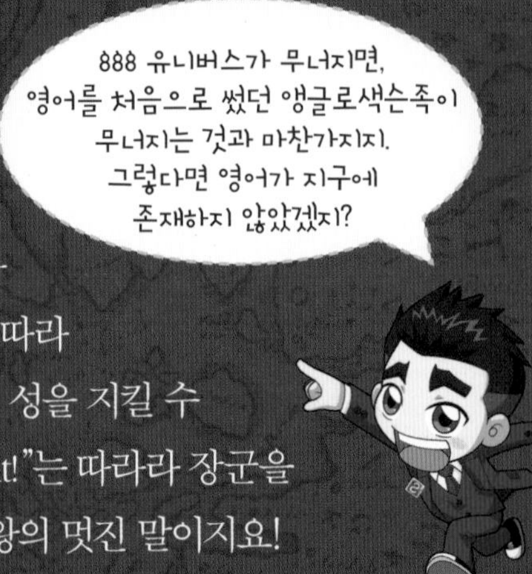
888 유니버스가 무너지면, 영어를 처음으로 썼던 앵글로색슨족이 무너지는 것과 마찬가지지. 그렇다면 영어가 지구에 존재하지 않았겠지?

우리 지구의 실제 이야기: 앨프레드 대왕

앨프레드 대왕은 해적인 바이킹의 침입으로부터 잉글랜드를 구하여 앵글로색슨족의 전통과 문화를 지키는 데 큰 공을 세웠어요. 그 뿐만이 아니라, 백성들이 모국어 교육을 받을 수 있게 학교를 세웠어요. 그리고 라틴어 책들을 누구나 이해할 수 있게 그 당시 영어인 '고대 영어'로 번역해서 영어의 기초를 세웠지요. 그 대표적인 것이 바로 〈앵글로색슨 연대기〉지요. 앨프레드 대왕이 아니었다면 영국의 언어와 역사는 굉장히 달라졌을 거예요. 그래서 이처럼 많은 업적을 세운 앨프레드 대왕은 '영국의 수호자'로 불리며, 서유럽에서 가장 뛰어난 군주로 기억되고 있답니다.

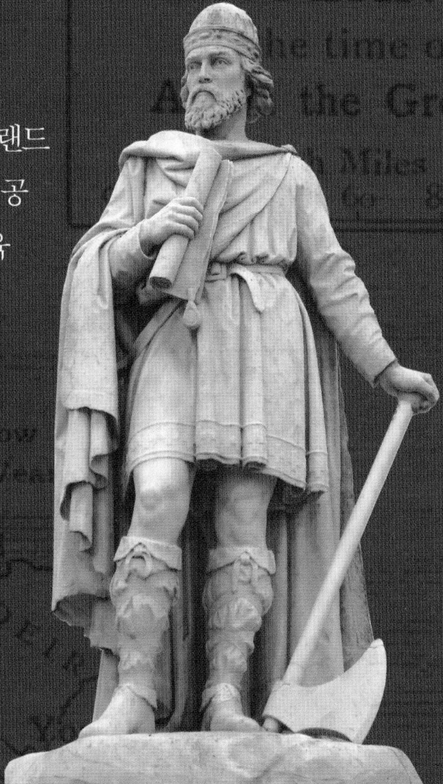

▶ 앨프레드 대왕(849~899). 영국의 역대 왕들 중 유일하게 대왕 칭호를 받았다.

ⓒ스티브 대니얼스

〈앵글로색슨 연대기〉

영국의 앵글로색슨 시대에 대한 연대기로, 9세기 말 앨프레드 대왕의 통치 아래 편찬되었어요. 5세기 중엽부터 정치·군사·종교상의 중요 사건을 연대별로 정리하여 엮은 것이에요. 현재까지 사본 7종이 남아 있다고 하는데, 모두 고대 영어로 쓰여졌지요. 이 시기 영국의 역사와 언어를 생생하게 알려 주는 소중한 책이랍니다.

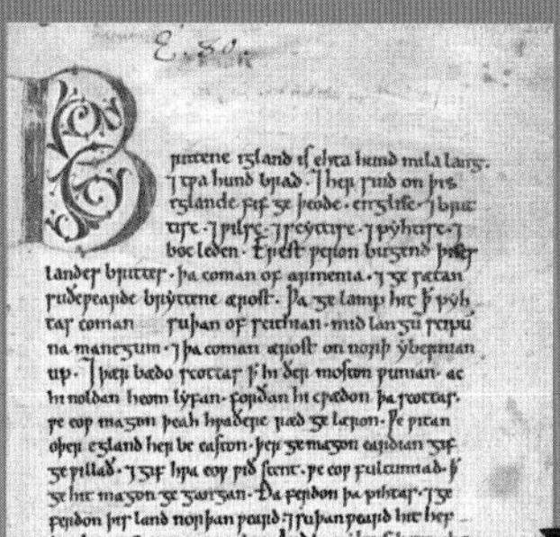
Liber Guil. Laud Archiepi. Cant. & Cancellar. Universit. Oxon. 1638

▶ 〈앵글로색슨 연대기〉 가운데 《피터버러 연대기》의 첫 장

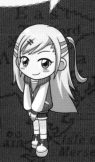

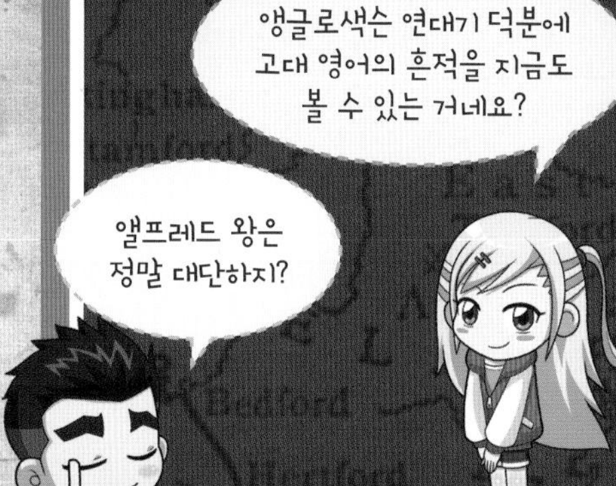
앵글로색슨 연대기 덕분에 고대 영어의 흔적을 지금도 볼 수 있는 거네요?
앨프레드 왕은 정말 대단하지?

6교시 말하기 • Speaking

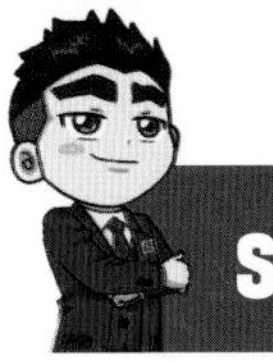

step 1. 대화 보기

만화 속에서 자주 나오는 대사, '렛츠 겟 잇!' 어떨 때 쓰는 걸까?

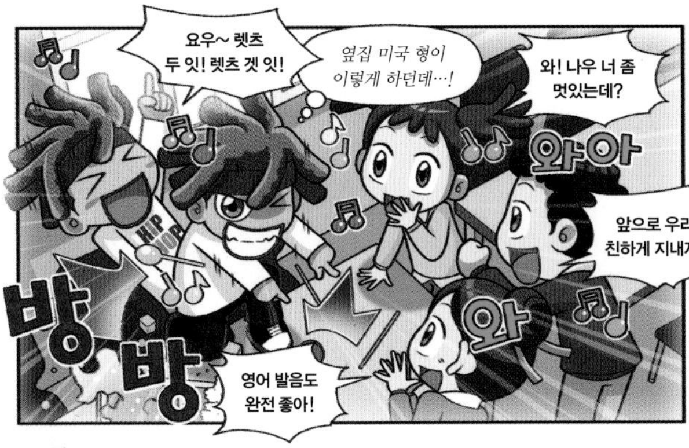

요우~ 렛츠 두 잇! 렛츠 겟 잇!
옆집 미국 형이 이렇게 하던데…!
와! 나우 너 좀 멋있는데?
와아
앞으로 우리 친하게 지내자!
HIP HOP
방
방
와
영어 발음도 완전 좋아!

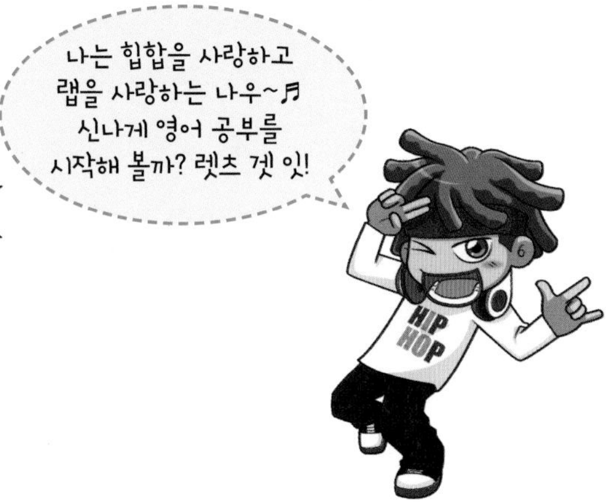

나는 힙합을 사랑하고 랩을 사랑하는 나우~♬ 신나게 영어 공부를 시작해 볼까? 렛츠 겟 잇!
HIP HOP

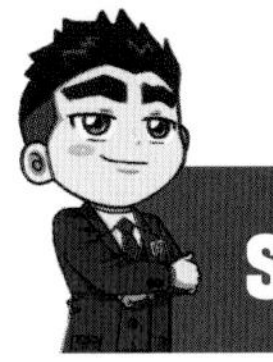

step 2. 대화 더하기

'렛츠 겟 잇!'은 '그렇게 하자!'라는 뜻으로 영어로는 'Let's get it!'이라고 써.
보통 on을 뒤에 붙여서 'Let's get it on!'으로도 표현을 많이 하지.
'자 그것을 시작해 보자!'라는 뜻이야. 이것과 비슷하게 쓰이는 말이 있어.
루시, 나우, 후, 리아의 말을 듣고 큰 소리로 따라해 보렴.

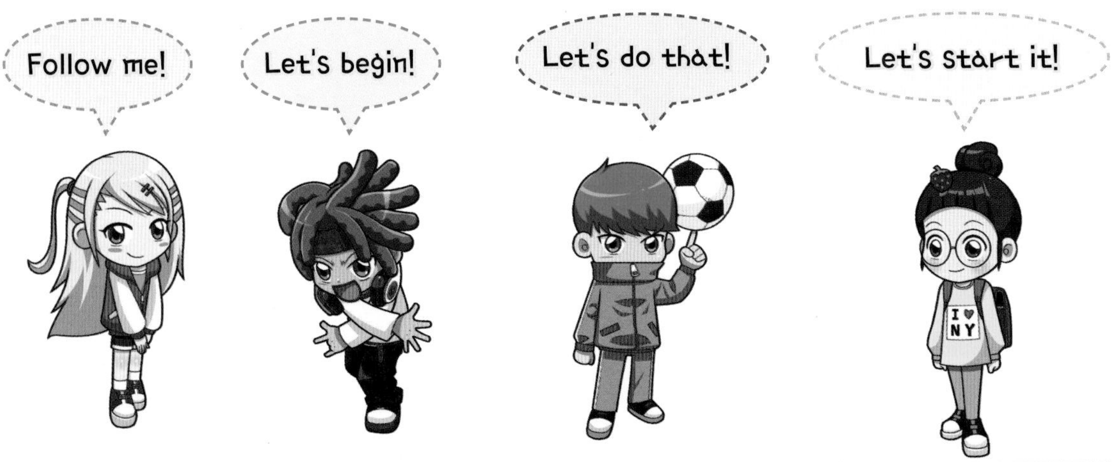

Follow me!
Let's begin!
Let's do that!
Let's start it!
I ♥ NY

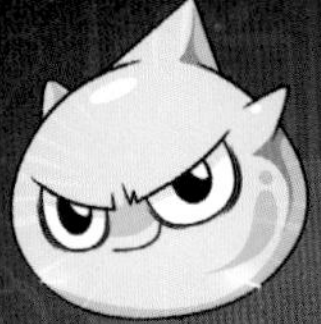

한눈에 보는 이번 수업 핵심 정리

여기까지 열심히 공부한 여러분 모두 굿 잡!
어떤 걸 배웠는지 떠올려 볼까?

1. 일반 동사를 배웠어.

일반 동사는 주체의 상태나 움직임을 나타내는 동사를 가리켜.

인칭에 따른 일반 동사의 사용 규칙		
주어	1·2인칭 또는 복수일 때	3인칭 단수일 때
	I / you / we / they	he / she / it
일반 동사	walk	walks

2. 일반 동사의 의문문과 부정문을 배웠어.

의문문을 만들 때는 문장 앞에 Do 또는 Does를 쓰고 끝에 물음표를 붙여 줘. 주어가 3인칭 단수이면 Does를 쓰고, 그 외에는 Do를 써야 해.
부정문을 만들 때는 일반 동사 앞에 do not 또는 does not을 붙여 주면 돼. 주어가 3인칭 단수이면 does not을 쓰고, 그 외에는 do not을 써 줘.

어때, 쉽지? 다음 시간에 또 보자!

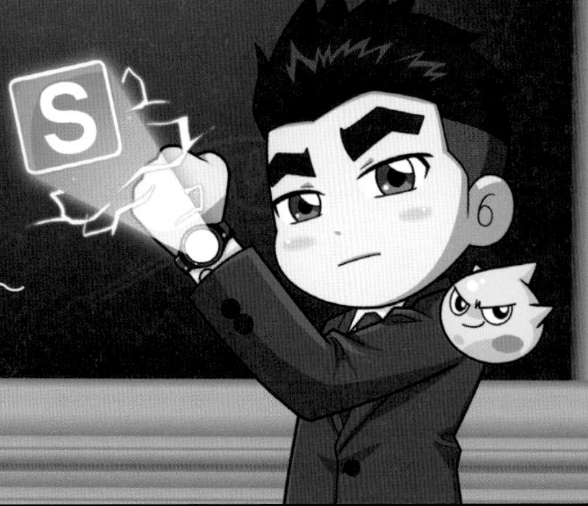
S

7교시

쪽지 시험 • Quiz

수업 시간에 잘 들었는지 쪽지 시험을 한번 볼까?

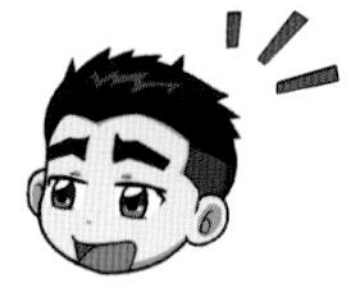

1. 장소를 나타내는 단어가 아닌 것은 무엇일까요?

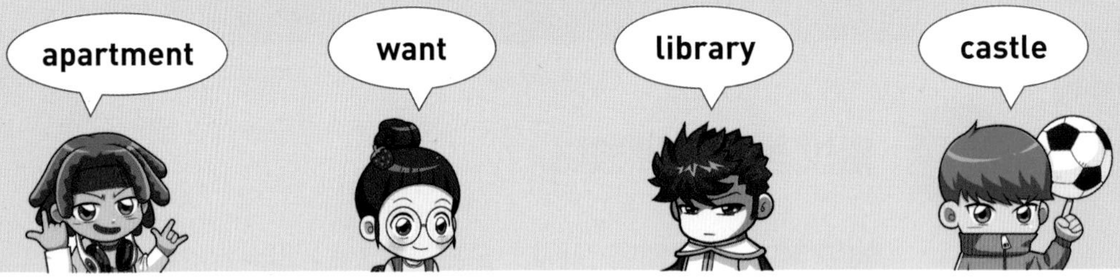
apartment
want
library
castle

2. 일반 동사가 아닌 것은 무엇일까요?

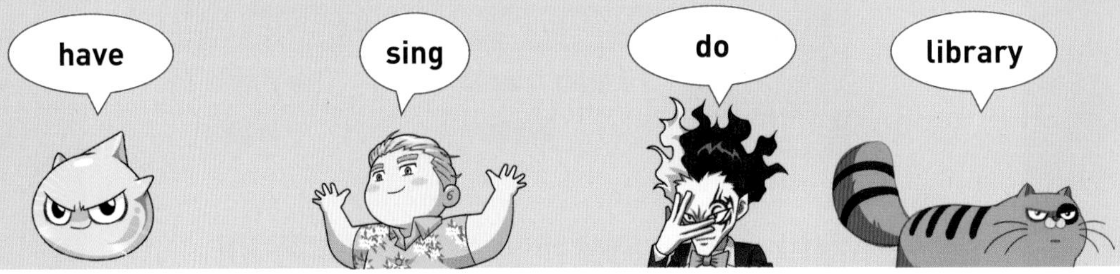
have
sing
do
library

3. 일반 동사에 s 또는 es를 붙여야 하는 주어는 무엇일까요?

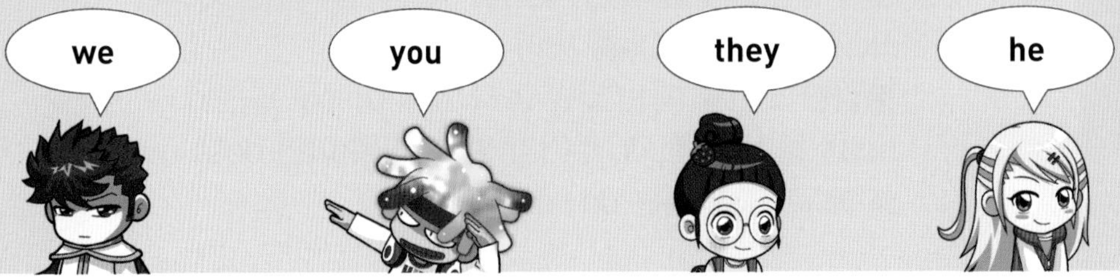
we
you
they
he

4. 다음 중 틀린 말은 어느 것일까요?

① 일반 동사 뒤에 s가 아닌 es를 붙여야 하는 경우도 있다.
② 일반 동사의 의문문에서는 Do 또는 Does를 맨 앞에 쓴다.
③ 일반 동사의 의문문에서 동사 뒤에는 s나 es를 붙여야 한다.
④ do not과 does not은 don't와 doesn't로 줄여서 쓸 수도 있다.

5. 다음 중 올바른 문장은 무엇일까요?

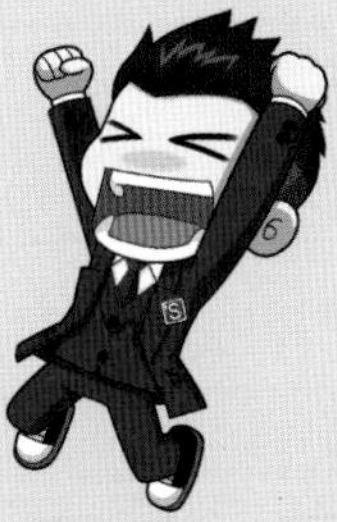

① **She go.**
② **I eats.**
③ **She thinks.**
④ **They walks.**

6. 다음 중 틀린 문장은 무엇일까요?

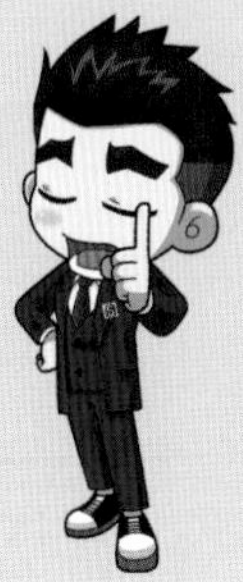

① **Do you think?**
② **Does he dance?**
③ **Do they sing?**
④ **Do she eat?**

7. 문장의 빈칸을 완성해 보세요.

① 나는 원하지 않아. **I (　　　) (　　　) want.**
② 그녀는 생각하니? **(　　　) (　　　) think?**
③ 그녀는 걷는다. **She (　　　).**
④ 그는 먹지 않아. **He (　　　) (　　　) eat.**

8. 다음의 대화를 완성해 보세요.

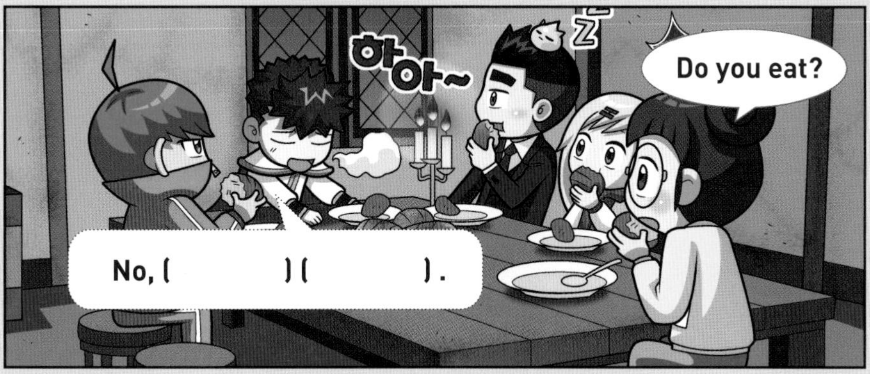
하아~
Z
Do you eat?
No, (　　　) (　　　).

* 정답은 162~163쪽에 있습니다.

수업 끝!

정답 • Answer

P 143

• 원하다	want	• 공원	park
• 생각하다	think	• 학교	school
• 먹다	eat	• 도서관	library
• 걷다	walk	• 놀이터	playground
• 싸우다	fight	• 집	home

P 151

❶ pass	❷ sing	❸ go
❹ open	❽ want	❾ think

P 154

❶ You dance

❷ They play

❸ He dances

❹ I don't fight

❺ We don't play

❻ He doesn't eat

❼ You study math

❽ We eat apples

❾ She opens the door

❿ He reads books

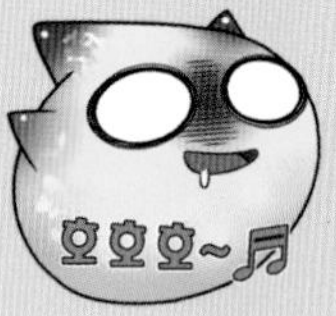
호호호~

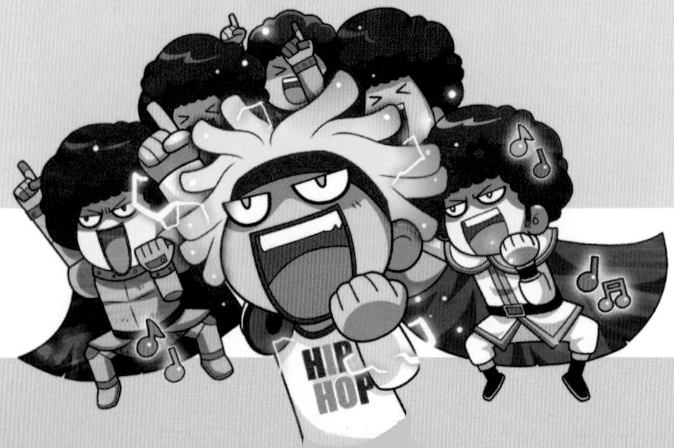
HIP HOP

P 155

❶ Do I eat	❺ Does she eat
❷ Do you dance	❻ Does he dance
❸ Do we think	❼ Do you study math
❹ Do they play	❽ Does she open the door

P 160

1.
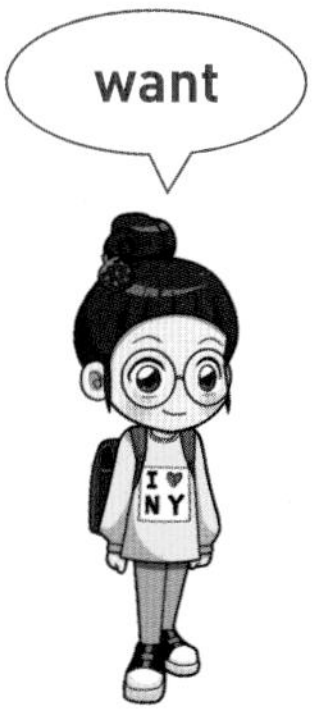
want

2.
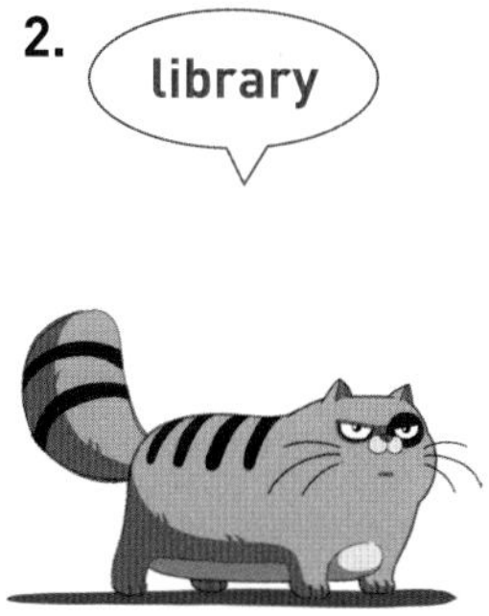
library

3.
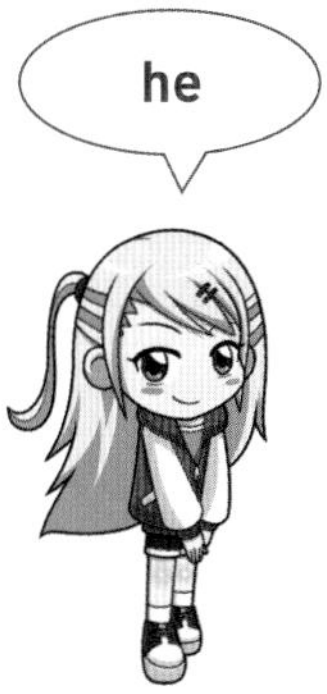
he

4. ③

P 161

5. ③ 6. ④

7. (do) (not)
(Does) (she)
(walks)
(does) (not)

8. (I) (don't)

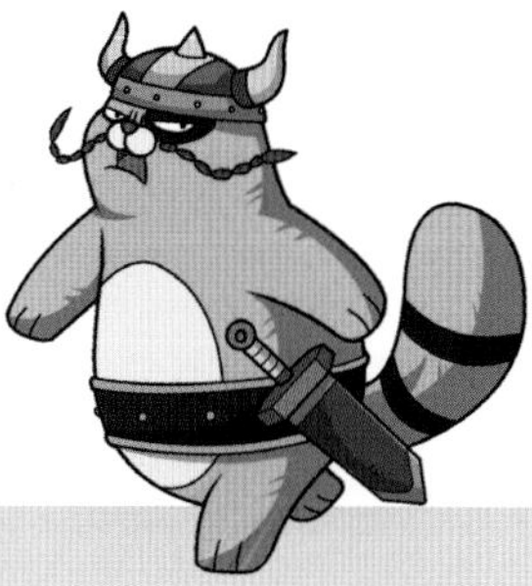

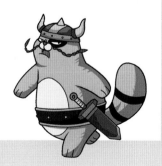

다음 권 미리 보기

지령서

노잉글리시단의 행동 대장 트릭커!
다음 목적지는 442 유니버스다! 당장 떠나라!

목적지 : 442 유니버스
위치 : 지구에서 그리 멀지 않은 곳
특징 : 거대한 축구장이 있는 유니버스로,
　　　선택받은 두 팀만 경기를 할 수 있다.

보스가 주는 지령

442 유니버스에서는 축구를 사라지게 만들어라!
이번에는 축구를 사라지게 만드는 방법도 알려 주지.
'그들'의 의욕을 없애고 사이가 나빠지도록 만들면
일은 아주 쉽게 해결될 거다.
이간질은 특기니까 잘할 수 있겠지?
어서 442 유니버스로 가서 그들의 의욕을
마구마구 떨어뜨려라!
이번에는 특별히 나의 특제 비디오 안경을 줄 테니
꼭 챙겨 가도록! 아주 유용할 것이다.

추신: 만약 이번 지령도 실패한다면
　　　밤새 영어 단어 외울 준비를
　　　해야 할 것이다. 알았나!

노잉글리시단
Mr. 보스